AF276066

Dinero para parejas

RAMIT SETHI

Dinero para parejas

No más peleas. No más estrés.
Un plan de diez pasos para generar vuestra
vida de abundancia compartida.

EDICIONES OBELISCO

Si este libro le ha interesado y desea que le mantengamos informado
de nuestras publicaciones, escríbanos indicándonos qué temas son de su interés
(Astrología, Autoayuda, Psicología, Artes Marciales, Naturismo,
Espiritualidad, Tradición…) y gustosamente le complaceremos.

Puede consultar nuestro catálogo en www.edicionesobelisco.com

*Los editores no han comprobado la eficacia ni el resultado de las recetas,
productos, fórmulas técnicas, ejercicios o similares contenidos en este libro.
Instan a los lectores a consultar al médico o especialista de la salud ante
cualquier duda que surja. No asumen, por lo tanto, responsabilidad alguna
en cuanto a su utilización ni realizan asesoramiento al respecto.*

Colección Éxito
Dinero para parejas
Ramit Sethi

Título original: *Money for Couples*

1.ª edición: septiembre de 2025

Traducción: *David George*
Maquetación: *Juan Bejarano*
Corrección: *Sara Moreno*
Diseño de cubierta: *Enrique Iborra*

© 2024, *Ramit Sethi*
(Reservados todos los derechos)
© 2025, Ediciones Obelisco, S. L.
(Reservados los derechos para la presente edición)

Edita: Ediciones Obelisco, S. L.
Collita, 23-25. Pol. Ind. Molí de la Bastida
08191 Rubí - Barcelona - España
Tel. 93 309 85 25
E-mail: info@edicionesobelisco.com

ISBN: 978-84-1172-297-1
DL B 8466-2025

Impreso en España en los talleres gráficos de Romanyà/Valls S. A.
Verdaguer, 1 - 08786 Capellades (Barcelona)

Printed in Spain

Reservados todos los derechos. Ninguna parte de esta publicación, incluido el diseño de la cubierta,
puede ser reproducida, almacenada, transmitida o utilizada en manera alguna por ningún medio,
ya sea electrónico, químico, mecánico, óptico, de grabación o electrográfico, sin el previo consentimiento
por escrito del editor. Diríjase a CEDRO (Centro Español de Derechos Reprográficos, www.cedro.org)
si necesita fotocopiar o escanear algún fragmento de esta obra.

*Para cada pareja que quiera vivir
una vida de abundancia juntos.*

¿Y si hablar sobre el dinero nos hiciera sentir bien?

Imaginemos que acabo de llamar vuestra tu puerta. Soy yo, el antropólogo Ramit Sethi, y aquí estoy con mi portapapeles para observaros a tu pareja y a ti hablando sobre el dinero durante el próximo mes. ¿Qué veré en vuestro comportamiento? ¿Y qué os oiré decir?

Decidme si alguna de estas frases os suena familiar:

- *¡No puedo creer que te hayas gastado tanto dinero!*
- *¡Sólo quiero un plan! Eso es todo lo que estoy pidiendo.*
- *Parece que nunca vamos a tener suficiente dinero.*

O puede que no notase nada, porque quizás no habléis sobre el dinero en absoluto. En millones de hogares de todo el mundo nos encontramos con las mismas peleas por el dinero. Un miembro de la pareja siente ansiedad y el otro entierra la cabeza bajo la arena para evitar hablar del tema. Uno está angustiado por el presupuesto y el otro gasta el dinero en lo que sea que quiera. Evitamos discutir sobre las finanzas, pasamos de puntillas por las conversaciones importantes y, en el proceso, permitimos que el dinero abra una brecha entre nosotros.

He visto cómo esto le pasaba a gente de todo el país cuando iba a sus casas a hablar sobre el dinero en *Cómo amasar una fortuna,* mi programa en Netflix. También he experimentado esto en mi propia relación: mi mujer, Cassandra, y yo hemos mantenido conversaciones realmente duras sobre el dinero. Hemos evitado el tema, hemos estado en desacuerdo e incluso hemos ido a ver a un terapeuta para que nos ayudara a estar en la misma onda en relación con un acuerdo prenupcial.

A cada paso del camino, me preguntaba: «¿Cómo gestiona la gente el dinero en su relación?».

Eso es lo que aprenderéis en este libro: una forma de conectar de verdad con respecto al dinero, incluso aunque tu pareja y tú penséis acerca de él de forma distinta. El dinero no tiene por qué ser una fuente de estrés, culpabilidad y vergüenza. En lugar de ello puede ser una fuente de alegría, conexión y posibilidad. Lo creo porque lo he visto en mi propio matrimonio ahora, después de mucho trabajo, y en la vida de millones de personas que han usado mi material.

Para llevar a cabo esa transformación, vamos a empezar cambiando la forma en la que *habláis* sobre el dinero, cosa que cambiará la forma en la que os *comportáis* con respecto al dinero, lo que en último término cambiará la forma en la que os *sentís* en relación con el dinero.

Hay muchas ideas equivocadas sobre el dinero en las relaciones. Todos hemos oído la idea procedente de la cultura pop de que «el dinero es la causa número uno de los divorcios», pero un estudio llevado a cabo en 2009 por Lauren M. Papp, E. Mark Cummings y Marcie C. Goeke-Morey mostró que las parejas ni siquiera mencionan demasiado el asunto del dinero. De acuerdo con diarios en tiempo real mantenidos en las relaciones, las principales fuentes de las discusiones son los hijos, las tareas domésticas y la comunicación. Eso es así porque no hablamos sobre el dinero hasta que la cosa explota, y cuando el dinero provoca problemas, eso es algo malo:

Los cónyuges valoraron los conflictos [relacionados con el dinero] como mucho más intensos e importantes que otros temas de conflictos [...]. Los maridos y las esposas informaban de que ellos y sus parejas manifestaban expresiones más propias de un comportamiento depresivo (angustia física, abstinencia, tristeza y miedo) durante los conflictos sobre el dinero en comparación con otros asuntos. Los maridos mostraban comportamientos más airados (hostilidad verbal y no verbal, ponerse a la defensiva, persecución, insultos personales, agresiones físicas, amenazas y rabia) durante los conflictos relacionados con el dinero en comparación con otros temas […] y las mujeres informaron de un mayor comportamiento depresivo.

En otras palabras, empezamos reprimiendo nuestros desacuerdos relativos al dinero. Esos desacuerdos se enconan y acaban en peleas y, lo que es peor, en una falta de conexión a largo plazo. Os mostraré cómo darle la vuelta completamente a esa dinámica y a emplear el dinero para desarrollar una conexión hacia una vida que *ambos* queréis.

Una vez que tú y tu pareja sepáis cómo hablar sobre el dinero, todo cambiará. Crearéis una visión juntos, de modo que podréis remar en la misma dirección. Dispondréis de un sistema económico sencillo que los dos comprenderéis en profundidad, y ambos sabréis por qué estáis ahorrando, invirtiendo e incluso gastando. Esas discusiones permanentes desaparecerán y podréis centraros en usar el dinero para vivir vuestra vida de abundancia juntos.

Quiero oír vuestra historia

Antes de avanzar, quiero que sepáis que hablo sobre el dinero de forma distinta a la que estáis acostumbrados. No os sermonearé por los cafés que cuestan cinco dólares ni os diré que reduzcáis vuestros gastos al mínimo, de modo que podáis usar vuestro dinero «algún día», cuando tengáis noventa y dos años. Os mostraré cómo vivir un vida de abundancia hoy, e incluso una vida de mayor abundancia en el futuro, juntos.

Otra cosa que hago de forma distinta: voy a daros mi dirección de *email* porque quiero saber de vosotros, y leo todos los mensajes. ¡Sí, de verdad! Soy activo en las redes sociales, pero podéis escribirme un *email* a relationship-checkin@iwillteachyoutoberich.com, con el asunto: «Nuevo lector del libro» («New book reader»). Contadme…

1. Ponedme un ejemplo, en los últimos treinta a sesenta días, en el que tú y tu pareja no estuvieseis en la misma onda con respecto al dinero. ¿Qué sucedió?

2. Si tú y tu pareja pudierais estar en la misma onda con el dinero, ¿qué aspecto tendría eso y cómo os haría sentir?

Aunque desearía poder contestar a cada mensaje que recibo, ya no puedo, pero lo intento en todo lo posible.

¿Qué es una vida de abundancia? No consiste necesariamente en comprar coches y casas lujosos (aunque si queréis hacerlo, ¡genial! Os enseñaré cómo). Es una expresión de vuestra vida ideal en la que vuestro dinero, vuestras relaciones y el tiempo de ocio funcionan de maravilla. La versión de la «vida de abundancia» de cada cual es diferente y singular.

Una vida de abundancia puede consistir en viajar durante dos meses cada año.

Una vida de abundancia puede consistir en comprarse un bonito abrigo de cachemira.

Una vida de abundancia puede consistir en comprar en el supermercado sin preocuparse por los precios.

Y una vida de abundancia puede consistir en disponer del tiempo para recoger a vuestros hijos de la escuela cada tarde.

Vuestra vida de abundancia es singularmente vuestra. Ésa es la razón por la cual mi sistema consiste en ayudarte a tu pareja y a ti a diseñar vuestra visión juntos y a usar vuestro dinero para hacerlo realidad.

Este libro os proporciona un programa de diez pasos para desarrollar una visión compartida en torno al dinero, incluso aunque tu pareja y tú tengáis una visión del dinero completamente distinta. Aprenderéis técnicas concretas para hacer que vuestra pareja se implique, incluyendo qué decir exactamente. Incluso aprenderéis dónde pueden salirse las cosas de su camino y cómo gestionarlo. Y cuando regrese a la puerta de vuestra casa con mi portapapeles de antropólogo dentro de un par de meses, voy a ver algo sorprendente: a dos personas trabajando juntas como un equipo.

¿Por qué hablamos del dinero sólo cuando algo va mal?

La mayoría de nosotros sólo hablamos del dinero cuando algo se tuerce. Así es como empezamos a relacionar el «hablar del dinero» con pelearnos. Pensad en ello: ¿cuándo fue la última vez que mantuvisteis una conversación sobre el dinero y la disfrutasteis?

Cuando pregunto amablemente a las parejas si celebran una reunión regular para hablar sobre sus finanzas cada mes, se me quedan mirando como si estuviera hablando en chino: «¿Qué? ¿Por qué deberíamos establecer una *agenda* simplemente para hablar el uno con el otro? Eso es… raro».

¿*Raro*?

¿Es algo raro establecer una agenda para hablar sobre el dinero con tu pareja? Sí, de acuerdo, puede que al principio sea así. ¿Me importa? ¡No!

Os puedo jurar que la mayoría de los estadounidenses preferirían clavarse agujas al rojo vivo en los ojos que sentirse «raros» durante simplemente un milisegundo. Aquí tenemos lo que está pasando en realidad: relacionamos el hablar sobre el dinero con sentirnos mal, así que, ¿por qué íbamos hablar *más* sobre él?

¿Sabéis qué creo que es peor que algo raro? ¡Pasarse cuarenta años peleándose por el dinero, dar rodeos para no enfrentarse al tema del dinero o evitar hablar sobre el dinero en general, y no implementar nunca un sistema para tomar decisiones relativas al dinero!

Hablar del dinero no tendría por qué ser raro. Es una habilidad que podéis aprender, y cuando la dominéis, empezará, de hecho, a *gustaros* hacerlo. Os estoy pidiendo que confiéis en que desarrollaréis las habilidades para volveros muy buenos al respecto.

Parejas reales, cifras reales

Cuando mi mujer y yo empezamos a hablar de verdad sobre el dinero, más o menos cuando nos comprometimos, busqué en Internet para obtener orientación. El consejo más común era: «Sentaos y mantened esa conversación».

¿Qué conversación?

Quería, literalmente, que alguien me proporcionara las palabras, que me dijera exactamente qué hacer. Que me dijeran qué evitar. Que me dijeran cómo iniciar la conversación, cómo podría reaccionar ella y qué hacer si empezábamos a pelearnos.

¡Proporcionadme el sistema!

Pero no había uno, así que lo creé.

Empecé con el pódcast *Money for couples,* en el que trabajo con parejas reales con sus desacuerdos económicos más importantes. Algunas tienen una deuda de seis cifras. Otras tienen millones de dólares y se siguen preocupando por si dispondrán de suficiente dinero. Lo que se averigua rápidamente es que la forma en la que os sintáis con respecto al dinero no está correlacionada con la cantidad que tengáis en el banco.

Las parejas con las que hablo comparten sus ingresos, sus deudas, dónde se gastan el dinero y las cosas por las que se preocupan. Al describir lo que aprendieron de sus padres acerca del dinero, suelen llorar. Es fascinante, especialmente porque nunca hemos visto como otras parejas hablan realmente sobre el dinero.

Estas valientes parejas envían una solicitud para aparecer en mi pódcast porque necesitan ayuda y saben que no nos vamos a burlar de ellos ni a avergonzarlos. Necesitan una nueva forma de conectar con respecto al dinero (cambiar el patrón de las peleas y transformarlas en algo positivo) y un sistema realista que simplifique su dinero de modo que puedan trabajar en favor de una visión poderosa juntos.

Ésa es la razón por la cual he escrito este libro. Desearía poder hablar con cada pareja que presenta solicitudes para aparecer en mi pódcast, pero con más de mil personas en nuestra lista de espera es imposible. Este libro compartirá los conocimientos más valiosos para que desarrolléis una relación sana con el dinero.

Muchas de estas parejas de mi pódcast aparecen en estas páginas, compartiendo relatos privados y cifras reales. Encuentro un inmenso consuelo oyendo cómo otras personas bregan con el dinero, hablan del dinero y establecen vínculos alrededor del dinero. Sé que vosotros también lo haréis.

Ocho cosas que he aprendido en mi pódcast

1. El 50 % de las parejas con las que he hablado desconocen sus ingresos (no, no es un error tipográfico). El 90 % de las parejas no sabe a cuánto ascienden sus deudas. El 1 % de las parejas con deudas en sus tarjetas de crédito tienen dificultades para decirles «No» a sus hijos.
2. A la gente que acumula millones de dólares suele costarle gastárselos (incluso aunque su cónyuge esté a punto de divorciarse de él o ella por ser tacaño).
3. La abrumadora mayoría de las personas que acuden al pódcast (gente que describe que sus problemas económicos tienen una puntación de nueve en una escala de diez y que soportan revisiones financieras exhaustivas) no se han leído ni un libro sobre finanzas personales. Es sorprendente, pero también forma parte de la naturaleza humana.
4. La gente que gana poco dinero casi siempre está obsesionada con la palabra *contribuir*, porque se pregunta si sus contribuciones no monetarias son tan valiosas como el dinero, que es más fácil de valorar en nuestra cultura (la respuesta es que sí).
5. Un número sorprendentemente elevado de parejas con deudas en sus tarjetas de crédito realizan compras muy concretas, como relojes Apple Watch e iPads con conexión móvil.
6. Los hombres se llaman a sí mismos «el proveedor», y a las mujeres se les enseña a tener una cuenta de ahorro secreta «por si acaso».
7. Muchas parejas discuten acerca de las compras en grandes almacenes durante años y años, pero la discusión rara vez tiene que ver realmente con los grandes almacenes, sino que tiene que ver con gastar más del 65 % de los ingresos en costes fijos, cosa que la que nos ocuparemos en el capítulo 7.
8. Cuando la gente se mete en problemas económicos, casi siempre tiene que ver con dos compras: su vivienda y sus camionetas (perdón, coches).

¿Eres tú la «persona que se encarga del dinero» en vuestra relación?

En el 90 % de las parejas con las que trabajo, uno de los miembros es «la persona que se ocupa del dinero». Lo capto: en una relación, puede que sea una persona la que recoge el lavavajillas y que la otra saque la basura. Uno se ocupa de las reparaciones del hogar y el otro se encarga de la colada. Sencillamente, tiene sentido que una persona se ocupe del dinero, ¿verdad?

Pues no.

Al contario que lavar los platos, el dinero no puede delegarse a una persona, ya que el dinero trasciende a todo: el lugar en el que vivís, lo que coméis, lo que hacéis para divertiros, e incluso *quiénes sois*. Gestionar el dinero no tiene tanto que ver con ir a comprar comestibles y sí más que ver con la crianza de los hijos. Rara vez oyes a sólo uno de los miembros de la pareja «ocupándose de la crianza de los hijos», así que tampoco debería haber sólo un miembro de la pareja «gestionando el dinero».

Esto es básico: *ambos miembros de la pareja deben estar implicados en las finanzas familiares.* Cuando internalicéis la importancia de que ambos miembros de la pareja pongan, económicamente hablando, de su parte, empezaréis a comprender por qué tantas parejas informan de las mismas peleas:

- *En cuanto entro en casa, me pregunta cuánto he gastado en los grandes almacenes.*
- *Ella mira constantemente el extracto de la tarjeta de crédito y me dice que he gastado demasiado saliendo con los amigos.*
- *Él me dice que recortemos en nuestros gastos en comestibles, pero no tiene ni idea de cuánto he recortado ya en gastos.*

Si uno de los miembros es la «persona que se encarga del dinero», nunca desarrollaréis un verdadero equipo que funcione unido para generar una vida de abundancia.

La gente se pasará décadas discutiendo sobre gastos nimios, sin darse cuenta nunca de que el *verdadero* problema es que una persona está al cargo del dinero. Sería como pensar que odias cocinar durante veinte años, para acabar dándote cuenta de que tienes una cocina mal iluminada, con una mala ventilación y unos cuchillos oxidados. Ahora que sabemos lo que de verdad falla, podemos arreglarlo y seguir adelante. ¡Qué alivio!

Naturalmente, puede que una persona tenga facilidad con el dinero. Vemos esto en todos los aspectos de la vida: en la crianza de los hijos, en la planificación de viajes, en mantener las relaciones con la familia. Sin embargo, ambos miembros deben ocuparse del dinero, porque afecta a cada parte de nuestra vida. Ambos deben hablar de las finanzas regularmente, desarrollar un sistema juntos y hacerlo evolucionar con el tiempo. Si no generáis una visión compartida y no tomáis decisiones como un equipo, es fácil obsesionarse con minucias sin sentido como gastar dinero en cafés o aperitivos, o con problemas que llamo preguntas, asuntos o cuestiones de tres dólares. Deberíamos pasar más tiempo haciendo preguntas de treinta mil dólares.

Cuando estáis atascados formulando preguntas de tres dólares, estáis jugando constantemente a la defensiva y discutiendo sobre transacciones aleatorias en lugar de desarrollar una visión y emplear vuestro dinero para vivirla. E incluso aunque «ganéis» recortando en el desembolso de dinero en gastos pequeños o aleatorios ¿entonces qué? ¿Llegasteis a algún lugar, de todas formas? ¿Sabéis qué hacer con los tres dólares que os ahorrasteis? ¿Os sentís mejor? La respuesta es «No».

Puede que yo sea raro, pero tengo una política personal contra el tener que sufrir soportando miles de discusiones tediosas y sin sentido durante el resto de mi vida. Ésa es la razón por la cual *ambos* miembros de la pareja deben comprender cuáles son las preguntas o cuestiones de treinta mil dólares, y luego acordar centrarse en ellas juntos.

Asuntos de tres dólares frente a asuntos de treinta mil dólares

Dónde intenta ahorrar dinero la gente:

▶ Café de tres dólares

Áreas que importan realmente:

▶ Implementar unas inversiones automáticas:
   (ventaja potencial: 250.000 dólares)
▶ Minimizar las comisiones por las inversiones:
   (más de 50.000 dólares)
▶ Crear un plan de amortización/liquidación de las deudas:
   (50.000 dólares)

Haced preguntas de treinta mil dólares, y no preguntas de tres dólares.

Aquí tenemos cómo funciona esto en mi caso. En mi matrimonio, yo gestiono las inversiones, porque estoy mejor informado sobre las ellas y mi idea de una gran noche de sábado consiste en leer *The Journal of Asset Management* (un foro internacional sobre la estrategias, las técnicas y las innovaciones en la gestión de fondos); pero, significativamente, Cassandra y yo seguimos *hablando de* inversiones juntos: comentamos qué porcentaje de nuestros ingresos estamos invirtiendo, dónde se está invirtiendo nuestro dinero, cuánto esperamos tener en veinte años y si deberíamos aportar más o menos dinero este año. Ése es el nivel al cual hablamos de nuestro dinero, y no de cuánto dinero gastamos en cafés la semana pasada.

El dinero es mi trabajo, así que, desde el principio, hubiera sido fácil que yo hubiera sido la «persona que se encarga del dinero», pero en lugar de ello insistí en que ambos nos implicáramos por tres razones:

1. En algún momento, moriré, y si yo soy el primero en fallecer, quiero que Cassandra se sienta con confianza sabiendo exactamente qué hacer con nuestro dinero (hay una epidemia de mujeres que se quedan sin preparación para gestionar sus finanzas cuando su pareja fallece. Son presas fáciles para los tiburones financieros depredadores. Nunca dejaré a mi esposa en esta situación, y espero con ilusión sus risas y que les cuelgue el teléfono a los inútiles asesores económicos de Goldman Sachs que puede que la llamen después de que me vaya al otro barrio. Estaré mirando desde el cielo con unas palomitas).

2. Quiero que los dos seamos buenos administradores de nuestro dinero, así que hablamos de él y lo cuidamos juntos, como si fuera un jardín. Una buena administración significa que lo gastamos con sentido, donamos a causas que nos importan y decidimos qué sucederá con él una vez que hayamos fallecido.

3. Por último, ¡es mucho más divertido gestionar el dinero juntos! Cuando hablamos sobre el dinero, logramos ponernos a planear nuestras vacaciones juntos, pensamos en qué queremos gastarnos más (o menos) el año que viene, y generamos una buena cultura del dinero en nuestro hogar.

Habría sido mucho más sencillo a corto plazo para mí simplemente gestionar las finanzas yo solo, pero los beneficios de desarrollar un entendimiento compartido del dinero son mucho mayores que los de un enfoque «fácil». Cada pareja (Cassandra y yo incluidos) tiene desafíos relacionados con el dinero, y hablar del dinero regular y proactivamente nos ha ayudado a afrontar los nuestros. Cuando nos casamos, teníamos perspectivas muy distintas en relación con el dinero. Como propietarios de negocios, tenemos unos ingresos y gastos irregulares, pero como mantenemos conversaciones constantes sobre el dinero, poseemos un lenguaje compartido, y sabemos cómo usarlo, en los buenos y los malos momentos. Somos verdaderos socios en nuestra vida de abundancia, y esto es lo que también quiero para tu pareja y para ti.

Excusas, excusas

«No necesitamos un libro, sino que simplemente necesitamos un presupuesto».

Permitidme exponer esto sin rodeos: un presupuesto no es la razón por la cual tu pareja y tú no podáis poneros de acuerdo con el dinero. El problema es mucho más profundo. Para la gran mayoría de la gente, un presupuesto es una solución táctica para un problema psicológico. Encontramos atractivas estas soluciones (incluso aunque no funcionen) debido a que en nuestra cultura se nos enseña que los números son importantes y los sentimientos no lo son. Un presupuesto no os salvará, pero aprender cómo conectar con respecto al dinero sí que podría salvaros.

«Mi pareja nunca hará esto conmigo».

Puede que así sea. Así pues, ¿cuáles son las opciones? ¿Rendirse? ¿Hacer las cosas de la forma en que las habéis hecho siempre? Si eso no ha funcionado, probemos con otro enfoque: el mío. Tal y como dijo Jim Barksdale, el antiguo director ejecutivo de Netscape: «Si disponemos de datos, fijémonos en los datos. Si todos tenemos opiniones, procedamos con la mía». Incluso aunque leas este libro completamente por tu cuenta, puedes avanzar lo suficiente como para recorrer el 85 % del camino hacia donde quieres llegar.

«Nuestros problemas van mucho más allá del dinero».

¡Tenéis razón! Sin embargo, empecemos con el dinero, porque a cada día que pasa, estáis perdiendo mucho por no invertirlo juntos.

«Quizás esto podría funcionar si...

    ... ganásemos más».

    ... no viviéramos en una región con un coste de la vida tan elevado».

    ... mi pareja no fuera tan irresponsable».

    ... la economía no estuviese tan mal».

    ... etc. (rellena el espacio en blanco).

Sí, probablemente. La vida sería mucho más fácil para mí si midiera 1,90 metros y tuviera acento australiano, pero esto es lo que hay. Jugamos con las cartas que nos han repartido. Podéis, al mismo tiempo, reconocer la necesidad de un cambio sistémico y centraros en lo que podéis controlar, y este libro consiste en asumir el control de vuestro dinero juntos.

«Hablar de dinero es estresante y deprimente».
¡Ésa es la razón por la cual estoy aquí! No tiene por qué ser así ni debería serlo. Mi sistema va a ayudar a cambiar eso para tu pareja y para ti.

Una nueva forma de fijarse en el dinero

Este libro os ayudará a alejaros de relacionar el dinero con el temor, el miedo y el resentimiento. En lugar de ello, aprenderéis a decir y hacer cosas para relacionar el dinero con una sensación de competencia, alegría, oportunidad, propósito y generosidad. Y sí, tu pareja y tú podéis hacer esto juntos, incluso aunque no penséis en el dinero de la misma forma.

¿Será siempre fácil? No, por supuesto que no. ¿Va tu pareja a mostrar tanto entusiasmo como tú? Puede que no. Sin embargo, he trabajado con parejas que se encontraban en todo tipo de situaciones, y tanto si una pareja tiene una deuda de ochocientos mil dólares como si posee millones de dólares, necesitan las mismas cosas: una mejor comunicación y un sistema que aguante. Dispongo de un sistema que ha funcionado para miles de parejas, y funcionará para vosotros.

En las siguientes páginas…

- *Aprenderéis exactamente qué decir cuando habléis del dinero,* incluso aunque tu pareja se resista a este tipo de conversaciones.
- *Obtendréis los pasos para generar una visión conjunta de vuestra vida de abundancia:* una visión que encaje contigo individualmente y con vosotros como pareja.
- *Aprenderéis cómo vuestro pasado afecta a la forma en la que os sentís con respecto al dinero,* y cómo cambiar vuestra historia por una que os haga sentir positivos y orientados hacia el futuro.
- *Aprenderéis cómo pensar más allá del mes en relación con vuestras finanzas.* Para muchos de nosotros, gestionar nuestro di-

nero nos hace sentir como si condujéramos entre la niebla y sólo pudiéramos ver a quince metros por delante de nosotros. Desarrollaréis una visión real meses por delante, e incluso años por delante. ¡Qué alivio!

- *Descubriréis cómo trabajar fluidamente como un equipo*, tomando decisiones juntos a través del prisma de vuestra vida de abundancia.

- *Sabréis cómo defenderos (sin pelearos)* cuando se trate de gastar, ahorrar, invertir y de la forma en la que ambos gestionáis el dinero.

- *Dispondréis de un sistema a prueba de bombas con respecto al dinero* que tan sólo necesitará de una hora mensual de mantenimiento, incluyendo las cuentas exactas y un plan real.

- *Empezaréis, por fin, a sentiros bien en lo tocante al dinero.* Lo mejor de todo es que ésta es una sensación que compartirás con tu pareja, porque lo hicisteis juntos.

Al abrir este libro te has enviado una señal a ti mismo de que el dinero es importante para ti, que no vas a disculparte por preocuparte por tus finanzas, y que hay espacio para que tu pareja y tú intiméis más por medio de vuestro dinero. También os habéis abierto a la idea de obtener alguna ayuda. Voy a daros todo lo que le doy a las parejas con las que trabajo: guiones palabra por palabra, tácticas, preguntas exploratorias, ejemplos procedentes de la psicología y más cosas. A veces también os presionaré, igual que las presiono a ellas.

Os prometo que en cuanto tu pareja y tú mantengáis una buena conversación sobre el dinero, toda vuestra perspectiva cambiará. Os daréis cuenta de que éste es un enfoque completamente nuevo con respecto al dinero, y hacia el final de este libro, cuando hayas desarrollado confianza con tu pareja, cuando hayáis mantenido varias conversaciones en las que ambos sonriáis y os sintáis *bien* hablando sobre el dinero, veréis que el dinero es algo sobre lo que podéis tomar el control juntos.

Ahora empecemos.

PARTE 1

Diez pasos para una
vida de abundancia juntos

1

Vuestra primera conversación positiva sobre el dinero

Emplead estos sencillos guiones palabra por palabra y ceñíos a ellos

«¿Podéis recordar un momento, en los últimos treinta días, en los que los dos no estuvieseis en la misma onda con respecto al dinero?».

Ésta es la pregunta que les hago a las parejas cuando vienen a mi pódcast. Parece bastante inocente, es facilita, es algo para ayudar a los invitados a abrirse a mí con una historia divertida y quizás unas risas; pero la pregunta no es accidental. Es el resultado, muy bien calculado, de probar con más de dos docenas de preguntas distintas hasta encontrar esta concreta.

He descubierto que, cuando la mayoría de nosotros hablamos del papel del dinero en nuestras relaciones, de repente nos volvemos vagos y genéricos:

- *Soy un ahorrador, y él/ella un derrochador/a.*
- *Simplemente deseo que mi pareja haga un plan.*
- *No parece que podamos ponernos de acuerdo con el dinero.*

Puede que estas respuestas sean técnicamente ciertas, pero no llegan al corazón de lo que de verdad está sucediendo. Para eso necesitamos introducirnos en los aspectos concretos reales con detalles auténticos. Debemos ser más realistas y no tan imprecisos.

Por lo tanto, cuando le pregunté a una pareja, hace poco, acerca de un momento en el que hubiera estado en desacuerdo con respecto al dinero, ambos respiraron hondo y procedieron a hablar durante los siguientes doce minutos. Echaron culpas, defendieron preventivamente su propio comportamiento y revelaron lo ansiosos que les ponía el dinero.

Me encantó, pero al final tuve que interrumpir.

Pregunté:

—¿Alguno de los dos se ha sentido alguna vez bien con respecto al dinero?

—No –dijeron los dos.

Qué momento tan asombroso. Cuando les interrumpí, estaban discutiendo por el precio de una comida de quince dólares, lo que suponía un pequeño síntoma de lo que de verdad estaba sucediendo en su relación: *los dos se sienten mal con respecto al dinero*. Todos sus desacuerdos tenían su origen en eso. Sin embargo, si simplemente les hubiera preguntado: «¿Cuál es el problema con el dinero en vuestra relación?», habrían dicho: «Simplemente no estamos en la misma onda».

Los detalles importan. Las palabras que elijáis son como una radiografía sobre cómo os sentís con respecto al dinero. Evitamos el dinero, nos peleamos por el dinero, pero la verdad se revela en las palabras cotidianas que usamos.

Ésa es la razón por la cual vamos a centrarnos en *cómo* hablamos. Quiero que veáis cómo es mantener una conversación genial sobre el dinero en la que ambos sonriáis y los dos os sintáis conectados.

Redefinir la «conversación sobre el dinero»

Empecemos comprendiendo cómo pensamos la mayoría de nosotros acerca de «la conversación sobre el dinero».

Date cuenta de esta pequeña pero reveladora palabra: *la*. Creemos que debemos mantener «la» conversación sobre el dinero para estar en la misma onda, como si una única charla fuera a cambiarlo todo en nuestras vidas. ¿Mantendríamos simplemente una única conversación sobre la crianza y educación de nuestros hijos? ¿O sobre los cuidados de nuestros padres ancianos? Por supuesto que no. Comprendemos que los temas importantes merecen nuestra atención continua.

Por lo tanto, redefinid vuestras conversaciones sobre el dinero:

Tenemos el privilegio de mantener muchas conversaciones sobre cómo queremos usar el dinero para generar nuestra vida de abundancia; y logramos hablar de ello juntos durante el resto de nuestra vida.

¡Qué alivio! No tenéis por qué mantener la conversación perfecta. Hay muchas oportunidades para hablar de dinero. No tenéis prisa y nadie espera que sepáis, por arte de magia, qué decir la primera vez. Estáis juntando dos formas distintas de ver el dinero, dos historias familiares diferentes, dos visiones distintas sobre el aspecto que tendrá vuestra vida.

Hablar del dinero es una habilidad, y estáis a punto de desarrollar esta habilidad juntos. Al igual que la primera vez que llevasteis una bicicleta sin ruedines, es probable que, a veces, os «caigáis de la bicicleta». Reconoced que no es fácil, admitidlo, e incluso divertíos con ello. Podéis decir lo siguiente: «Mira, esto me pone nervioso. Puede que a veces diga algo incorrecto, pero me emociona mejorar en esto contigo». Empieza con tus vulnerabilidades, lo que hará que a tu pareja le resulte más fácil abrirse con respecto a las suyas.

Antes de sentaros, os recomiendo que perfiléis la conversación. No la improviséis. Si tuvieseis una reunión de trabajo importante e inminente, apuesto a que no lanzaríais ideas sin más. El 80 % del trabajo se lleva a cabo antes de siquiera entrar en la sala, por lo que siempre visualizo mis conversaciones importantes por adelantado, previendo dónde pueden las cosas ir por el mal camino y planificando por si eso sucede. Piensa en que, si fueseis atletas olímpicos que disputasen la prueba de *bobsleigh,* visualizaríais cada curva antes de vuestro gran descenso. De forma parecida, tomaos esta conversación en serio: puede que no sea «la» gran conversación, pero ayudará a asentar las bases para el resto de vuestra vida económica.

Aquí tenemos cómo crear un borrador genial: primero tened claro qué queréis obtener de la conversación tomándoos un par de minutos y anotando todo lo que tengáis en la cabeza, cosa que puede tener un aspecto parecido a la siguiente lista:

- ¿Qué es este cargo de 16,39 dólares en la gasolinera de la semana pasada?
- ¿Has rellenado los impresos de tu seguro de salud?
- ¿Tendremos suficiente dinero para jubilarnos?
- ¿Qué es esta tarjeta de crédito que he encontrado escondida en un cajón?
- ¿Cómo puedo hacer que hables sobre el dinero conmigo?
- La escuela de los niños hace otra excursión, y no sé de dónde debería salir el dinero.
- ¿Qué es una cuenta de jubilación individual Roth?

Ahora dad un paso atrás: guardaos todas esas preguntas que habéis anotado; ya acabaréis llegando a ellas. Vuestra primera conversación sobre el dinero no consiste en la *mayoría* de esas cosas. De hecho, si pasáis directamente a preguntar sobre un cargo de la semana pasada en la factura de la tarjeta de crédito, os quedaréis atascados haciendo preguntas de tres dólares para siempre.

Tomad esa lista, fijaos en vuestras preguntas y rodead con un círculo lo que sea más importante que el resto de las cosas juntas. En la lista anterior, sólo hay un asunto real que abordar en vuestra primera conversación sobre el dinero: «¿Cómo puedo hacer que hables sobre el dinero conmigo?». Resuelve eso y el resto vendrá solo.

Redefinir el lenguaje que usamos en torno al dinero

Las palabras que usamos para hablar del dinero son extremadamente reveladoras. Podríais, por ejemplo, decir: «*Tenemos* que hablar sobre el dinero hoy [suspiro]», o decir: «*Vamos* a hablar sobre el dinero hoy [choca esos cinco]». Imaginad el impacto de hablar sobre el dinero positivamente durante décadas juntos. ¿Cómo moldearía eso vuestra percepción?

Podéis cambiar la forma en la que os fijáis en el dinero, pasando del temor a la oportunidad, y hacerlo rápidamente. Todo empieza usando, intencionadamente, un lenguaje distinto, incluso aunque la conversación sólo esté dentro de vuestra cabeza. Por ejemplo...

En lugar de: «No podemos permitírnoslo».
Usad esto: «No podemos permitírnoslo todavía, pero estamos diseñando un plan para ahorrar para eso».

En lugar de: «Nunca pagaría por esto».
Usad esto: «En el pasado, nunca hubiera pagado por esto, pero estoy empezando a entender por qué habría algunas personas que sí lo harían».

En lugar de: «Eso es para gente rica, no para gente como nosotros».
Usad esto: «No crecí haciendo eso, pero si queremos hacerlo, podemos planearlo» (a no ser que sea algo escandalosamente caro, como comprarse un avión a reacción privado, en cuyo caso, prueba con esto: «Ése es un avión muy bonito, pero preferiría unas vacaciones familiares juntos»).

En lugar de: «Debe ser agradable gastar tanto dinero. Apenas podemos permitirnos...».
Usad esto: «Escogemos lo que es importante para nuestra vida de abundancia, y otras personas eligen lo que es importante para ellas».

El lenguaje que usamos se convierte en nuestra identidad. ¿Qué tipo de lenguaje habéis estado usando?

Yo solía llamarme, en broma, un «tipo indio flacucho»: se convirtió en una profecía que se cumplió y en algo que creía que era extremadamente difícil cambiar. En realidad, y simplemente, no había aprendido todavía las habilidades de levantar pesas y comer adecuadamente. Echando la vista atrás, desearía no haber dicho nunca eso de mí mismo.

Vuestro lenguaje moldea vuestra realidad. Escoged vuestras palabras cuidadosamente.

Aquí tenemos ejemplos de «buenas» preguntas para esta primera reunión:

- ¿Cómo sería que los dos nos sintiéramos bien con respecto al dinero? ¿Con qué frecuencia hablaríamos de ello? ¿Qué cosas haríamos más? ¿Qué cosas haríamos menos?
- ¿Qué puedo hacer para ayudarte a sentirte más cómodo/a al hablar sobre el dinero? (y viceversa).
- ¿Qué tipo de valores económicos queremos enseñarles a nuestros hijos?

Ahora que habéis pensado cuidadosamente sobre qué queréis hablar, podéis crear un borrador claro y sencillo como éste:

Nuestra increíble primera reunión relativa al dinero
- Por qué esta reunión va a ser genial.
- Cómo me siento con respecto al dinero. (¿Qué hay que ti?).
- Cómo quiero sentirme en lo relativo al dinero. (¿Cómo quieres sentirte tú al respecto?).
- Siguientes pasos. (Hablemos más la próxima semana).

Desglosemos cada parte de este borrador para vuestra charla (bueno, perdón, vuestra «increíble primera reunión relativa al dinero»).

LA CONVERSACIÓN EN SÍ (15-20 MINUTOS)

Por qué esta reunión va a ser genial. Dile a tu pareja por qué estás tan emocionado por hablar sobre el dinero. Menciónale que estás leyendo este libro y cómo va a ser fenomenal crear algo juntos. Aseguraos de que vuestra energía sea elevada.

> «He estado leyendo este libro sobre las parejas y el dinero, y me está proporcionando muchas ideas sobre cómo podemos hablar del dinero juntos. El autor escribe sobre cómo hay muchas parejas que gestionan sus finanzas y cómo podemos ahorrar dinero y gastarlo en las cosas que nos encantan».

Cómo me siento con respecto al dinero. La mayoría de nosotros nunca describimos realmente nuestros sentimientos relativos al dinero. Piensa en ello: ¿cuándo fue la última vez que dijiste «Siento miedo» o «Estoy preocupado»? ¿Cuándo fue la última vez que tu pareja compartió sus sentimientos? Te recomiendo que dirijas la conversación con vulnerabilidad compartiendo primero, y luego preguntando a tu pareja cómo se siente con respeto al dinero, *y que escuches.* Haz preguntas clarificadoras, incluso aunque las respuestas no sean las que estés esperando. Recuerda que ésta es una oportunidad para describir vuestros sentimientos, y no para hacer acusaciones. (Nuestro terapeuta nos proporcionó la rueda de las emociones, que fue de gran utilidad. Búscala *online* para usarla).

> «Me siento confuso por nuestro dinero. Es como si no entendiera la hoja de cálculo que estamos usando. Desearía entenderla, pero no tiene sentido para mi forma de pensar».

> «Me siento preocupado. Sé que has dicho que todo va a ir bien, pero me pongo nervioso cuando miro nuestra cuenta corriente y tiene poco saldo».

«A veces me siento amargado con respecto al dinero porque gestiono nuestras facturas mensuales y nuestras compras de comestibles y de verdad me encantaría disponer de algo de ayuda. Creo que me siento solo».

Cómo quiero sentirme con respecto al dinero. Dibuja una visión potente que vaya más allá de «no preocuparte» por el dinero. Evita centrarte en cómo no quieres sentirte y describe qué emociones *sí* quieres sentir.

«Quiero sentirme informado sobre el dinero. Quiero sentir confianza. Quiero sentir que tengo una pareja: que tú me cubres las espaldas y yo te cubro las tuyas».

«Quiero sentirme bien con respecto al dinero, de modo que podamos trazar un plan sobre las cosas que nos gustaría hacer con nuestro dinero. Sé que hemos hablado de viajar a Islandia, de salir, como si tuviéramos una cita, una vez por semana… Ésas son las cosas con las que quiero que nos sintamos bien».

«¿Qué hay de ti?».

Siguientes pasos. ¡Hacedlo breve! Es mejor mantener una conversación breve y positiva que una larga, agotadora y negativa. Mi filosofía: ¡declarar la victoria y regresar a casa! Tenéis mucho tiempo para hablar de dinero juntos. En la primera reunión, vuestra meta debería ser sentiros bien, y luego acabar de forma positiva.

«Esto me hace tan feliz. Creo que deberíamos darlo por finalizado por hoy, pero simplemente quiero decirte cuánto te quiero y lo bien que me hace sentir poder hablar de esto. ¿Podemos hablar más la semana que viene? Me encantaría empezar a diseñar un plan con nuestro dinero. ¿Quizás el sábado por la tarde?».

Adaptad los guiones anteriores a vuestra propia situación. Tal y como podréis ver, la primera conversación es breve, honesta y optimista. Y recuerda: nadie nos enseñó esto. La mayoría de nosotros obtenemos una mayor orientación sobre el sexo que hablando del dinero. Por lo tanto, daos espacio para reír si las cosas os hacen sentir un poco incómodos.

Consejos para hacer que vuestra primera conversación sobre el dinero discurra fluidamente

- Redefinid la reunión para vosotros mismos. ¿Qué pasaría si fuese divertida? ¿Y si fuese sencilla? ¿Qué comunicaría vuestro lenguaje corporal? ¿Qué transmitiría vuestro rostro? Entonces haced eso.
- Muéstrale amabilidad a tu pareja. Has estado leyendo este libro y pensando en la conversación sobre el dinero, y tu pareja probablemente no. Tu enfoque, por dulce que pueda ser, le pillará con la guardia baja. Sé sensible.
- Esperad oír algunas frases que os alteren («No soy bueno con el dinero»). Cuando oigo a la gente hablar sobre el dinero, frecuentemente usa ciertas frases en modo piloto automático. Posiblemente no recordarán haberlas pronunciado al día siguiente. Comprended que la gente se comporta de ciertas formas peculiares cuando se siente estresada o sorprendida. Si os quedáis atascados, seguid adelante.
- Cuando habléis sobre cómo queréis sentiros con respecto al dinero, centraos en lo que *sí* queréis, y no en lo que *no* queréis («No quiero sentirme preocupado» se convierte en «Quiero sentirme con confianza»). Esto es importante porque es fácil quedar atrapados en los aspectos negativos, pero crear una visión consiste en lo que *queréis*.
- Recuerda que tu trabajo no consiste en contestar a cada pregunta que te lance tu pareja, ni en «marcar como hecho» cada ítem de la agenda. Permaneced centrados en vuestra estrella polar: mantener una conversación sobre el dinero en la que los dos os sintáis bien.

- Al final abraza a tu pareja y dile: «Te quiero». Después no habléis de dinero durante el resto del día.

Qué *no* hacer

- Lo mismo que has hecho siempre. Los mismos temas, las mismas frases, el mismo tono, la misma ubicación…, siempre lo mismo. Si quieres llevar a cabo un cambio, entonces cambia.
- Sacar el tema en la cama, justo en cuanto uno de vosotros ha acabado su trabajo, o cuando estéis distraídos, hambrientos o cansados.
- Considerar que la conversación es una obligación. (*Suspiro.* «De acuerdo sé que no te gusta hablar del dinero, pero…»). Reformulad eso: «¡Hablar sobre el dinero es un regalo! ¡Nos ponemos con esto juntos! Además, esto será un maratón, no un esprint, así que divirtámonos a lo largo del camino».
- Formular una pregunta de la que ya conozcas la respuesta: es decir, una trampa verbal («¿Qué crees que deberíamos hacer para recortar nuestros gastos?». «De acuerdo, ¿y qué hay acerca de esa afición tuya?». «Te lo sigo diciendo: tienes que parar»…).
- Sentir la necesidad de resolver todos los problemas con una conversación. Disponéis de abundante tiempo.

Dónde y cuándo reunirse

Piensa en dónde mantendréis vuestra conversación y en cuándo vais hablar. Lo ideal es que se sea en un lugar tranquilo y sin distracciones, como que los niños estén corriendo por la casa. (Esto es fácil para mí decirlo, lo sé, pero es importante. Dad con una forma). Intentad reservar un período en el que ambos estéis presentes e implicados. Si tiene que producirse dentro de algunos días, no pasa nada.

BUENAS FRASES INICIALES

- Si sabes que tu pareja va a ponerse nerviosa por hablar sobre el dinero: *Quiero probar algo nuevo. Quiero usar los ejercicios que aparecen en este libro que estoy leyendo, de forma que podamos empezar a planificar nuestra vida de abundancia juntos.*
- Si tienes una historia conflictiva con el dinero: *Me estoy preguntando si estarías dispuesto a hablar sobre el dinero. Quiero que los dos nos podamos sentir bien al respecto. ¿Qué tal el miércoles por la noche?*
- Si ambos sois nuevos en esto de hablar sobre el dinero: *Me sentía confuso con respecto al dinero, así que me compré este libro y quiero que me des tu opinión. ¿Puedo hacerte algunas preguntas?*

Hablar de dinero cuando estás saliendo con alguien

Si tienes citas para encontrar una pareja duradera, no pasa nada si quieres saber lo que la persona con la que estás saliendo piensa sobre el dinero. Si acabáis juntos, vuestras finanzas serán la base medular de vuestra vida, afectando al lugar en el que viváis, a qué dedicáis vuestro tiempo de ocio, de qué oportunidades dispondrán vuestros hijos..., afectará prácticamente a todo. Por supuesto, no querrás quedar como un bicho raro, sacando una carpeta con sesenta y siete páginas de preguntas sobre finanzas en la segunda cita. Cuando llegue el momento adecuado, formula preguntas sinceras y escucha atentamente: la gente lo revela prácticamente todo.

Aquí tenemos algunas preguntas que podrías hacer:

«¿Qué hacía tu familia para divertirse cuando eras pequeño?». La persona con la que estés saliendo podría decir que se iban a esquiar a Aspen o, si fueran como mi familia, que iban a la biblioteca pública y a cines de reestreno. Sea como fuere, esto te dirá mucho sobre su crianza y educación y sus posibles puntos de vista sobre el dinero.

«¿Cuánto deberíamos dejar de propina?». A veces, puedes preguntar. Otras veces simplemente puedes observar lo que hace la otra persona. ¿Tu cita da malas propinas? ¿Se ofrece a dividir los costes? ¿Es generosa, proactiva y considerada? Estas cualidades salen a relucir pronto.

«¿Cómo imaginas tu futuro?». Si has desarrollado una visión cristalina sobre tu vida, quizás quieras, sencillamente, compartirla y valorar la reacción de la otra persona. En Occidente, esto puede parecer sorprendentemente directo y generalmente es mejor que se guarde hasta más adelante mientras se sale con alguien, pero en otras culturas esto se comenta el primer día. Por ejemplo, mis padres se casaron siete días después de conocerse, así que tuvieron ser directos de inmediato con respecto a lo que estaban buscando.

«¿Podemos hablar sobre cómo vamos a pagar este viaje que vamos a hacer el mes que viene?». Un primer viaje supone una oportunidad perfecta para hablar sobre el dinero. El riesgo es relativamente bajo, los dos queréis impresionaros el uno al otro con lo de trato fácil que sois, y probablemente tendréis distintos puntos de vista sobre quién debería pagar y si vale la pena. ¡Genial! Simplemente una sugerencia: ten una idea de lo que *tú* quieres. De otro modo, es demasiado fácil preguntarle a tu pareja qué quiere y dejar que sea él o ella quien dicte los términos de la discusión.

No pasa nada si obtienes una reacción extraña al decir que quieres mantener una conversación sobre el dinero. A la mayoría de la gente se la pilla con la guardia baja cuando surge el tema del dinero, especialmente porque se han visto condicionados por toda una vida de conversaciones negativas relativas al dinero, por lo que sus reacciones suelen ser bruscas o incluso airadas. Sienten, instintivamente, que van a meterse en problemas. Imagina cómo habrías reaccionado tú si anteriormente (antes de iniciar tu camino de la autosuperación económica), alguien te dijera que quería «hablar sobre el dinero». Probablemente tampoco habrías querido oírlo.

Una vez que comprendas que puede que tu pareja se muestre vacilante o que se resista a mantener esta conversación, podrás proporcionarle espacio para que diga lo que le venga a la mente, y luego podrás redirigirla amablemente hacia tu objetivo principal.

Aquí tenemos algunos ejemplos:

Tu pareja: «Mmm…, de acuerdo». (El subtexto: «Esto es raro»).

Tú: «De acuerdo, genial. Estoy leyendo este libro, y quiero saber lo que piensas sobre cómo podemos…».

Tu pareja: *Suspiro.* «¿Otro de esos libros?».

Tú: *Sonrisa.* «Sé que no hemos hablado sobre el dinero de forma positiva antes, y quiero cambiar eso de forma que podamos sentirnos bien al respecto».

Tu pareja: «¿No hemos probado esto antes?».

Tú: «Sí, lo hemos probado. Creo que lo enfocamos de forma incorrecta. Quiero que los dos nos sintamos bien cuando hablemos del dinero. ¿Estarías dispuesto a intentarlo de nuevo?».

Tu pareja: «De acuerdo, haré lo que quieras» *(Mientras, mentalmente, está marchándose).*

Tú: «De acuerdo, genial, gracias. ¿Es éste un buen momento o deberíamos hacerlo más adelante esta semana?».

Tu pareja: «¡¿Por qué siempre necesitas hablar del dinero?!».

Tú: «Te quiero. Es realmente importante para mí que demos con una forma de hablar de esto juntos. ¿Estarías dispuesto a confiar en mí y a que probemos esto juntos?».

PALABRAS TABÚ QUE DEBES EVITAR

Cuando se trata del dinero, ciertas palabras y frases provocan que la gente se ponga a la defensiva. Muchos de nosotros caemos en la trampa de pronunciar por lo menos una de ellas, lo que hace que, casi siempre, la conversación descarrile. Si no sacáis a colación ninguna de las siguientes palabras o frases, os proporcionaréis una ventaja enorme para tener éxito en una primera conversación sobre el dinero.

- *Presupuesto.* Todos odian los presupuestos, incluido yo. Simplemente no digáis esta palabra.
- *Facturas de las tarjetas de crédito.* Si tenéis deudas en las tarjetas de crédito y sacáis a colación esto en la primera conversación, eso eliminará cualquier energía positiva de la habitación. Tendréis tiempo para hablar sobre eso más adelante.
- *Tenemos que ponernos serios.* Si estuvieras intentando jugar al *pickleball* por primera vez y el entrenador te dijera: «Tienes que ponerte serio de verdad», ¿cómo te sentirías? Tu objetivo es divertirte y conectar con la gente, no que te den un sermón.
- *Tú siempre… y Tú nunca…* Si alguien te dice que «siempre» haces algo mal, tu reacción normal será contraargumentar, así que usar esa frase es una trampa. Truco rápido: si os quedáis atascados, centraos en el «nosotros», y no en el «tú».
- *Sólo quiero…* Este uso de la palabra *«sólo»* es interesante, porque es muy común e informal, pero el problema es que *«sólo»* minimiza tu objetivo. Resístete a esa necesidad de reducir la importancia del dinero. Vuestra visión consiste en desarrollar una vida de abundancia, y no «sólo» dejar de pelearos o «sólo» estar de acuerdo en cuánto gastar en los grandes almacenes. Aunque puede que parezca más fácil centrarse en un asunto pequeño, la gente tiende a reaccionar mejor a una visión más amplia: *no quiero dejar de derrochar en el supermercado; quiero llevar una vida de abundancia.* Esta conversación es el principio de una nueva forma de tratar al dinero con el respeto que merece.

QUÉ HACER SI EMPEZÁIS A PELEAROS

Va a suceder. En algún momento, tu pareja y tú discutiréis sobre el dinero. ¡Eso es normal! Mi esposa y yo seguimos discrepando sobre el dinero. La idea es prever y planificar para eso, de modo que cuando suceda, sepáis exactamente qué hacer. Aquí tenemos una lista de frases útiles que podéis usar cuando haya un desacuerdo.

- *¿Podemos tomarnos un descanso?* No pasa nada porque os reorganicéis un minuto, vayáis a por un vaso de agua e incluso que echéis un vistazo a vuestras notas para volver al buen camino.
- *¿Puedes ayudarme a entender qué quieres decir? No creo estar captándolo, y de verdad que quiero comprenderlo.* La vulnerabilidad es conectiva. Usadla más frecuentemente.
- *Me estoy sintiendo sobrepasado en este preciso momento. ¿Podemos retomarlo mañana?* Si la conversación se está torciendo de una forma que no podéis manejar, ha llegado el momento de una pausa más larga. Expresad empatía y concluid la conversación por ahora. No es tu trabajo lidiar con cada reto que exponga tu pareja. Tu trabajo es el de empezar a trabajar en pro de una comunicación positiva en torno al dinero. A veces eso requiere finalizar la conversación pronto.

El conflicto es inevitable, pero, ciertamente, podéis estar en desacuerdo con respecto al dinero sin pelearos. En mi programa de Netflix, hablé con Christian y Millie, una pareja joven. Christian reveló que había perdido ochenta mil dólares en una única inversión. ¡Puedo entender que alguien se sienta molesto por eso! Pero en favor de los dos, diré que no se peleaban. Incluso cuando disentían, hablaban de sus problemas en detalle y se recordaban mutuamente que eran un equipo.

Ésa primera conversación sobre el dinero cuando os vayáis a vivir juntos

Irse a vivir juntos es otro momento perfecto para hablar sobre el dinero, porque ambos estáis llevando a cabo un cambio que afectará a vuestras finanzas de una forma importante. Iniciad la conversación con confianza: el dinero es un tema normal sobre el que hablar al cohabitar. Tratadlo como corresponde y evitad pedir disculpas por sacar el tema («Esto..., mmm..., creo que deberíamos hablar sobre pagar el alquiler a medias»). El objetivo consiste, simplemente, en sacar el tema del dinero y en desplazar suavemente vuestra identidad a la de una pareja que habla del tema, tal y como hacen todas las personas en una relación sana.

Empezad con una de las siguientes frases:
- ▶ «He estado pensando en las finanzas. ¿Podemos hablar de ello? Me encantaría que estuviéramos en sintonía con respecto al dinero».
- ▶ «Honestamente, no me siento excesivamente cómodo hablando del dinero. Sin embargo, creo que ésta es una oportunidad genial para que los dos lo hagamos».
- ▶ «Es importante para mí que hablemos sobre el dinero juntos. Sólo quiero iniciar la conversación de forma que esto se convierta en algo que sea normal para nosotros».

Sed abiertos de mente y escuchad tanto como habléis. No empecéis con intenciones ocultas, como si se tratase de un plan para que tu pareja admita que gasta demasiado en videojuegos. Y recordad que no vais a cubrir todos los temas con una única conversación.

Al cabo de tres conversaciones querréis determinar...
- ▶ La mecánica de cómo vais a gestionar los gastos compartidos (el alquiler, los servicios públicos, los comestibles, comer fuera).
- ▶ Vuestras cifras económicas (ingresos, deudas, cómo decidáis gastar vuestro dinero sobrante).
- ▶ Si hay alguna señal de alarma que queráis abordar ahora o con el tiempo.
- ▶ Cuándo reunirse de nuevo y volver a hablar del dinero.

Esperar con ilusión la próxima conversación

Asumamos que habéis mantenido una primera conversación breve y positiva.

En el capítulo 3, empezaréis a diseñar vuestra vida de abundancia juntos. Entre este y ese momento, podéis seguir desarrollando vuestra conexión alrededor del dinero. Cuando programéis vuestra próxima reunión, pídele a tu pareja que añada un tema a la agenda. Esto indica que hablar del dinero es una actividad de equipo (y que no consiste simplemente en que tú dirijas y que tu pareja te siga), y le proporciona a la otra parte tiempo para contribuir y así formar parte del proceso.

Cuando estéis pensando en la agenda, jugad con asuntos grandes y pequeños. Los grandes son cuestiones sobre el estilo de vida y sueños de la vida de abundancia. Los asuntos pequeños son cuestiones como, por ejemplo, cómo gestionar un problema concreto, como quién llevará el coche para la revisión o si cambiar de banco para vuestra cuenta corriente.

Antes de la reunión, anota algo de lo que te hayas dado cuenta y que hayas agradecido sobre tu pareja desde la primera reunión. No tiene por qué estar relacionado con el dinero. Aquí tenemos algunos ejemplos que mi mujer y yo compartimos recientemente el uno con el otro:

- «Gracias por asumir el mando en la planificación de las Navidades con nuestros padres. Ha sido realmente genial ver a todos jugando a esos juegos juntos. Nunca se me habrían ocurrido esas actividades, así que de verdad me encantó crear esos recuerdos con todos nosotros».
- «Cuando tuve eso [el problema médico] el mes pasado, significó mucho para mí que te tomases un día libre y me llevarás allí en coche y cuidaras de mí. Me sentí realmente amado, así que gracias».
- «He notado que has estado preguntándome si necesito algo, y cómo me está yendo, más frecuentemente. Me hace sentir querido».

Temas para futuras conversaciones sobre el dinero

▶ Cuántos ingresos y deudas tenéis (si todavía no lo sabéis).

▶ Hacer testamento, si todavía no tenéis uno (deberíais).

▶ Quiénes deberían ser los tutores de vuestros hijos si quedáis incapacitados o fallecéis (¡temas divertidos para una noche de sábado!).

▶ ¿Qué papel os gustaría desempeñar para ayudar a vuestros familiares, incluyendo los cuidados de vuestros padres ancianos?

▶ ¿Qué tipo de estilo de vida imagináis en un año, en cinco años o en diez años?

Pensad en algunos y luego escoged uno. Ésta será la primera cosa que diréis en la segunda reunión. Vais a desarrollar el nuevo hábito de iniciar las conversaciones sobre el dinero con un cumplido, lo que cambiará la dinámica totalmente. Más adelante, cuando implementéis las reuniones mensuales para hablar del dinero, en el capítulo 10, usaréis esta práctica y pronto se convertirá en algo completamente natural.

Lista de comprobación del capítulo 1

❑ Preparaos para vuestra primera conversación sobre el dinero. ¿Cuál es la cuestión clave que queréis abordar? ¿Cómo podéis iniciar la conversación de una forma que haga que vuestra pareja se sienta segura e implicada? ¿Cómo reaccionaréis si las cosas no van como habéis planeado? Elaborad una agenda sencilla y compartidla.

❑ Mantened vuestra primera conversación sobre el dinero. Haced que sea breve, positiva y centrada en el futuro. Recordad que no tenéis que cubrir todos los temas en una única charla.

❑ Programad vuestra segunda conversación. Mantened el impulso en marcha. Pedidle a vuestra pareja que añada por lo menos un asunto a la agenda de esta reunión, e iniciad la charla con algo que apreciéis en ella en vuestra siguiente conversación sobre el dinero.

2
Comprender vuestra psicología con el dinero

Desvelad vuestros guiones invisibles, recuerdos ocultos y los cuatro tipos de persona con respecto al dinero

Sara le estaba hablando a Charlie, su marido, acerca de una maravillosa fiesta de despedida de soltera en la playa de la que acababa de regresar. Había sido un veinte sobre diez, según ella.

—Yo no soy una persona a la que le guste la playa, y a Charlie sí que le gusta de verdad –me explicó.

Estaba emocionada por compartir la idea de ellos dos yéndose al océano juntos, pero la respuesta instantánea de Charlie fue negativa:

—No podemos permitírnoslo. No podemos hacerlo.

Charlie se explicó:

—Lo que imaginé es que alquilábamos una casa vacía en su 90 %, y que nosotros simplemente pagábamos por algo que quedaría sin usarse. No lo sé. Es preciosa. Está en primera línea de playa, tiene una piscina, y pensé: «Claro, suena muy bien, pero no voy a disfrutar pagando por una casa que estará prácticamente vacía», así que dije: «No podemos permitirnos eso».

—Me sentí como si alguien me hubiera pinchado el globo –me explicó Sara–. ¿Qué quieres decir con que no nos lo podemos permitir? Me siento como si ni siquiera pudiera soñar junto con él sin que me eche por tierra.

¿Podían permitírselo? Incuestionablemente, sí. Ganan 282 000 dólares anuales más primas, y viven en Ciudad de México.

Descubrí la verdad sólo cuando le pregunté a Charlie sobre su niñez. Creció en una familia de clase media rodeado de compañeros de clase mucho más ricos. Al final, su madre volvió a trabajar y ganó más dinero que su padre, lo que motivó que su padre se mostrara resentido por ser el que menos ganaba de la pareja. Sus progenitores han estado peleándose en torno al dinero durante cuarenta años, y ahora esas peleas han ido difundiéndose en el matrimonio de Charlie y Sara.

Por lo tanto, cuando Sara sugirió unas vacaciones en la playa, la enfática respuesta de Charlie («¡No!») no tenía que ver en realidad con la casa de la playa o ni siquiera con sus finanzas. Tenía que ver con su psicología en torno al dinero.

La forma en la que Charlie se siente con respecto al dinero no tiene nada que ver con su estatus económico real. Esta desconexión (tener dinero, pero estar siempre preocupado por gastarlo) es común, y siempre puedes rastrear su origen hasta llegar a la forma en la que alguien creció.

Guiones invisibles sobre el dinero

Las experiencias con el dinero en la niñez generan unas marcas profundas. Moldean quiénes somos y pueden afectarnos durante décadas, y frecuentemente toda nuestra vida. Nos gusta imaginar que tomamos decisiones relativas al dinero basándonos en presupuestos y en una lógica fría y dura, pero lo cierto es que, frecuentemente, no estamos más que repitiendo aquello a lo que nos vimos expuestos: ya se trate de una mentalidad de escasez, una sensación de comodidad y abundancia, o de miedo y confusión en torno al dinero.

Nuestra relación con el dinero se desarrolla de formas grandes y pequeñas. Aquí tenemos un ejemplo sencillo: mientras empujamos el carrito de la compra por los pasillos del supermercado, queremos creer que estamos llevando a cabo un cálculo cuidadoso del costo-beneficio cuando nos paramos en el pasillo de los aperitivos. En realidad, nuestros padres nos enseñaron que el amor consistía en comer galletitas saladas a modo de premio después de salir de la escuela. Cuarenta años después, echamos mano, mecánicamente, a las galletitas saladas, sin darnos cuenta nunca de que nuestro comportamiento se ha visto moldeado por nuestros guiones invisibles. Éstas son las creencias que llevamos tan en nuestro interior que ni siquiera nos damos cuenta de que las tenemos.

Si te preocupas constantemente por el dinero, tendrás, con casi absoluta certeza, guiones invisibles. Por ejemplo, uno de los guiones invisibles más comunes es el de «invertir es como apostar». Algunos guiones son positivos, algunos son negativos (lamentablemente, la mayoría entran en esta categoría) y algunos son adecuados para momentos concretos en tu vida.

Las buenas noticias son que puedes reconocer de dónde viniste y decidir hacia dónde quieres ir. Cuando se trata de los guiones invisibles que heredaste de tus padres, es importante recordar que tus progenitores lo hicieron lo mejor que pudieron, pero dudo que leyeran libros sobre el dinero como estás haciendo tú en este preciso momento. Probablemente no comprendían las complejidades de las inversiones y la psicología del dinero; pero tú estás aprendiendo eso ahora, lo que significa que tienes la oportunidad de reescribir tu historia.

El primer paso consiste en admitir que los hábitos generacionales son muy reales. Si tus padres no te hablaron sobre el dinero, es probable que tú no hables sobre el dinero. Si tus progenitores siempre estaban preocupados por el dinero, probablemente tú también lo estarás.

Me aseguro de preguntar a las parejas qué mensajes relativos al dinero recuerdan haber escuchado cuando eran niños. Aquí tenemos algunas de las respuestas más comunes. ¿Hay alguna que os toque la fibra sensible? (marca cualquiera con la que crecieras).

- *No puedes permitírtelo.*
  - «Eso es demasiado caro».
  - «Yo *nunca* pagaría tanto. ¡Qué derroche!».
  - «Que no se os suban los humos a la cabeza».

- *Un hombre no es un plan financiero.*
  - «Deja un poco de dinero a un lado, por si acaso».
  - «Podrías muy bien dejar de trabajar, ya que todos tus ingresos van destinados a los cuidados de tus hijos». (Los sueldos de las madres son, frecuentemente, lo primero que desaparece sin tener verdaderamente en cuenta los efectos sobre la trayectoria profesional de las mujeres más adelante).
  - «Debes ahorrar tu dinero». (A las mujeres jóvenes se les suele decir que ahorren, pero rara vez se les dice que inviertan).

- *Nunca tendrás mucho dinero.*
  - «Tener deudas simplemente forma parte de la vida».
  - «Procedes de una familia de profesores y granjeros. No esperes ganar mucho dinero».
  - «No necesitas dinero para ser feliz».

- *Sé un hombre.*
  - «Los hombres deberían mantener a su familia».
  - «Tu trabajo debe ser el pilar. Los hombres no se preocupan por las emociones».
  - «¿Por qué irías a quedarte en casa? Los padres trabajan».

- *Síguele el ritmo al resto de la gente.*
  - «¿Te has enterado? John se ha comprado una casa nueva...».
  - «¡¿Cómo pueden permitirse unas terceras vacaciones este año?!».
  - «No alquiles si tienes tres hijos».

❏ *Invertir es para la gente rica, no para ti.*
  ❏ «Guardamos nuestro dinero en el banco».
  ❏ «El mercado de valores no es más que una casa de apuestas para los ricos».
  ❏ «Preferiríamos comprar oro o plata: algo que podamos tocar con las manos».

❏ *Las cosas se solucionarán por sí solas.*
  ❏ «Deja de preocuparte. Las cosas siempre acaban bien para nosotros».
  ❏ «Soy más bien una persona que "se deja llevar"».
  ❏ «Estás tan obsesionado con el dinero. ¿No te puedes relajar?».

❏ *La gente rica es superficial.*
  ❏ «Debe ser agradable».
  ❏ «A más dinero, más problemas».
  ❏ «Por supuesto que *ellos* pueden permitirse gastar quinientos dólares en una comida».

Momentos cruciales relativos al dinero en vuestra vida

Muchas de nuestras convicciones relacionadas con el dinero se forman en momentos muy concretos de nuestra vida. Lo que se transmite en esos momentos cruciales (como las vacaciones, los cumpleaños y las graduaciones) suele permanecer con vosotros para siempre. Esta lista os ayudará a desvelar momentos relacionados con el dinero que quizás hayáis olvidado pero que siguen afectándoos actualmente.

Cuando se trata del dinero, ¿qué recordáis acerca de...

▶ ... las vacaciones con vuestra familia?

▶ ... los cumpleaños?

▶ ... las pagas?

▶ ... las graduaciones?

▶ ... cómo vuestros padres hablaban sobre el dinero cuando llegaba la fecha de pago de las facturas?

▶ ... vuestro primer empleo?

- ... lo que vestíais cuando ibais al colegio?
- ... las compras de la vuelta a la escuela?
- ... vuestro primer amor?
- ... vuestra solicitud de ingreso a la universidad?

Ahora elige un recuerdo positivo y uno negativo. Profundicemos en estos recuerdos.

- ¿Qué sucedió?
- ¿Cómo moldeó eso vuestra visión relativa al dinero?
- ¿Cómo se muestra esa lección en vuestra vida actualmente?

Esto no debería llevar mucho tiempo. Generalmente, lo primero que os venga a la cabeza revela mucho sobre vuestra relación con el dinero.

De los guiones invisibles que habéis examinado, escoged uno y profundizad:

- ¿De dónde ha procedido este guion? Sed concretos. ¿Dónde estabais sentados la primera vez que lo oísteis? ¿Cuántas veces lo oísteis?
- ¿Cómo os ha afectado este guion a vosotros y a vuestra relación?
- ¿Cómo podéis reescribirlo de modo que sea algo que os sirva hoy?

¿Cuánto os están costando vuestros guiones invisibles?

Michelle y Dan, del episodio número 65 de mi pódcast, están a principios de su treintena, y desde fuera parecen estar en una excelente posición, económicamente hablando. Sus ingresos como familia son elevados, y ya han ahorrado doscientos mil dólares. El problema es que casi todo ese dinero se encuentra en una cuenta de ahorro que les paga un interés muy bajo, y sólo tienen veinticinco mil dólares invertidos.

Michelle y Dan son sufridores (*véase* más adelante en este capítulo el apartado «El sufridor»). Como Dan trabaja en el volátil sector del petróleo y el gas, siente, comprensiblemente, ansiedad por sus finanzas: especialmente porque ha perdido su trabajo tres veces en los últimos seis años. Como resultado de ello, Michelle y él se comportan muy conservadoramente con su dinero, manteniendo la mayor parte en una cuenta de ahorro en lugar de invirtiéndolo. Pero, ¿qué les cuesta ser «conservadores»?

No estoy hablando en forma de metáforas. Hablo *literalmente*: ¿cuánto dinero están perdiendo debido a sus creencias con respecto al dinero?

La respuesta real es 4,6 millones de dólares. Permíteme mostrarte los cálculos matemáticos:

- Si no hacen ningún cambio y mantienen sus 25 000 dólares invertidos durante 32 años tendrán 217 881 dólares.
- Si también invierten los 200 000 dólares que tienen en forma de ahorros, tendrán 1,9 millones de dólares.
- Y si *también* invierten el 10 % de sus ingresos brutos (incluso asumiendo que sus ingresos no aumenten en absoluto durante los próximos 30 años), tendrán más de 4,6 millones de dólares.

Si comparas lo que están haciendo actualmente con lo que podrían estar haciendo, los resultados son descarnados: Están perdiendo más de 4 millones de dólares por estar asustados del dinero. La mayoría de nosotros pasamos nuestro tiempo sintiéndonos culpables por comprarnos un café de cinco dólares, pero, de hecho, estamos perdiendo cientos de miles o *millones* de dólares por no centrarnos en lo que de verdad importa a largo plazo.

Irónicamente, mientras Michelle ahorra y ahorra debido a un vago miedo de perder dinero con las inversiones, por el hecho de no invertir *está*, en realidad, perdiendo más de 140 000 dólares *anuales* durante los próximos 32 años.

Ella describe lo que la pone nerviosa: «No siento que sea diestra con el dinero. No entiendo el dinero. Simplemente tengo miedo de perderlo».

Le explico a Michelle que guardando su dinero en forma de ahorros está perdiendo dinero *en este preciso momento*. Perdió dinero durante la hora en la que estuvimos hablando. Me escucha, pero el mensaje no le llega realmente. Las cifras no son más que una abstracción, bloqueada por toda una vida de preocupación por el dinero.

Al igual que mucha gente, Michelle tiene una visión de todo o nada en cuanto a las inversiones. Aquí tenemos a qué suena eso:

- «O lo invierto todo o lo mantengo a salvo en una cuenta de ahorro».
- «Invertir se parece a apostar, y no quiero perder todo mi dinero».
- «¿Qué sucede si no tengo acceso a mi dinero para una emergencia?».

Si Michelle comprendiese los fundamentos de las finanzas personales y del interés compuesto, no estaría formulando estas preguntas; pero, por supuesto, pocos de nosotros entendemos de eso. Mi filosofía es que no pasa nada por no saberlo todo del dinero, pero que no está bien permitir que una falta de conocimiento os cueste millones de dólares.

Os sugiero la posibilidad de una solución intermedia. ¿Qué pasaría si no tuvieran que invertir cada centavo que tuviesen? Michelle y Dan podrían empezar tomando el 5 % de sus ahorros para invertirlos. O incluso un 20 %. Al igual que en todas las cosas de la vida, para hacer un gran cambio tenemos que empezar dando pequeños pasos.

Oh, y para cualquiera que sienta que invertir es como apostar: invertir en la bolsa no es apostar. Siempre hay formas de limitar el riesgo. Por exponerlo crudamente: si tenéis miedo de perder dinero y mantenéis todo o la mayor parte de vuestro dinero en una cuenta de ahorro, entonces no estaréis abordando vuestros miedos, sino que estaréis permitiendo que os empequeñezcan y asegurándoos de que, *en realidad, os quedéis sin dinero*. Para adquirir competencia con el dinero debéis volveros competentes. Y eso implica identificar (y cuestionar) vuestros guiones invisibles y creencias con respecto al dinero. De otro modo, puede que os acaben costando 4,6 millones de dólares.

¿Cuánto os están costando vuestras creencias?

Ahora enfrentémonos a otras creencias comunes en torno al dinero.

Creencia relativa al dinero: «*Es imposible saber qué va a pasar en el futuro*».

La gente usa esta creencia para justificar el desesperarse y no hacer nada con el dinero. En realidad, podemos fijarnos en los últimos cien años de datos, pasando por recesiones, guerras y avances tecnológicos, y hacernos una idea bastante buena de que ahorrar e invertir trabajarán a vuestro favor. Decir: «Simplemente, no sabemos lo que sucederá», suena lógico, pero no es una razón válida para evitar tomar el control de vuestro dinero: se trata, casi siempre, de miedo disfrazado de precaución.

Creencia relativa al dinero: «*No podemos renunciar a esta casa/ este coche/este campamento de verano*».

Tened mucho cuidado con los gastos importantes como una casa más grande, un coche de lujo o las actividades de vuestros hijos, ya que una vez que empecéis a gastar, será muy difícil parar. He mantenido incontables conversaciones con parejas que están perdiendo dinero cada mes, y cuando les pregunto en qué les gustaría recortar gastos, se quedan paralizados por la indecisión. «Bueno, no podemos recortar en las clases de natación de Nikki, y necesitamos dos coches...».

Casi nunca son las pequeñas compras las que suponen el problema, aunque ahí es donde la mayoría de la gente concentra, erróneamente, sus esfuerzos. En realidad, no me preocupa que la gente se gaste el dinero en uvas ecológicas o que se gaste cincuenta dólares de más en unos grandes almacenes, pero una vez que os comprometáis a que algo se convierta en parte de vuestros costes fijos (y de vuestra identidad), será casi imposible que recortéis en eso. Mi filosofía personal es la de elegir áreas que sean importantes para mí y luego asegurarme de que, cuando *empiece* a gastar, disponga de suficiente dinero para no tener que renunciar nunca. A mí, por ejemplo, me gustan los buenos hoteles. No empecé a reservarlos hasta que supe que nunca tendría que recortar en ese gasto. Somos conscientes cuando nos comprometemos a un gasto importante: por ejemplo, mi mujer y yo vivimos de alquiler porque así lo decidimos, sabiendo que una vez que nos compremos una casa no habrá marcha atrás.

Aflojad la válvula de presión en torno al dinero

Cuando les pregunto a las parejas si siguen una agenda cuando hablan sobre el dinero, me miran como si estuviera loco. ¿Una agenda? ¿Cómo en el trabajo? Eso es *raro*. Sin embargo, piensa en lo que implica esa reacción: que generalmente sólo hablamos del dinero de forma reactiva, cuando hay una contrariedad. Si repetimos eso a lo largo de los meses y los años, llegaremos a relacionar el «dinero» con los «problemas». El dinero se convierte en una fuente de estrés, e incluso en un enemigo a evitar.

Irónicamente, cuando le pregunto a las mismas parejas sobre un desacuerdo que hayan tenido en torno al dinero, me hablan, literalmente, durante horas. El dinero está en nuestra mente (es algo que nos angustia, que nos preocupa y con lo que soñamos), pero en el fondo, muchos de nosotros lo odiamos. ¿No es estrafalario que afirmemos valorar el dinero pero que luego intentemos evitarlo activamente?

¿Qué pasaría si adoptásemos un enfoque distinto con el dinero? Podríamos crear sistemas de modo que no tuviésemos que seguirle el rastro a cada pequeño gasto. Podríamos fijarnos en nuestras cifras importantes antes de que se convirtieran en problemas y gestionar los problemas antes de que se convirtiesen en peleas.

Para conseguir eso, pensad en usar una técnica para «aflojar la válvula de presión». En vuestra casa, si tenéis una tubería que va a reventar, aflojáis lentamente la válvula de presión; pero en el caso del dinero, permitimos que la presión se acumule. Cavilamos sobre el dinero, nos preocupamos por él, pero rara vez hablamos de él de forma sana... hasta que hay una gran pelea.

Por lo tanto, desarrollemos el hábito de aliviar la presión en torno al dinero. Empezad por una comprobación rápida sobre el dinero los domingos por la tarde: «¿Cómo te sientes con respecto al dinero para la semana venidera?», o «¿Cómo podemos sentiros los dos bien con respecto al dinero esta semana?».

Este hábito de tres minutos puede parecer pequeño, pero al hablar del dinero regularmente, estaréis aliviando la presión en vuestra relación. Estaréis reduciendo el riesgo y enseñándoos a vosotros mismos que el dinero puede ser algo de lo que habléis cuando no haya un problema acuciante.

Creencia relativa al dinero: «No puedo ganar más dinero».

Como alguien que ha conseguido varios empleos, ha negociado su salario y ha contratado a mucha gente, creo que si estáis añadiendo valor a vuestra organización y comprendéis lo que hace falta para ser una persona con un altísimo rendimiento, probablemente habrá capacidad de maniobra para que mejoréis vuestro salario (y si queréis ganar más, pero vuestro jefe no os sube el salario, os recomiendo que busquéis otros trabajos).

Es cierto que hay algunas situaciones en las que es verdaderamente difícil que incrementéis vuestros ingresos. Si, por ejemplo, trabajáis en ciertos sectores (la educación, el funcionariado, las organizaciones no gubernamentales), es improbable que podáis negociar vuestro salario; pero sé de *muchos* profesores que han usado mi material para iniciar un negocio secundario. Se han convertido en tutores, han creado programas *online* o han cambiado de trabajo, y ahora están ganando mucho más de lo que solían.

Me ocupo de todas estas técnicas en mi página web y en mis programas. Lo más importante es darse cuenta de que si otros han incrementado sus ingresos, no hay razón por la que vosotros no podáis hacerlo.

Podéis cambiar la disfunción generacional relativa al dinero

Trabajé con una pareja joven, Sarah y Kevin, que aparecieron en el capítulo número 80 del pódcast, y que tenían unos ingresos elevados... y muchas deudas. Se libraron de ellas vendiendo su casa y empezando de nuevo, pero seis meses después, volvían a tener deudas por valor de más de cincuenta mil dólares, y estaban completamente desconcertados. Sarah empleó la rutina de la cervatilla inocente (*véase* el capítulo 6) conmigo, diciendo: «¡No tengo ni idea de en qué nos hemos gastado el dinero!». Entonces hicimos las cuentas. Al cabo de dos minutos, me habló de múltiples vacaciones, de un caro *coach* de negocios y de cincuenta y cinco mil dólares «innegociables» en educación en una escuela privada para sus hijos.

Con unos ingresos de trescientos mil dólares anuales, no se daba cuenta de que no podían permitirse eso en absoluto. Resulta que el patrón de derroche procedía de la niñez de Sarah. Al igual que mucha gente, Sarah tenía más claro que el agua el comportamiento similar de su madre, pero era incapaz de ver el suyo. En nuestra llamada a través de Zoom, mostraba una actitud positiva y optimista (colgadas de la pared, detrás de ella, había afirmaciones enmarcadas como «Este año va a ser diferente»). Sin embargo, cuando nos fijamos en sus finanzas, se quedó completamente indiferente. Cuando le dije: «Tienes que hacer cuentas», contestó: «No soy buena es eso». Para escapar de la disfunción generacional relativa al dinero, tenéis que *volveros* buenos en eso.

Afortunadamente, es incuestionable que podéis volveros buenos gestionando el dinero, al igual que os volvisteis buenos conduciendo y aprendiendo vuestra lengua. ¡El dinero no es distinto! Tenéis que creeros que la gestión del dinero es una habilidad que podéis aprender, y tenéis que ver la importancia de dedicarle tiempo y atención.

He conocido a parejas que, en una generación, pasaron de ser pobres a amortizar sus deudas, ahorrar e incluso convertirse en millonarias. Sin embargo, para volverse realmente habilidosas con el dinero, tuvieron que ganarlo y, *al mismo tiempo,* abordar la parte de la psicología relativa al dinero para eliminar sus conductas limitantes. Si no hubieran trabajado en la mejora de su psicología relativa al dinero, habrían transmitido, inconscientemente, las mismas actitudes y comportamientos con las que crecieron.

Los cuatro tipos de personas en relación con el dinero

Hay un dicho común en el mundo de las finanzas personales: «Las finanzas personales son personales». La implicación es que todos somos tan distintos, tan únicos, que los consejos iguales para todos no se aplican. No me apasiona este dicho, que le proporciona a la gente una sensación pomposa de individualidad y fomenta una búsqueda interminable de consejos a medida.

Prefiero un dicho distinto:

La mayoría de nosotros somos prácticamente iguales.

Es decir: la mayoría queremos poder gastar dinero en las cosas que nos encantan y saber que tenemos suficiente. La mayoría queremos que el dinero sea menos una fuente de estrés en nuestra relación, y la mayoría tenemos una identidad financiera central (somos un tipo de persona con respecto al dinero) que nos ayuda a explicar la forma en la que nos comportamos en relación con el dinero. ¡Esto son noticias geniales! Si podemos comprendernos a nosotros mismos, podemos comprender cómo cambiar.

El tipo de persona que seas con respecto al dinero va más allá del nivel de ingresos y la edad. Si comprendes a qué tipo perteneces, estarás un paso más cerca de romper los patrones que se están interponiendo en tu camino.

¿Son estos tipos de personas con respecto al dinero reduccionistas?: ciertamente. ¿Somos muchos de nosotros una mezcla de tipos?: sí. ¿Podemos cambiar, con el tiempo, el tipo de persona que somos con respecto al dinero con la influencia de nuestra pareja y la ayuda de este libro?: totalmente. Pero podéis aprender mucho (e identificar rápidamente cosas que os gustaría cambiar) comprendiendo, en este momento, el tipo de persona que sois con respecto al dinero.

EL EVASIVO

Rebecca y Joe, del episodio número 57 de mi pódcast, tienen dos hijos pequeños y un tercero en camino. Joe gestiona las finanzas familiares por su cuenta, al igual que hizo su padre (señal de alarma número uno). Están derrochando en alquiler (señal de alarma número dos), y los dos se sienten frustrados con respecto al dinero. Rebecca ignora los problemas relativos al dinero (señal de alarma número tres), pero se estresa y envía mensajes de texto llenos de pánico.

Joe explica: «Generalmente, me llega un mensaje de texto a lo largo del día sobre lo insufrible que es nuestra situación vital actual porque no podemos simplemente abrir la puerta y dejar que nuestros hijos correteen fuera de casa». Rebecca admite que estos mensajes son inútiles y dañinos: «Le envío mensajes de texto como "Esto es triste. No puedo hacer esto"».

Joe está preparado para trabajar en sus finanzas juntos, pero Rebecca no se sentará a esa mesa. Ella no se fija en los saldos bancarios ni en las facturas de las tarjetas de crédito. Ni siquiera se fija en el listado de una hoja de cálculo. Cuando estaba programado que ella y Joe hablaran conmigo, casi saboteó la sesión.

Al principio de nuestra reunión, les pregunto:

—¿Cuánto dinero creéis que tenéis?

La respuesta de Rebecca es:

—Honestamente, no lo sé. No tengo ni idea. Literalmente, me estaría inventado una cifra.

Más adelante, paso dos horas intentando hacer que Rebecca introduzca una sola cifra en una hoja de cálculo, mientras lo evita, se queda parada y desvía la atención. ¡Una sola cifra!

Rebecca es una evasiva clásica. De los cuatro tipos de personas en lo relativo al dinero, el evasivo es el más común.

Los evasivos emplean diferentes estrategias conscientes e inconscientes para desviar la atención y procrastinar cuando se trata del dinero. A veces saben exactamente qué están haciendo. En otras ocasiones, son genuinamente ajenos a la motivación subyacente a sus tácticas. En lo más profundo de su ser, tienen miedo de enfrentarse a la realidad de su situación. Ese miedo podría proceder de la ignorancia («A estas alturas ya debería tener conocimientos sobre el dinero»); de una sensación de que es demasiado tarde («Tengo cincuenta años y ni siquiera he empezado a ahorrar»); de la vergüenza («No quiero parecer estúpido frente a mi pareja/mis hijos/mis amigos»); o de una sensación general de que, si averiguasen la verdad, podría ser tan mala como imaginan.

Comportamientos comunes. Esquivar las conversaciones; no abrir el correo; negarse a mirar las cuentas *online* o los pagos automáticos; ignorar las multas de aparcamiento; hacerse los inocentes; redefinir la evasión como una virtud («El dinero, simplemente, no es importante para mí»). Además, derrochar.

Frases favoritas

- «Tú eres mucho mejor con el dinero. Yo no soy bueno con las matemáticas».
- «Muy bien. Podemos hablar de nuestras facturas, pero primero, ¿por qué *gastaste* tanto el pasado fin de semana? Pensaba que te había dicho que…».
- «Vaya, esto otra vez no. Hablemos de ello la semana que viene. Vengo cansado del trabajo».

Lo que os estáis perdiendo por ser evasivos. Al negaros a abordar el tema del dinero, estáis simplemente dándole largas al asunto, y los problemas empeoran. Si no os enfrentáis a la realidad y tomáis decisiones hoy, acabaréis contra la espada y la pared mañana, forzados a tomar decisiones económicas difíciles con pocas opciones buenas.

Cómo es estar casado con un evasivo. Los evasivos pueden volver locos a su pareja. A veces se comportan como niños malhumorados, dando respuestas monosílabas o saboteando conversaciones con peleas ridículas («¿Por qué estás tan obsesionado con el dinero?». «¿No confías en mí?». «¿No podemos relajarnos por una vez?»). Todas ellas son estrategias (conscientes e inconscientes) para evita ponerse serios en relación con el dinero. Creo, particularmente, que las parejas de los evasivos han entrado frecuentemente en una dinámica en la que ellas son las que «rescatan» a los evasivos, fortaleciendo así los papeles el uno del otro.

Cómo llegar a un evasivo. La mejor forma consiste en mostrarle lo que le están costando sus creencias, incluyendo cómo su evitación está dañando a su familia y lo que se están perdiendo.

Para obtener un ejemplo genial sobre esto, regresemos a Rebecca. Durante nuestra sesión, me negué a rescatarla proporcionándole las respuestas. Esperé pacientemente hasta que, finalmente, se volvió honesta conmigo, explicándome exactamente lo que estaba haciendo al no mirar sus cuentas. Era, básicamente, el credo del evasivo: «Cuando te enfrentas a la realidad, a veces ves dónde necesitas cambiar; pero si no te estás fijando, entonces puedes, simplemente, seguir haciendo lo que estés haciendo». ¡Bingo! Si estás comprando las cosas que quieres y no te estás enfrentando a ninguna consecuencia real, ¿por qué ibas a querer hablar sobre el dinero?

Ahí es donde la ayudé a comprender los costes de su evitación. Aquí tenemos lo que dijo: «Como estoy evitando [el tema del dinero], de hecho, no me doy cuenta de lo que *podemos* tener. Pienso que estoy obteniendo más por esconderme de ello, pero, en realidad, estoy obteniendo menos». Ésta es una de las lecciones clave: evitando el dolor y la vergüenza de ocuparse del dinero, también se está perdiendo lo que su dinero podría hacer por ella.

Mis consejos para el evasivo

- Pregúntate: «Qué consigo siendo un evasivo?». (Por favor, evita decir: «No lo sé». Sacas algo del hecho de evitar, o si no, no lo harías). La respuesta más frecuente es: «Logro ignorar mi dinero, de modo que no me siento mal». Entonces, pregúntate: «¿Qué tal si sigo negándome a aceptarlo?». «¿Qué pasaría si pudiera volverme bueno con el dinero?». «¿Le diría a mis hijos que evitasen algo importante porque les hace sentir mal?».

- Imagina el futuro: en diez años, si sigues evitando, ¿dónde te encontrarás? (¡No evites esta pregunta!). Sé concreto: ¿cuál será tu situación vital? ¿Cómo elegirás las vacaciones? ¿Cómo podrían tus hijos experimentar el dinero después de ver tus hábitos día tras día?
- ¿Qué efecto estás teniendo en la gente que hay a tu alrededor ahora (especialmente en tu cónyuge y tus hijos)? Los evasivos rara vez piensan en los daños colaterales que están provocando. Quiero que pienses en ello en detalle.
- Piensa en esta frase: «No necesitamos una crisis para asumir el control».

Mis consejos para la pareja de un evasivo

- Los evasivos necesitan unas expectativas concretas, estar implicados y tener unos límites claros. Si, por ejemplo, tu pareja es un evasivo, no funcionaría que le dijeras: «¡Quiero que eches una mano con nuestras finanzas!». Sería mucho mejor decirle: «Hemos acordado gastar menos de setecientos dólares mensuales en comestibles. Me gustaría que estuvieses al cargo de esa cifra y que nos pusiésemos al día cada dos semanas».
- Empezad con una responsabilidad gradual. Trabajad juntos para proporcionarle al evasivo un par de cosas que gestionar, pero dale una idea del tipo de asociación que tienes en mente. Puede, por ejemplo, empezar a monitorizar dos categorías de vuestro plan de gasto consciente (lo veremos más adelante, en el capítulo 7), pero al final estará al cargo de la vertiente económica de las vacaciones y de gestionar los seguros.
- Por último, estableced unos límites. Éste es un tema complicado del que hablar, pero los límites son importantes para todos los implicados. Si, por ejemplo, tu pareja se olvidase de ir a recoger a vuestros hijos al colegio, estoy seguro de que habría unas consecuencias rápidas (procedentes de la escuela y de ti), incluyendo establecer unas expectativas cristalinas de ahora en adelante. En el caso del dinero, es importante definir qué significará la evitación continua: puede que tu familia no se pueda ir de vacaciones

en las próximas fiestas o salir a comer fuera el fin de semana. Por otro lado, si tu pareja cumple con su parte del trato, expón también las cosas positivas que sucederán para vuestra relación. Marcad unos límites claros y luego ceñíos a lo que hayáis dicho.

EL OPTIMIZADOR

Los optimizadores están locamente centrados en sus números. Les encantan las normas y vencer al sistema. Lo monitorizan todo y suelen ser bastante habilidosos cuando se trata de la gestión cotidiana del dinero. Sin embargo, viven casi por entero para el futuro. No saben cómo usar el dinero para vivir una vida de abundancia ahora (siento debilidad por los optimizadores porque yo soy uno de ellos. Si me dejaran solo, tendría una hoja de cálculo de treinta y dos columnas monitorizando mis gastos, mis hoteles y restaurantes favoritos, mi presión sanguínea diaria, mis granos de café favoritos, la cantidad de luz del Sol cada día, el número de cumplidos que le hago a mi mujer, mis aficiones, el número de amigos a los que he escrito mensajes de texto en los últimos siete días, y luego haría un informe semanal y un programa mensual para optimizar cada cifra. Piensa en ello..., esto suena como el cielo para mí).

Comportamientos comunes. Mantener trece hojas de cálculo; leer treinta y cuatro foros distintos sobre la IEJP (es decir, la «Independencia Económica + Jubílate Pronto», para aquéllos que estén en el ajo); llevar a cabo otro análisis Monte Carlo más; implicarse en debates *online* sobre los inconvenientes de la norma del 4 %; y dedicar más tiempo a contratar tarjetas de crédito para obtener puntos gratis que a viajar).

Frases favoritas
- «¿Qué pasa si no tengo en cuenta todas las variables?».
- «¿Has leído esta nueva estrategia para una cuenta de jubilación individual Roth por la puerta trasera?».

- «He pagado mi vuelo a Nueva York con puntos. ¡Sí! ¡Sólo implicó contratar veintiséis nuevas tarjetas de crédito y monitorizar cada premio extra durante dieciocho meses!».

Qué te estás perdiendo por ser un optimizador. Los optimizadores son aburridos. Pregúntale a un optimizador cuáles son sus aficiones, y te dirá: «Bueno, me gusta examinar mi hoja de cálculo». No creen que sea un problema que no puedan gastarse dinero para divertirse. Tienen un patrimonio neto como objetivo por el que están trabajando, pero cuando lo alcancen, dentro de décadas, se darán cuenta de que no estaban persiguiendo una cifra en absoluto, sino un sentimiento. Se rodean de otras personas que persiguen los mismos sueños pequeños y tenues. Lo que no comprenden es que la vida de abundancia es mayor que una mera cifra, y que no puedes esperar a vivirla hasta algún día en el futuro. Para entonces será demasiado tarde.

Cómo es estar casado con un optimizador. Como los optimizadores se centran incasablemente en los números, suelen volverse insoportablemente tacaños. Plantean esto, inteligentemente, como una virtud: «No soy como esas personas superficiales. No necesito una copa de vino caro. Soy perfectamente feliz bebiendo agua». Su austeridad se convierte en su identidad. Su pareja se siente juzgada, porque todo lo que su pareja disfruta, compra o quiere provocará la misma pregunta tensa: «¿Cuánto cuesta eso?».

A los optimizadores (incluyéndome a mí) les suele costar conectar con sus sentimientos. Si les preguntas por los sentimientos, te darán una respuesta cerebral sobre lo que *piensan,* pero no sobre lo que sienten. Para muchos optimizadores, han pasado años desde que describieron una única emoción relativa al dinero.

La lógica de un optimizador. Aquí tenemos un ejemplo real procedente del episodio número 77 de mi pódcast. Tommy tiene sesenta años. Ha dirigido su propio negocio durante más de treinta años, le encanta su trabajo y planea seguir adelante. Su esposa, Caroline, se está preparando para jubilarse de un empleo estresante. Juntos, han amasado más de 6 millones de dólares. Caroline esta emocionada por gastar dinero en cosas que a los dos les encantan, como los viajes, pero Tommy simplemente es incapaz de hacerlo. Como un verdadero optimizador, sigue postergando cualquier gasto significativo hasta mañana, diciendo que «tienen que ahorrar» para su siguiente viaje. Su forma de pensar es la siguiente:

- Incluso con un patrimonio neto de 6 millones de dólares, Tommy sigue manteniendo muy poco dinero en forma de ahorros, ya que quiere maximizar las ganancias de cada dólar… y de aquí la necesidad de «ahorrar» para un viaje.
- Como propietario de un negocio, Tommy considera que el tiempo pasado de vacaciones es dinero perdido, por lo que es difícil que encuentre placer en la expectativa de un viaje largo.
- Tommy está encerrado en la mentalidad ajetreada de un empresario joven…, ¡pese a que lleva treinta años en el mundo de los negocios!

Es fácil que pongamos los ojos en blanco, pero muchos optimizadores acabarán exactamente en esta situación: con mucho dinero y la incapacidad de gastárselo de manera importante, porque no pueden desconectar de la lente de «optimización» a través de la cual ven el mundo. Tommy llevó a cabo un trabajo excelente ahorrando dinero, pero ahora considera que gastar dinero es «perder» (y que ahorrar es, por supuesto, «ganar», pese a que no necesite ahorrar ni un centavo más durante el resto de su vida). Animé a Tommy a redefinir «gastar» como «crear recuerdos», y a redefinir «recortar en trabajo» por «pasar página hacia el siguiente capítulo de su vida». Caroline y él se han ganado el derecho a centrarse más en el significado que en el dinero.

Nota al margen: En nuestra entrevista en el pódcast, Tommy prometió reservar un gran viaje a Italia en otoño, pero antes de finalizar nuestra llamada, había retrasado el viaje hasta el año siguiente.

Mis consejos para el optimizador

- Acepta que te encanta optimizar. Eso nunca va a cambiar, y no pasa nada. Nunca le digo a nadie que deje de sentir de una cierta forma. En lugar de ello, mi enfoque es el de añadir una nueva capa a la forma en la que te involucras con el dinero. Al igual que puedes desarrollar un gusto por alimentos nuevos, puedes desarrollar un gusto por gastar dinero con sentido. Pasa tiempo con gente que sea un poco más espontánea. El comportamiento en torno al dinero es contagioso. Si te encanta optimizar, está bien, pero ahora que ya eres genial con la optimización, pasa una mayor parte de tu tiempo gastándote dinero en las cosas que te encantan.

- Fíjate en el último mes. ¿Qué ha sido significativo? Lo más probable es que se tratara de personas, experiencias e incluso cosas, y no de tu aburrida hoja de cálculo.

- Toma el 5 % de tus ingresos cada mes y gástalos en algo divertido y que no sea esencial para ti. *Debes* gastarte este dinero cada mes, y debes gastarlo en ti, y no en otra persona. Lo sé, lo sé: tu cerebro está chillando: «¡Ramit, ese 5 %, con el interés compuesto, se convertiría en cien mil dólares!». Hay ocasiones en las que necesito compartir, amablemente un consejo llamado CLB: cierra la boca y gástate este dinero. Así es como aprendes la habilidad de gastar dinero.

Mis consejos para la pareja de un optimizador

- A tu pareja siempre le van a encantar las cifras. Ésa es una habilidad que debería apreciarse y elogiarse, porque dominar los números es una parte clave de una vida de abundancia. Cuando la felicites por esta habilidad, eso le encantará.

- Desarrolla la habilidad de redirigirla hacia otras áreas de una vida de abundancia, Pídele que defina cuánto es «suficiente». Entonces pregúntale por qué. Ayúdale a comprender que una vida de abundancia se vive fuera de la hoja de cálculo, recordando vuestros momentos favoritos de los últimos doce meses (ninguno de los cuales fue sentado frente a un ordenador). Pregúntale qué le parecería hacer más esas cosas este año y emplea su ayuda para planificarlas. Si quieres ayuda para orientar estas conversaciones o conocer a personas en una situación similar, te recomiendo que te unas a mi programa Money Coaching *(coaching* con respecto al dinero).

• Crea momentos concretos en los que podáis hablar de las cifras (lo que «aliviará su ansia con la optimización»), pero también sé claro sobre otros momentos en los que querréis hablar de otros temas económicos distintos de las cifras, como soñar con vuestra vida de abundancia.

EL SUFRIDOR

Para el sufridor, las conversaciones relativas al dinero son casi siempre negativas. Le preocupa quedarse sin dinero. Le preocupa cuánto ha gastado el fin de semana. ¡Al cabo de un rato, se preocupa por el hecho de preocuparse tanto!

A veces, los sufridores tiene una verdadera razón para estar preocupados. Puede que de verdad se encuentren en una mala situación. Frecuentemente han aprendido a preocuparse debido a su historia familiar, como por ejemplo que uno de sus progenitores perdiera su trabajo. Por lo tanto, sus sentimientos relativos al dinero son comprensibles: están intentando ser responsables y eludir los problemas; pero incluso cuando los sufridores tienen más que suficiente dinero (incluso millones de dólares), rara vez dejan de preocuparse. La forma en la que se sienten con respecto al dinero está muy poco correlacionada con la cantidad que tienen en el banco, y los sufridores parecen encontrar una sensación de control al estresarse por el dinero.

Comportamientos comunes. Permanecer despiertos por la noche escenificando el peor de los escenarios; ver catástrofes en los pequeños gastos; desenterrar viejos problemas; entrar en sus cuentas a diario (no automatizan sus facturas, de modo que tienen que iniciar sesión para pagar cada una).

Frases favoritas

- «¿Qué pasa si…
    … los dos perdemos nuestro trabajo?».
    … el mercado nunca vuelve a rebotar hacia arriba?».
    … nuestra casa pierde su valor?».
    … el cielo se cae?».

Qué te estás perdiendo por ser un sufridor. Como los sufridores tienden a pasar más tiempo pensando en lo que puede salir mal que en lo que puede salir bien, juegan, en su vida, a la defensiva. Cada vez que un sufridor sucumbe a la preocupación, hace más profundas las marcas. Las preocupaciones suelen ser unos agujeros negros insaciables porque se basan en los sentimientos, y no en una cifra, ni en nada reparable. Los sufridores viven una vida más pequeña de lo necesario, centrándose sólo en lo que puede salir mal.

Cómo es estar casado con un sufridor. Frecuentemente es un plomazo. Cada vez que surge el tema del dinero, la conversación se centra en los miedos del sufridor. No hay trabajo en equipo, no hay sueños: simplemente un miembro de la pareja intentando tranquilizar al otro. Incluso para las parejas que tienen mucho dinero, estas conversaciones son agotadoras.

Dentro de la mente de un sufridor. La visión del mundo de Amy está llena de preocupación. Ella y su marido, Andre, tienen preocupaciones legítimas sobre sus finanzas; pero en el episodio número 62 de mi pódcast, cuando le pido a Andre que describa sus conversaciones relativas al dinero, dice:

—Es como… si estuviera llegando la tormenta: será mejor que nos hagamos con algo de agua y pilas.

Durante nuestra sesión, le pregunto a Amy:

—Si solucionáramos todos vuestros problemas económicos hoy y estuvieseis libres de deudas mañana, ¿cómo es sentiríais?

Amy dice:

—Para ser honesta, no tengo ni idea. Nunca he estado libre de deudas. *Creo* que me sentiría un poco más aliviada, pero entonces probablemente me estresaría porque no sabría qué hacer a continuación.

La respuesta de Amy es reveladora. Probablemente ha estado preocupada por el dinero cada día durante los últimos veinte años. Pese a ello, cuando le pregunto cómo se sentiría si todas sus deudas desaparecieran, no tiene ni idea. Los sufridores encuentran inconcebible pensar en una vida sin preocupaciones. Rara vez han pensado en por qué se preocupan (o como sería dejar de preocuparse), porque no saben hacer las cosas de otra forma, y para algunos, preocuparse se ha convertido en su identidad.

Mis consejos para los sufridores

- Pregúntate: «¿Qué obtengo preocupándome?» (recuerda que obtienes algo de ello, o no lo harías). «¿Me hace sentir que ostento el control?». «¿Me siento consolado cuando me preocupo?». «¿Relaciono "preocuparme" con "que algo me importe" o "estar preparado"?». «¿Quién sería si no me preocupara tanto?».
- Representa el peor caso posible. Digamos que te saltas un pago de la tarjeta de crédito. ¿Qué es lo peor que puede suceder? ¿Una penalización de cincuenta dólares, algunos intereses y que tu calificación crediticia baje durante un par de meses? Desde una perspectiva general, es algo irritante, pero no es el fin del mundo. ¿Y qué es lo peor que puede pasar si te *sigues preocupando por el dinero por siempre?* Que tu cónyuge deje de hablar de dinero contigo, que os apartéis, y luego… el divorcio o la muerte. ¿Cuál de las dos opciones es más importante abordar?
- Piensa en cómo tu preocupación afecta a tu pareja: ¿acaso sigue hablando de sus sueños? ¿Qué pasa si esta dinámica continua durante los próximos treinta años? Además, ¿qué están aprendiendo tus hijos al verte preocuparte por el dinero?
- ¿En qué área de la vida te sientes con confianza, competente y decisivo? Los sufridores siempre disponen de por lo menos un área en la que se sienten cómodos (suele consistir en la crianza

y educación de sus hijos o en su trabajo). Pregúntate: «¿Cómo me siento en ese papel? ¿Por qué no me preocupo tanto en esos momentos?». Ahora aplica esa misma sensación al dinero: «¿Cómo me sentiría si fuera tan competente con el dinero como lo soy en esa otra parte de la vida?».

- Encierra en una caja ciertas preocupaciones, como pagar los comestibles o el precio del café. Haz que este proceso sea ceremonial. Di: «No voy a preocuparme más por estas cosas». Anótalas en un trozo de papel y luego quémalo (empieza con pequeñas cosas, y luego haz crecer, con el tiempo, lo que metes en la caja para incluir cosas más grandes como comer fuera de casa, las vacaciones e incluso la jubilación).

Mis consejos para la pareja de un sufridor

- ¡Buenas noticias! Los sufridores pueden cambiar. La clave consiste en comprender que siempre se van a preocupar, pero puedes ayudarles a añadir otra dimensión a su relación con el dinero: confianza, competencia, curiosidad e incluso emoción. Aquí tenemos lo que no funcionará: decirles que dejen de preocuparse, mostrarles un montón de números en una hoja de cálculo o tranquilizarlos diciéndoles que «todo irá bien». Mi consejo consiste en comprender, a un nivel profundo, de qué están preocupados. A veces, tienen una razón válida para estar preocupados (y la razón podrías, de hecho, ser tú). En otras ocasiones se preocupan porque ésa es la única forma que conocen de relacionarse con el dinero. Frecuentemente, los sufridores ni siquiera pueden expresar por qué están preocupados, pero con tiempo y paciencia pueden llegar a expresar lo que están sintiendo y por qué, lo que supone el primer paso hacia el cambio.

- Una vez que los dos sepáis por qué se preocupa, puedes preguntarle qué le haría sentirse mejor y descubrir pequeños pasos para conseguir eso. (Nota: Todo el mundo piensa que dejará de preocuparse en algún momento del futuro: generalmente cuando tenga cincuenta mil o cien mil dólares más, pero eso nunca sucede). Los sufridores cambian cuando tienen que comprometerse (por ejemplo, gestionando parte de las finanzas familiares), cuando se les instruye acerca del dinero y cuando sus finanzas son extremadamente simples, de modo que pueden entenderlas.

EL SOÑADOR

Los soñadores usan el pensamiento fantasioso cuando se trata del dinero. Algo que saldrá bien y cambiará su situación económica para siempre va a «llegar pronto». Frecuentemente verás a los soñadores creerse estrategias para hacerse rico rápidamente: la multipropiedad, las criptomonedas, el *marketing* multinivel y dudosos negocios que generan ingresos pasivos. Los soñadores pueden ser optimistas y motivadores: «Si te unes a mí, esto va a ser un bombazo, y vamos a poder liquidar todas nuestras deudas». Sin embargo, al evitar la realidad, están forzando a alguna otra persona a cargar con su peso. Reiteran constantemente que «todo saldrá bien», y menosprecian a la gente que sigue caminos tradicionales, como un trabajo de nueve de la mañana a cinco de la tarde. Puede que usen frases peyorativas para describir a otras personas (¡incluso a aquéllas con una mayor estabilidad económica!), diciendo que están «intercambiando su tiempo por dinero».

La clave del pensamiento fantasioso de los soñadores consiste en que están aislados de la realidad (en mi programa de Netflix, por ejemplo, Frank y Nathalie eran soñadores, siempre buscando la siguiente transacción, y fue desafiante explicarles que la mayor parte de la riqueza se genera gestionando los costes y con una inversión lenta y automática). Los soñadores no se enfrentan a las consecuencias reales, lo que les permite seguir con sus convicciones, pese a que no logren generar unos ingresos constantes. Suelen estar con una pareja que es responsable y se encarga de las finanzas, lo que permite que el soñador siga siendo poco realista. No es ninguna sorpresa que haya visto muchas parejas formadas por un soñador y un sufridor.

Comportamientos comunes. Llevar consigo un saldo de las tarjetas de crédito; pedir prestado a familiares y amigos; gastos secretos; invertir en estrategias para hacerse rico rápidamente; leer a Robert Kiyosaki y Grant Cardone.

Frases favoritas
- «Todo va a ir bien. Todo siempre va bien».
- «El universo proveerá».
- «Sólo sé que no puedo trabajar de nueve de la mañana a cinco de la tarde».
- «Simplemente necesito [insértese un conjunto de acciones muy complicadas, cada una de ellas dependiente de otra, que deban suceder secuencialmente y que la persona nunca haya completado con éxito] y entonces estaremos bien».
- «¿Por qué no confías en mí?».

Lo que te estás perdiendo por ser un soñador. A corto plazo es, de hecho, genial. ¿Por qué preocuparse por prestar atención a todo esto si no tienes por qué hacerlo? Sin embargo, a largo plazo, ser un soñador puede destrozar una relación. Un soñador sólo puede existir porque algún otro está soportando la carga. Si sufriera un cambio radical en las circunstancias de su vida (como un divorcio o un despido), sería incapaz de continuar con su patrón usual y su castillo de naipes se desmoronaría.

Cómo es estar casado con un soñador. Es increíblemente estresante porque los soñadores no funcionan como compañeros de equipo financieros. El no soñador debe convertirse en la voz de la realidad y, por lo tanto, parece negativo e irritante. Las parejas de los soñadores suelen describirse a sí mismas como si estuvieran criando a un niño. Es frustrante, es poco romántico y es infantilizador para el soñador.

Dentro de la mente de un soñador. La relación complicada de David con el dinero empezó en su niñez, cuando su madre «siempre estaba preocupada por el dinero, el dinero y el dinero». Para cuando cumplió diecisiete años, me dijo, en el episodio número 82: «Era como "Que le den al dinero, tío. Ni siquiera voy a preocuparme por esto"». David, que ahora tiene cuarenta y cinco años, decidió olvidar el dinero, creyendo que al final todo se arreglaría. Siguió pagando lo mínimo para amortizar la deuda de su tarjeta de crédito, sin tener ni idea de que un tipo de interés del 26 % haría que se mantuviese con deudas para siempre. Su mujer, Melody, de treinta y nueve años, escribió: «¿Qué haces si tu pareja es autónoma pero está sobrepasada y no consigue trabajo, tiene una deuda en sus tarjetas de crédito de más de veinte mil dólares y no está abierta a hablar del dinero hasta que haya liquidado su deuda, pero no tiene ningún plan sobre cuándo sucederá eso porque "tenemos tiempo" y él es "feliz con el lugar en el que se encuentra" y tú lo pagas todo?».

Mi consejo para los soñadores

- No tengo ningún consejo que darte porque no estás leyendo este libro.

Mis consejos para la pareja de un soñador

- Por mi experiencia, los soñadores sólo cambian si su pareja altera radicalmente su enfoque. Los soñadores necesitan una verdadera llamada de atención. Te recomiendo que ilustres cuidadosamente, de una forma en que tu pareja lo entienda, a dónde os llevará como pareja la trayectoria económica actual. Hazle comprender cómo esto le afecta a *él o ella,* a su vida cotidiana y a vuestra relación. Luego explica con todo lujo de detalle tus expectativas y los límites que vas a poner. Por ejemplo, en lugar de mantener otra conversación en la que le preguntes por qué hace las cosas que hace y que intentes, desesperadamente, comprender su punto de vista… no lo hagas. En lugar de ello decide qué es lo que necesitas de él o ella, díselo y sé más claro/a que el agua sobre lo que sucederá si cumple (o si no cumple).
- Sólo tú puedes decidir hasta dónde quieres llegar. Sin embargo, déjame exponerlo de la siguiente manera: si te fueses de la ciu-

dad durante seis meses, un soñador averiguaría cómo hacer las cosas… o se estrellaría. Si de verdad quieres que tu pareja, que es un soñador, cambie, debes dejar claro que no le harás más el trabajo. Si se ven forzados a arreglárselas, la mayoría de los soñadores harán lo que se tiene que hacer.

- Una última cosa: eso es extremadamente difícil y muy avanzado. Las conversaciones como éstas implican que te comprendas a ti mismo/a, que marques unos límites y que dirijas una dinámica complicada. Recomiendo encarecidamente que habléis con un terapeuta para que os ayude a orientar vuestra conversación.

Desarrollar una relación sana con el dinero

Frecuentemente oímos hablar de que debemos tener una relación sana con la comida, pero rara vez hablamos de cultivar una relación sana con el dinero. En todo caso, se nos dice que el dinero consiste en una serie de cifras y ratios áridas sobre las que nadie quiere aprender. Sin embargo, creo que una relación sana con el dinero implica tener una imagen emocionante, ser lo suficientemente flexible como para adaptarse a los cambios de la vida y hablar del dinero más regularmente.

En el próximo capítulo aprenderás cómo generar esa imagen emocionante con tu pareja. Ésta es una habilidad que no nos enseñan, pero es increíblemente poderosa. Más adelante en el libro aprenderéis cómo vuestro plan puede adaptarse a los cambios de la vida. Con el tiempo descubriréis que estáis desarrollando una relación más sana juntos, lo que hará que os sintáis *bien*.

Puedes trabajar en esto individualmente por ahora. Puede que lleve tiempo hacer que tu pareja se suba a bordo por entero, lo que es algo completamente normal. Eso es en todo lo que consiste este libro. Si te sientes asustado, perdido o confundido, da un paso atrás y recuérdate que mereces una vida de abundancia con tu pareja. Confía en el proceso mientras continuamos este viaje juntos.

Lista de comprobación del capítulo 2

❑ Repasad los guiones invisibles del apartado «Guiones invisibles sobre el dinero» y escoged los que os toquen la fibra sensible. Luego responded a las preguntas al final de ese mismo apartado.

❑ Habla con tu pareja sobre las creencias relativas al dinero procedentes de la niñez. Revisa los ejemplos del apartado «¿Cuánto os están costando vuestros guiones invisibles?». ¡Escucha tanto como hables!

❑ ¿Te ves a ti mismo en alguno de los cuatro tipos de persona con respecto al dinero? ¿Ves a tu pareja? ¿Qué te dice, el comprender a estos cuatro tipos de persona con respecto al dinero, sobre cómo enfocas el dinero en vuestra relación?

❑ ¿Qué cambio queréis llevar a cabo, en cuanto a vuestro comportamiento relativo al dinero, después de haber leído este capítulo? ¿Qué cambio podéis llevar a cabo esta semana para inaugurar ese cambio?

3
Diseñar vuestra visión de la vida de abundancia juntos

*Cómo estar en sintonía con el dinero
(incluso aunque penséis de forma distinta)*

Cuando le pregunto a la gente: «¿Cómo es tu vida de abundancia?», alrededor del 95 % me proporciona la misma respuesta: «Quiero poder hacer lo que quiera cuando quiera».

En lo más profundo de mi ser, quiero decir: «Oh no, no esta respuesta otra vez», pero en mi cabeza me oigo a mí mismo diciéndome: «Sé profesional, Ramit», por lo que contesto: «Vaya, eso es interesante. Por pura curiosidad, ¿qué *es* lo que quieres?».

El cien por cien de las veces recibo de vuelta una mirada perdida.

Eso se debe a que a la mayoría de la gente nunca le han hecho esta pregunta. Nunca hemos pensado en cómo sería nuestra vida de abundancia. Sólo se nos ha enseñado a pagar facturas y a sentirnos mal con respecto al dinero.

Os invito a pensar en vuestra vida de abundancia en este preciso instante. ¿Por qué trabajáis tan duro? ¿Qué lográis *hacer* con vuestro dinero? ¿Qué sentido tiene todo ello?

Esto es algo completamente distinto a preocuparse por pagar la factura de vuestra tarjeta de crédito cada mes o si dispondréis de suficiente dinero para ayudar a vuestros hijos cuando vayan a la universidad. También es distinto de gastaros vuestro dinero en cualquier cosa aleatoria que veáis en una tienda. Consiste en respirar hondo y pensar en cómo queréis gastar vuestro dinero de verdad, de formas hermosamente personales, significativas e importantes. Es como la diferencia entre elegir un color para pintar las paredes y diseñar los planos para una nueva casa.

Tráete a tu pareja contigo y divirtámonos un poco. Este capítulo consiste en cómo queréis usar vuestro dinero y, al final de él, tendréis una visión increíblemente clara de vuestra vida de abundancia compartida.

El proceso de visión de la vida de abundancia

Cuando éramos niños, solíamos soñar con el dinero. «¡Un día podré comprar todos los caramelos que quiera!». «¡Un día me compraré un coche deportivo superrápido!». «¡Un día saldré de compras sin ni siquiera fijarme en los precios!».

Sin embargo, como adultos perdemos esa capacidad de soñar con nuestro dinero. Décadas después nos encontramos enfocando la vida como una serie de decisiones transaccionales: «Deberíamos tomar el autobús o un taxi?». «¿Cómo vamos a pagar todas las cosas de la vuelta al colegio?». «¿Podemos permitirnos esas vacaciones? ¡Uf!».

Estas decisiones son agotadoras, y lo peor de todo es que no proporcionan ninguna alegría, diversión ni aventura. Se trata, simplemente, de una decisión tras otra, y cada una de ellas nos obliga a no asumir riesgos ni problemas. Cuando estáis decidiendo sobre la centésima transacción económica del mes, ¿tenéis, de hecho, alguna idea sobre cómo afectará a vuestras finanzas? ¡Claro que no!

El proceso de diseñar una visión de la vida de abundancia os permite tomar distancia y soñar juntos con las grandes cosas: ¿dónde queremos vivir? ¿Cómo y a dónde queremos viajar? ¿Forman los hijos parte de nuestra vida de abundancia? Si es así, ¿cómo queremos criarles y educarles? Vuestra visión será personal y en ocasiones extravagante, y es el primer paso crucial para transformar vuestra relación en torno al dinero.

Hay solamente dos reglas.

Regla número uno: sed concretos, gráficos y personales.

Evitad frases vagas como «¡Queremos viajar!». En lugar de ello, optad por cosas gráficas y concretas: «Queremos ir a la Toscana y beber Chianti mientras vemos cómo el Sol se pone tras los huertos de olivos». Luego sed incluso más concretos: ¿Cuándo queréis ir exactamente? ¿Cuánto tiempo estaréis? ¿Qué asientos tendréis en el avión? ¿Qué vestiréis y qué comeréis? ¿Hotel o Airbnb? ¿Qué *no* queréis ver? (Personalmente, no me importa saltarme la mayoría de los monumentos). ¿Qué haréis en vuestro primer día? Habladlo en detalle, desde el desayuno hasta la hora de iros a dormir.

De hecho, ¿qué haría que este viaje pasase de «agradable» a *mágico?* Dedicad mucho tiempo a esta pregunta. Si lo hacéis bien, vuestras repuestas deberían ser distintas de las de cualquier otra pareja, porque representan vuestra relación única.

Regla número dos: vivid una vida de abundancia hoy y una vida de mayor abundancia mañana.

Aquí tenemos un miedo clave para la gente mientras empieza a pensar en hacer un plan para su dinero. «¿Así que tengo que esperar a tener sesenta y cinco años para poder divertirme?». ¡No! No creo en esperar hasta «algún día» para que empecéis a vivir vuestra vida de abundancia. Mientras lleváis a cabo una lluvia de ideas sobre lo que es importante para vosotros, centraos en el futuro, por supuesto, pero pensad también en cómo mejorar vuestra vida cotidiana empezando desde hoy mismo. ¿Qué podríais hacer para llenar vuestro mundo de cosas que os hagan irracionalmente felices? Mucha gente se encuentra con que volver a comprar su tiempo le proporciona alegría. Otros quieren que su casa huela bien, o tener unas sábanas nuevas o que les entreguen en casa un ramo de flores cada semana. Mientras diseñáis vuestra visión, recordad incluir cosas importantes que hacer antes de morir y cosas cotidianas que os hagan felices.

Esto tiene, por supuesto, un componente económico, pero, por mi experiencia, cuando las parejas determinan los aspectos básicos de los que nos ocuparemos más adelante en este libro, frecuentemente se dan cuenta de que con unos pocos cambios clave dispondrán de más dinero del que pensaban. Como la mayoría de la gente nunca ha hecho las cuentas, esto los deja anonadados. Si todo lo que habéis conocido relativo al dinero es ansiedad y preocupaciones, puede resultar difícil soñar. Ésta es, exactamente, la razón por la que estáis leyendo este capítulo en este preciso instante.

Por lo tanto, confiad en el proceso. Estáis a punto de aprender una nueva forma de hablar sobre el dinero y de pensar en él. Hagámoslo.

Cuatro pasos para vuestra visión de la vida de abundancia

Las buenas noticias son que podéis generar una visión sólida con cuatro pasos.

Las noticias incluso mejores son que generar esta visión hará que tú y a tu pareja estéis más unidos.

Sé que generar una «visión sobre el dinero» puede parecer tonto. «¿Por qué estamos hablando de una "visión de la vida de abundancia" cuando en realidad sólo necesitamos pagar la factura de nuestra tarjeta de crédito?». Resulta tentador perderse en los pequeños detalles, como si eso fuera a salvaros. Sin embargo, habéis estado mucho tiempo perdiéndoos en los pequeños detalles. Puede que haya llegado el momento de probar con otro enfoque.

Por lo tanto, aquí tenemos lo que quiero que hagáis: tomad cien dólares y ponedlos para vuestra primera conversación sobre la visión de la vida de abundancia. Usad el dinero de la forma que deseéis, pero decididlo juntos. Podrían ser para pagar a una canguro, podrían ser para comprar bebidas en vuestra cervecería favorita, o podrían ser para un *brunch* el domingo después del gimnasio. Elegid un escenario divertido. El momento perfecto para hablar sobre vuestra visión de la vida de abundancia es cuando los dos estéis relajados y contentos, y no en vuestro entorno cotidiano normal.

Al hacer las siguientes actividades os vais a hacer, el uno al otro, preguntas y a entrar en detalles gráficos. Si os gusta comer fuera de casa, querréis compilar vuestra lista de restaurantes soñados. Si la salud y el bienestar son importantes para vosotros, ¿estáis pagando los servicios de un entrenador personal dos veces por semana? ¿Estáis dando un paseo de treinta minutos cada día con vuestro hijo? Describid exactamente qué aspecto tiene vuestra vida de abundancia para los dos.

Ocupaos de esto con una mentalidad abierta, incluso aunque penséis que sabéis, exactamente, qué va a decir vuestra pareja. Uno de los momentos más bonitos en una relación a largo plazo es descubrir que todavía tienes cosas que aprender de tu pareja. Apoyaos el uno al otro: no os critiquéis, neguéis, negociéis ni minimicéis. Volveos genuinamente curiosos. Haced bromas. Provocaos juguetonamente. Si os estáis divirtiendo, es que lo estáis haciendo bien.

ACTIVIDAD NÚMERO 1
VUESTRA VIDA DE ABUNDANCIA: RELLENAD LOS HUECOS

Vuestra visión de la vida de abundancia tiene todo que ver con ir más allá de las generalidades y entrar en los detalles concretos. Este ejercicio es para eso. Tanto si estás haciendo esto solo o con tu pareja, ésta es una gran forma de empezar. Hazte a ti mismo, o haceos el uno al otro, estas preguntas. Tomad un bolígrafo y rellenad los huecos.

Desearía que pudiéramos gastar más dinero en _____ _____.

[comida, cosas para la casa, actividades para los niños, viajes, comodidades, bienestar... Sed concretos]

Mis vacaciones de ensueño son _____.

Si pudiera contratar a un *coach* para cualquier cosa sería para _____ _____.

Me gustaría comprarme _____ para _____.

[qué]   [persona]

Si tuviera cien dólares para mejorar mi vida, me haría con _____

_____.

Si tuviera mil dólares para mejorar mi vida, me haría con _____

_____.

Me gustaría que viviéramos en _____

[dónde]

_____.

[qué tipo de vivienda]

¿No sería genial si hiciéramos _____ juntos?

Simplemente no me importa tanto _____.

Me siento irracionalmente feliz cuando estoy haciendo _____

[qué actividad]

_____ con _____.

[qué persona]

En mi vida de abundancia me despertaría en _____.

Compraría la comida en _____

y la ropa en _____.

Pasaría más tiempo con _____.

Haría ejercicio _____.

[cómo, dónde y cuándo]

Para comer, un día entre semana, tomaría _____

_____.

Nuestra casa olería, cuando entráramos, a _____

_____.

Si tuviéramos una varita mágica, haría, con nuestro dinero _____

_____.

[cambiar/gastar más en/gastar menos en]

Puede que soñar así no os surja de forma natural al principio. Quizás divaguéis. Puede que incluso os encontréis con ganas de acabar con esto para así poder volver a arreglar vuestros problemas con el dinero. Recuerda que el dinero debería haceros sentir bien, y que hacer estos ejercicios es uno de los primeros pasos que dar juntos. ¡Seguidlos a rajatabla!

ACTIVIDAD NÚMERO DOS
¿QUÉ OS HACE IRRACIONALMENTE FELICES?

A mí me encantan de verdad los aperitivos. Cuando era niño, no podíamos permitírnoslos, así que hoy, pedir cualquier cosa que quiera en un restaurante me parece un verdadero capricho. Un simple aperitivo de doce dólares no debería hacerme sentir tan feliz, pero debido a mi experiencia en mi niñez, me siento verdaderamente rico cuando puedo pedir cualquier plato del menú. Todos tenemos cosas, como ésta, que nos hace irracionalmente felices. En esta actividad quiero que identifiquéis las vuestras, que usaréis en vuestra visión de la vida de abundancia.

Parejas reales y lo que las hace irracionalmente felices

Les pregunté a mis lectores cómo usan el dinero para sentirse más felices. Aquí tenemos algunas de mis respuestas favoritas:

- ▶ «Llevar nuestra colada a un servicio de lavado y planchado. Es la mejor decisión que hemos tomado nunca».
- ▶ «Darle una propina del 50 % al tipo que nos corta el césped».
- ▶ «Ir a ver deportes en vivo con mis hijos».
- ▶ «Pagar a un ganadero local para que me provea de carne de vacuno».
- ▶ «Las plantas de interior. Elegir una y llevármela a casa es como un premio. El ritual semanal de regalarlas me hace sentir como un pequeño abrazo».
- ▶ «Música nueva. En la era del *streaming*, resulta genial poseer un álbum que puedes reproducir una y otra vez hasta el fin de los tiempos».

▶ «Un burrito para desayunar y un café frío nitro cada viernes. Es una buena forma de felicitarme a mí mismo al final de cada semana».

▶ «Ir al balneario cada mes. Me ayuda a sentirme cuidada. Prefiero gastar dinero cada mes en una visita al balneario que en un objeto caro. Si me recortaran el salario, me desharía de algunas de mis suscripciones y de otros gastos simplemente para poder ir al balneario una vez al mes».

▶ «Comprar telas me hace irracionalmente feliz al pensar en la ropa que voy a hacer con ellas, la acabe haciendo o no».

▶ «Provisiones para manualidades para mi hija. Nos proporcionan experiencias de creatividad juntos».

▶ «Una pedicura cada cinco o seis semanas. ¿Es necesaria? No, pero sentir que una parte de mi vida está estructurada cuando me miro los dedos de los pies hace que valga la pena».

A continuación, tenemos categorías amplias cuya intención es la de provocar respuestas extremadamente concretas. Ciertamente os gusta comer fuera de casa, pero proporcionadme detalles («ir a nuestro restaurante favorito con nuestros mejores amigos una vez al mes», o «hacer un pedido al restaurante italiano un viernes después del trabajo»). Usad estas categorías como charlas para romper el hielo. Si os quedáis atascados, simplemente añadid esta pregunta al final de cualquier categoría: «¿Cómo qué?».

¿Qué os hace irracionalmente felices?

- Comer fuera de casa
- Viajar
- Salud, buena forma física, bienestar
- Vuestros hijos
- Actividades familiares
- El hogar y los muebles
- Ropa
- El coche
- Espectáculos en vivo
- Pasar tiempo en plena naturaleza
- Comodidades
- Aprender
- Regalos/generosidad
- Experiencias de lujo
- Organizaciones de beneficencia
- Superación personal

No todas las categorías desencadenarán algo en vosotros. Se trata de simples recordatorios. Variad la escala. Los ítems pueden ser tan pequeños como añadir guacamole a vuestro pedido de comida mexicana o tan grandes como una casa diseñada a vuestra medida.

ACTIVIDAD NÚMERO TRES
DISEÑAD UN DÍA PERFECTO

Recordad que una vida de abundancia se vive hoy *y* mañana. Así pues, centraos en un día de la próxima semana. Podría ser un fin de semana, un día laborable: lo que queráis. Entonces diseñad «el día perfecto». Pensad cómo queréis despertaros, qué queréis ver en la cocina, si queréis sacar a pasear al perro por la tarde, qué queréis comer, qué aspecto tiene el tiempo meteorológico, con qué compañeros podríais pasar el tiempo, qué vestís, cuánto gastáis y cómo os sentís. Este ejercicio es especialmente útil para la gente a la que le gusta planificar el futuro, porque os ayuda a vivir en el presente.

El día perfecto para ti
Mañana: _____ .
Tarde: _____ .
Noche: _____ .

El día perfecto para tu pareja
Mañana: _____ .
Tarde: _____ .
Noche: _____ .

El día perfecto para los dos como pareja
Mañana: _____ .
Tarde: _____ .
Noche: _____ .

¿Qué *no* vais a hacer como parte de vuestro día perfecto? Revisad todas las actividades que se apliquen.

- ❏ La colada
- ❏ Limpieza
- ❏ Lavar los platos
- ❏ Desplazarte al trabajo
- ❏ Mantenimiento del hogar

- ❏ Recados
- ❏ Pagar facturas
- ❏ Leer el boletín informativo de Ramit en iwt.com
- ❏ *Añadid vuestras propias cosas*

ACTIVIDAD NÚMERO 4
TOMAD DISTANCIA Y ESCRIBID VUESTRA LISTA DE COSAS QUE HACER A DIEZ AÑOS VISTA

Una de mis formas favoritas de diseñar vuestra vida de abundancia es la lista de cosas que hacer a diez años vista, pero con un giro. Vais a crear una lista divertida y *luego vais a hacer que una de esas cosas suceda.* Hagámoslo ya mismo.

Preguntaos: «¿Qué queremos hacer en los próximos diez años que haría que la próxima década fuese increíblemente importante y rica?». Soñad en grande. Pensad «un viaje único en la vida», o «un coche especial», o «una reunión familiar anual increíble». Si habéis escrito «Una cena agradable fuera de casa», estáis pensando demasiado en pequeño.

Puede que algunas de las ideas sean para ti solo. Cuando me senté con Cassandra, mi mujer, para hacer este ejercicio, uno de mis ítems fue «Escribir un libro en un hotel precioso» (que es el mismo libro que estáis leyendo ahora. Escribí parte de él en mi hotel favorito en Kioto). Otras ideas serán para los dos. Me gusta el plazo de diez años porque es lo suficientemente largo como para pensar en ítems importantes, pero lo suficientemente corto para que podáis empezar ahora. Aquí tenemos cómo hacerlo:

***Sentaos juntos y escribid por separado en folios individuales
(10 minutos).*** Anotad cinco ítems cada uno en vuestra lista de cosas
que hacer a diez años vista. A continuación, turnaos para compartir
vuestras ideas, una cada vez. Cuando hice este ejercicio con Cassandra, sentimos curiosidad por las respuestas del otro: «¿Quieres
aprender español? ¿Querrías aprenderlo *online* o estás pensando en
ir a Ciudad de México para un curso de inmersión en el idioma?».
Divertíos con esto. Provocaos o bromead el uno con el otro. «¿Para-
caidismo? Eso suena divertido, pero quizás tengas que hacer eso por
tu cuenta. ¡Me reuniré contigo en tierra con una bebida!». Mantened un tono juguetón. Puede que incluso descubráis algo que no
conocíais sobre los sueños de vuestra pareja. Divertíos con esto.
Tomaos el pelo o haceos bromas el uno al otro: «¡Vaya! ¡No tenía ni
idea de que quisieras hacer eso!».

***Escoged una respuesta que sea importante para los dos (10 minu-
tos).*** La idea debería ser emocionante e inspiradora. Debería parecer
grande (incluso incómodamente grande), pero también alcanzable.
En nuestro caso, Cassandra y yo nos emocionamos por celebrar un
décimo aniversario de boda en el extranjero. Nos encanta cualquier
excusa para celebrar algo con nuestros amigos y familiares, y como
sabíamos que disponíamos de años para planearlo, podíamos hacer
algo realmente espectacular. Retroceded y avanzad y compartid
ideas. Simplemente recordad que la idea de esta actividad es la de
que conectéis el uno con el otro.

Programadlo (3 minutos). Empezad eligiendo *cuándo* queréis llevar a cabo la actividad. Sed concretos, especificando el mes y el año.
Si, por ejemplo, estáis pensando en iros de vacaciones con vuestros
hijos, probablemente sabréis que será durante las vacaciones escola-
res. Si no estáis seguros sobre el cuándo, emplead vuestro mejor
criterio, pero escoged un mes y un año.

Estimad el coste (10 minutos). Estamos hablando de cálculos aproximados: Si, por ejemplo, el ítem con el que estáis trabajando es un

viaje, anotad los gastos principales (vuelo, hotel, comida, compras) y añadid un 30 % para tener en cuenta los impuestos y los gastos inesperados. Podéis buscar el Google el precio de los billetes de avión, pero no os obsesionéis demasiado.

Vivimos una experiencia divertida cuando intentamos calcular el coste de nuestro décimo aniversario de boda. En unos folios por separado, pasamos algunos minutos intentando obtener una cifra. Anotamos, cada uno por nuestra cuenta, a cuántas personas queríamos invitar e hicimos un cálculo muy poco científico sobre cuánto nos costaría el espacio para el evento, el organizador, la comida, la ropa y los viajes para nuestros familiares. Entonces nos enseñamos, el uno al otro, nuestras cifras. La mía era unas tres veces mayor que la suya. Nos miramos el uno al otro con los ojos como platos. (¿Qué puedo decir? Me gustan las cosas bonitas y quiero gastar mucho dinero en momentos en nuestra relación que nunca olvidaremos).

Mi sugerencia aquí es la siguiente: Si tenéis dos cifras dispares, elegid la mayor. ¿Por qué? Porque os permite soñar más en grande, y siempre podréis poneros más precisos con vuestros planes más adelante.

Desarrollad el sistema para aseguraros que vuestro ítem de la lista de deseos a diez años vista se cumple con toda seguridad (10 minutos). Sabéis *qué* queréis hacer, sabéis *cuándo* va a suceder y sabéis *cuánto* cuesta. Ahora hagamos que se convierta en realidad.

Tomad el coste total y dividirlo por el número de meses que faltan hasta el evento. Por ejemplo:

Qué: Vacaciones familiares en Argentina
Cuándo: Dentro de cinco años (60 meses)
Coste: 10 000 dólares
Cantidad a ahorrar cada mes: 167 dólares (10 000 dólares/60)

Si vuestra cifra mensual parece demasiado elevada, no os preocupéis, ya que tenéis opciones. En el ejemplo anterior, podríais estirar el plazo un año, lo que significa que sólo tendríais que ahorrar

139 dólares por mes. También podríais recortar en otras áreas de vuestros gastos, o podríais, simplemente, reducir el coste de vuestra idea de los 10 000 a los 8000 dólares, lo que significa que tendríais que ahorrar 133 dólares mensuales.

En nuestro caso, nos faltaban siete años (u 84 meses) para el evento, así que dividimos nuestra estimación entre 84 y luego programamos una transferencia mensual automática a una cuenta de ahorros llamada «Décimo aniversario de boda».

Aquí tenemos algunas cifras a modo de ejemplo:

Qué: Décimo aniversario de boda
Cuándo: Dentro de siete años (84 meses)
Coste: 25 000 dólares
Cantidad a ahorrar cada mes: Unos 300 dólares (25 000 dólares/84)

El aspecto que tuvo nuestro viaje de la vida de abundancia a Japón

Hace algunos años, Cassandra y yo queríamos visitar Japón. A mí me encanta el café, y a ella los cosméticos, y a los dos nos gusta el diseño, así que pasamos mucho tiempo planificando el viaje de antemano. Nuestro itinerario a medida estaba lleno de las cosas con las que disfrutamos y con mucho tiempo de ocio incorporado. (Una de nuestras normas cuando viajamos es un gran evento cada dos días. El resto del tiempo podemos deambular, comer, relajarnos o, simplemente, no hacer nada). En Tokio contratamos a un guía para un recorrido relacionado con el café, y luego fuimos a un par de tiendas de cosméticos japoneses especiales que Cassandra había encontrado. En Kioto contratamos a un guía que nos llevó al precioso hogar de dos arquitectos que nos enseñaron sobre arquitectura japonesa. Hicimos reservas en algunos restaurantes, pero, de lo contrario, comíamos en lugares al azar con los que nos tropezábamos. Al final de las vacaciones, hicimos un crucero especial en un *ryokan* flotante para pasar algunos días tranquilos para relajarnos y planificar el año que teníamos por delante. Puede que este viaje te parezca aburrido o raro. ¡No pasa nada! Para nosotros fue, sencillamente, genial. Quiero que penséis en vuestras propias experiencias de la vida de abundancia de esta forma: superconcreta, gráfica y llena de pura alegría para *vosotros*.

Lo que me encanta de esto es que estáis dando pasos reales para hacer que vuestra vida de abundancia suceda. Ahora es, simplemente, una cuestión de tiempo: Debido al sistema que habéis desarrollado, en el que estáis ahorrando dinero automáticamente en una cuenta, sabéis que cada mes estáis más cerca de hacer que vuestro sueño se convierta en realidad.

¡Chocad esos cinco el uno con el otro! Habéis pasado del *Ni siquiera sabemos en qué consiste nuestra vida de abundancia* a tener una lista de cosas realmente importantes que harían que los próximos diez años fueran verdaderamente importantes. Y cada mes, cuando habléis de vuestras finanzas, podréis echar un vistazo a este objetivo y ver vuestro progreso.

Si habéis disfrutado con este ejercicio, haceos con un ejemplar de *Te enseñaré a ser rico: sin sentimiento de culpabilidad, sin excusas, sin tonterías. Simplemente un programa de seis semanas de duración que funciona,* con el que los dos podréis entrar en mayor detalle con respecto a vuestra visión de la vida de abundancia y luego comparar vuestras respuestas.

Superar los obstáculos

Me llega mucha resistencia en cuanto a la idea de mantener estas conversaciones sobre la vida de abundancia, que pueden parecer forzadas o simplistas, especialmente si tu pareja no está en tu misma onda. Aquí tenemos las objeciones que oigo más frecuentemente, junto con mis respuestas.

Obstáculo: «Estamos demasiado estresados en este preciso momento. Tenemos que arreglar nuestras finanzas primero. Luego podremos soñar».

Por supuesto, una visión de la vida de abundancia es más fácil si tienes mucho dinero, pero una vida de abundancia no tiene que ver necesariamente con el lujo. Soy muy afortunado por haber sido criado por unos progenitores inmigrantes que eran frugales por necesidad. Eso me enseñó que no *necesitaba* muchas cosas. Ni siquiera puedo recordar que fuéramos en un avión todos juntos, porque no podíamos permitírnoslo. Nuestras vacaciones consistían en viajes por carretera en nuestra furgoneta desde el norte hasta el sur de California, donde nos alojábamos con familiares.

Comparto esto porque a principios de mi veintena, mi visión de la vida de abundancia era poder pedir aperitivos (¿recuerdas lo mucho que os he dicho que me encantan?). ¡Eso es todo! Luego la amplié a poder tomar un taxi un día caluroso de verano en lugar de tomar el sofocante metro. A continuación, consistió en poder invitar a mis amigos a una ronda de bebidas cuando salíamos. A medida que mis habilidades económicas aumentaron, los mismo pasó con mi visión.

Vuestra visión es importante, porque necesitáis una razón para trabajar que vaya más allá de la mera supervivencia. Quizás no podáis permitiros las vacaciones de vuestros sueños hoy, pero anotando los detalles concretos, os proporcionaréis un punto de referencia por el que trabajar: una razón por la que estáis trabajando tan duro.

Obstáculo: «Esto es exagerado. Somos simples personas. Todo lo que queremos es pagar nuestras deudas y no preocuparnos por el dinero todo el tiempo».

Quiero más para vosotros que, simplemente, que no os preocupéis; y sinceramente, estar libre de deudas no es una visión poderosa. Me he dado cuenta de que la gente que tiene deudas suele tener miedo de soñar con su vida de abundancia, porque si la anota en un papel y *no* la alcanza, se sentirá como una fracasada. Quiero animaros a que os desprendáis de ese miedo y a que desarrolléis confianza sabiendo que podéis completar lo que empecéis, aunque lleve tiempo. Diseñar una vida de abundancia es el primer paso para alejarse de las preguntas o asuntos de tres dólares, que os distraen, y pasar a las preguntas o cuestiones de treinta mil dólares, que de verdad pueden cambiar vuestra vida (vuestro índice de ahorro, la distribución de vuestro patrimonio, la fecha de la liquidación de vuestras deudas).

Obstáculo: «Nuestra vida de abundancia consiste en asegurarnos de que nuestros hijos tengan lo que nosotros no tuvimos».

No me gusta esta forma de pensar. Una vida de abundancia no es, simplemente, que abandonéis vuestros propios sueños y que le deis todo lo que tenéis a vuestros hijos. Lo más importante es que este tipo de pensamiento es perezoso. Francamente, es perezoso no dedicar esfuerzo a vuestra propia vida de abundancia y a lo que quiere tu pareja. Confía en mí: ella tiene cosas muy concretas que le gustaría hacer si simplemente conectaras con ella de una forma que fuese segura, sin juicios y con aspiraciones. Por último, vuestros hijos no quieren ver a sus padres llevando una vida sin alegría en la que seáis modelo de ser unos mártires financieros sacrificando todos vuestros deseos personales. Les dije a mis padres que quiero que se gasten cada centavo que tengan. Nos dieron, a mis hermanos y a mí, una vida de abundancia a través de su amor, sus valores y una buena ética del trabajo. Su dinero es de ellos para que lo disfruten. (Mientras escribo esto, están en un viaje a Ciudad de México. Ver a mis padres disfrutar de su vida y gastar su dinero me hace muy feliz).

Obstáculo: «¿Qué sentido tiene anotar una visión? Necesitamos tácticas, no sueños».

Sí, es verdad: necesitáis tácticas, y llegaremos a ellas, pero por ahora, confiad en el proceso. Confiad en que llegaremos a hablar de vuestro índice de ahorro (capítulo 7), cómo liquidar vuestras deudas (capítulo «Saliendo de debajo de una montaña de deudas») y cómo educar a vuestros hijos con respecto al dinero (capítulo «Educando a vuestros hijos acerca del dinero»). En este preciso momento, lo más importante es que los dos estéis en la misma onda (desarrollando una base juntos), lo que hará que el resto de vuestras conversaciones sean mucho más fáciles. Si las tácticas por sí solas fueran a cambiar las cosas, ya habrías dado con ellas.

Qué *no es* una vida de abundancia

La mayoría de nosotros soñamos demasiado en pequeño, por lo que he dedicado mucho tiempo en este capítulo animándote a pensar más en grande. Sin embargo, algunas personas malinterpretan mi consejo, creyendo que quiero decir: «Puedes comprar cualquier cosa en cualquier momento si eso forma parte de tu vida de abundancia». *No.*

Por ejemplo, cuando apunto que un tipo que gana 60 000 dólares anuales y que conduce 10 kilómetros por unas carreteras llanas y asfaltadas hasta su trabajo no debería comprarse una camioneta o un cochazo de 90 000 dólares, siempre me llegan comentarios como: «¡Puede que eso forme parte de su vida de abundancia!». Dejemos clara una cosa: no puedes, simplemente, señalar algo que te gusta, dar vueltas sobre ti mismo tres veces cantando «¡Vida de abundancia! ¡Vida de abundancia! ¡Vida de abundancia!» y luego comprarte eso con mi bendición. No es así como funciona.

¡Permiso para soñar concedido!

Quedé sorprendido por algo que Alyssa (que, junto con su marido Ilan, estuvo en el primer episodio de mi pódcast) dijo: «Nunca me he sentido cómoda con *desear* en mi vida».

Ésa es una idea muy profunda, y es un sentimiento que le he oído a muchas personas. Alyssa explicaba que, al crecer en una familia de clase media, disponía de todo lo que necesitaba, «por lo que nunca pensé que necesitara más. Nunca imaginé llevar una vida de derroche. Siempre me imaginé teniendo, simplemente, cosas básicas; y en mi caso, unas necesidades básicas significan un coche y un hogar decentes, como por ejemplo una casa de ciento cuarenta metros cuadrados».

Alyssa perdió su trabajo, y entonces empezó a vender productos de panadería y pastelería en Facebook. Ahora, ella e Ilan tienen un negocio de panadería y pastelería que proporciona suficientes ingresos para mantenerlos a los dos, y sigue creciendo. Sin embargo, cuando animé a Alyssa a pensar en grande, se quedó atascada.

Resulta que Alyssa creció con un padre alcohólico: «Las necesidades de él siempre eran lo más importante en la familia, y teníamos, de algún modo, que satisfacer sus necesidades. *Crecí aceptando lo que me llegaba. Creo que eso es realmente a lo que se reduce*».

Ésta es una forma común de pensar y un bloqueo frecuente para imaginar una vida de abundancia. Puede llevar tiempo y un pequeño empujón darte permiso para soñar más allá de tus circunstancias o tu estilo de vida actuales. Después de pensárselo cuidadosamente, Alyssa me dijo: «Empecé pensando: *Quizás pueda querer eso. Tengo permiso para desear*».

Tu vida de abundancia tiene que consistir en algo que podáis permitiros. Puede que lleve años ahorrar para eso, pero debéis poder permitíroslo, ya sea ahora o tras marcaros unos objetivos de ahorro realistas. Sé que sabéis, intuitivamente, qué quiero decir, porque si un amigo vuestro dijera: «Mi vida de abundancia consiste en comprarme un avión a reacción privado», pondríais lo ojos en blanco.

Vuestra vida de abundancia *no* es…

- Algo que no podáis permitiros realmente (*véase* el capítulo 8).
- Algo que sea tan grande que no podáis conseguirlo razonablemente incluso con años de ahorro, poniéndoos así en la tesitura de no poder sentiros realizados de verdad nunca (como en el episodio número 26 de mi pódcast, en el que un portero me dijo que quería ser milmillonario).
- Algo a lo que le dediquéis, inconscientemente, mucho tiempo y dinero porque todo el mundo lo hace, sin examinar si *vosotros* lo queréis.

Sed honestos al elegir vuestra vida de abundancia. No os predispongáis al fracaso. Quiero que soñéis con ese punto óptimo en el que las cosas son ambiciosas pero alcanzables. Y si de verdad forma parte de vuestra vida de abundancia, pero no os lo podéis permitir hoy, añadid un objetivo de ahorros y reservad dinero hasta que podáis. Así es cómo descubriréis una visión que seguirá inspirándoos.

«Mi pareja y yo no nos ponemos de acuerdo sobre nuestra visión de la vida de abundancia. ¿Estamos destinados al fracaso?»

¡No! No tenéis por qué estar de acuerdo en todo lo tocante al dinero. De hecho, tu pareja y tú *siempre* tendréis grandes diferencias en vuestro enfoque relativo a las finanzas, y no pasa nada. Una vez que os deis cuenta de eso, será inmensamente liberador, porque entonces podréis revisar en qué *sí* coincidís.

Sí, deberíais coincidir en grandes cosas, como por ejemplo dónde vivir, pero incluso aunque uno de vosotros quiera tener un chalé cerca de una pista de esquí y el otro quiera una granja, no pasa nada. Anotadlo. En algún momento diréis: «Hablemos sobre las cifras y del aspecto que tendrá ese estilo de vida». Es posible que podáis dar con una forma de tenerlos ambos. Podríais alquilar el chalé una semana o dos… o podríais cambiar de opinión al saber en qué consiste realmente cuidar de ovejas.

Aquí tenemos un buen ejemplo: trabajé con una pareja, Lauren y Alex, en el episodio número 23 de mi pódcast. Lauren estaba extremadamente centrada en tener una casa en la playa lo más rápidamente posible. Estaba ansiosa al respecto y le molestaba el coste de mantener la casa en la que vivían en ese momento, ya que necesitaba muchas reparaciones: cada dólar gastado entonces hacía que sintiera que era un dólar que no podía dedicar a su casa en la playa. «[El dinero] parece agua que se me escurre entre los dedos, y siento como si nos estuviéramos quedando sin tiempo», dijo.

Sentía curiosidad por esta casa en la playa. ¿De dónde surgió su sueño? ¿Por qué, en concreto, una casa en la playa? Lauren me dijo que la casa consistía en generar recuerdos con la familia, más que en poseer esa propiedad. Admitió que sentía ansiedad porque sus padres se hicieran demasiado mayores antes de que ella tuviera la oportunidad de albergar y ser la anfitriona ese tiempo en familia que imaginaba de forma tan gráfica. Pero a medida que fui pinchándola delicadamente, reconoció que no necesitaba *comprar* un segundo hogar para hacer eso. Podía alquilar una casa para pasar fines de semana en la playa y vivir su sueño de inmediato (¡ahora!) en lugar de dentro de quince años.

Lauren se resistió a esta idea durante la mayor parte de nuestra conversación. Yo no estaba sorprendido. Frecuentemente funcionamos con guiones que fueron creados hace décadas, y no los retamos ni estudiamos, pero si hacemos algunas preguntas, podemos descubrir formas creativas y realistas de alcanzar nuestros objetivos.

Vuestra vida de abundancia puede tomar un camino impredecible. Pasando por los procesos que aparecen en este capítulo y preguntándoos que quiere *de verdad* cada uno de vosotros, podéis diseñar una visión que encaje para ambos y os haga estar más cerca el uno del otro.

Lista de comprobación del capítulo 3

❑ Llevad a cabo las cuatro actividades de la visión de la vida de abundancia, con vuestra pareja o por vuestra cuenta.

❑ Concentraos en la actividad 3 del «día perfecto». Elegid una actividad de vuestra lista que podáis llevar a cabo esta semana, incluso aunque no sea en la ubicación de vuestro día perfecto.

❑ Aseguraos de haber completado el ejercicio de planificación de la de la lista de cosas que hacer a diez años vista (actividad 4): habéis elegido una actividad, la habéis programado, habéis estimado el coste y habéis empezado a ahorrar, de forma automática, para eso.

❑ Encontrad un lugar especial para publicar vuestra lista de cosas que hacer a diez años vista, de modo que podáis verla cada día. Podría estar en el fondo de pantalla de vuestro móvil, en vuestra nevera e incluso en un pósit en el ordenador portátil. Si la miráis y os emocionáis, estáis en el camino correcto.

4
Los diales del dinero

*Cómo gastar más (¡mucho más!) en las cosas
que os encantan y menos en las cosas que no*

En el capítulo anterior habéis esbozado vuestra visión compartida
de una vida de abundancia. ¡Fantástico! Pero si os pidiera, a tu pareja y a ti, que tomarais vuestra visión de la vida de abundancia y la
convirtierais en un plan, ¿sabríais qué hacer? La mayoría de la gente
no lo sabría (todavía). Eso se debe a que desarrollar una visión poderosa supone un primer paso, pero el siguiente paso consiste en
conectar esa visión con vuestros gastos actuales.

En este capítulo voy a proporcionaros una nueva forma de fijaros
en vuestros gastos, y no, no se trata de los mismos viejos consejos
restrictivos que te dicen que monitoricéis vuestros gastos hasta el
último centavo y que luego recortéis en todo. En lugar de eso, aquí
tenemos mi enfoque:

*Creo que deberíais gastar profusamente en las cosas que os gustan, siem-
pre que recortéis gastos sin piedad en las cosas que no os gustan.*

¿En qué os encanta gastaros el dinero a tu pareja y a ti? No me
refiero a en qué os «gusta» gastaros el dinero, sino en qué os *apasiona* gastároslo. ¿Habéis pensado alguna vez realmente en ello? Si tu-
vierais veinticinco mil dólares en este preciso momento (asumid,
por el momento, que estuvierais libres de deudas), ¿qué haríais con
ellos? Vuestra respuesta es lo que llamo un dial «sí» del dinero.

Ahora, si os preguntara qué áreas de los gastos no os importan tanto y en las que estéis dispuestos a recortar (puede que se trate de ropa, de viajes internacionales o de restaurantes elegantes), eso sería un dial «menos» del dinero. Los llamo diales del dinero porque puedes «girar el dial» hacia arriba o hacia abajo, al igual que hacéis con el dial de una radio para ajustar el volumen. Conocer vuestros diales os ayuda a transformar vuestros gastos, porque una vez que los identifiquéis, podréis gastar profusamente en las cosas que os encantan, siempre que recortéis gastos despiadadamente en las cosas que no.

Empecemos con vuestros diales «sí». Quiero que empecéis a saber dónde podéis gastar más. Cada uno de nosotros tiene por lo menos un dial «sí», y todos sabemos, intuitivamente, qué es.

Aquí tenemos los diales «sí» más comunes, en orden:

1. Salir a comer fuera/comida
2. Viajar
3. Salud y bienestar

Después de esos tres, hay muchos más, incluyendo las comodidades, las relaciones y la superación personal. Por contra, hay cosas en las que gastamos dinero que no nos importan tanto. En el caso de algunas personas, podría tratarse de tecnología, o autocuidados, o mejoras en el hogar.

Esta idea de que está bien gastarse dinero en cosas que os encantan es radicalmente distinta de la mayoría de los consejos relativos al dinero que hemos oído, que siempre se centran en las restricciones. *¡No más capuchinos! ¡No más vacaciones! No, no y no.* Eso nos hace sentir mal, nos hace no asumir riesgos ni problemas y es moralista por definición. ¿Qué sentido tiene recortar en las cosas que nos encantan hasta dentro de sesenta años, cuando, de todas formas, seremos demasiado viejos para disfrutarlas?

El dinero es para gastarlo de una forma que tenga sentido. Vamos a emplear este enfoque para identificar en qué os encanta gastaros el dinero. Una vez que lo tengáis meridianamente claro, hablaremos sobre ajustar vuestros gastos para que concuerden con vuestra visión. Recordad que, en las relaciones, a veces tienes los mismos diales el dinero que tu pareja y que a veces son distintos. Sea como fuere, no pasa nada.

Junto con tu pareja, rodead con un círculo, de entre los ítems del listado que aparece a continuación, todas las categorías en las que os encante gastar dinero.

- Comer fuera de casa/comida
- Viajar
- Salud, bienestar y buena forma física
- Vuestros hijos (sed concretos: ¿se trata de actividades para los niños, ropa para ellos o cuidados infantiles?)
- Actividades en familia
- Espectáculos en vivo
- Comodidades
- Mejoras del hogar
- Regalos
- Relaciones personales (por ejemplo, tiempo y experiencias con vuestros seres queridos)
- Experiencias de lujo
- Donaciones a organizaciones de beneficencia
- Objetos de estatus
- Superación personal (por ejemplo, autodesarrollo y *coaching*)
- *Añadid los vuestros propios.*

Ahora coloca una gran estrella al lado del dial «sí» que más os apasione. Pídele a tu pareja que haga lo mismo, y no os preocupéis si tenéis unos diales «sí» distintos. (Esto es así en el caso de mi mujer y yo, y también en el de muchas otras parejas).

Vuestros diales «sí» son concretos, gráficos y alegres

Cuando identificáis vuestros diales del dinero positivos, es obvio lo que os encanta, pero también se vuelve fácil ver lo que *no* os importa (y en lo que es, por lo tanto, fácil recortar gastos), ya que tenéis una razón clara y grafica para hacerlo. La recompensa se encuentra justo aquí, delante de vosotros: Si recortáis en *esto,* podréis gastar más en *aquello.*

Hace poco le pregunté a miembros de mi comunidad *online* que compartieran ejemplos de gastar dinero que les hiciera verdaderamente felices. Recibí un abanico de respuestas interesantes.

Aquí tenemos algunas de las cosas que listaron:

- «Hice unas vacaciones en casa con mi pareja».
- «Tomé unas clases de surf».
- «Le compré a mi madre un teléfono móvil por su cumpleaños».
- «Me compré unos álbumes de vinilo antiguos».
- «Le compré un anillo a mi pareja».

Con cada una de estas respuestas, presionaba para obtener detalles. A la gente le encanta hablar sobre sus diales «sí», pero como nuestra cultura del dinero se basa en la restricción, nunca se nos pide realmente que desarrollemos en qué nos encanta gastarnos dinero. Nos hace sentir incómodos, como si estuviéramos fanfarroneando. Sin embargo, hablar sobre él revela nuestros intereses y valores. Lo encuentro fascinante e inspirador. Al ponerte realmente gráfico sobre lo que te encanta, aclaras las prioridades de tu vida de abundancia.

Un tipo dijo: «Siempre he sido un coleccionista. Actualmente colecciono miniaturas militares de calidad superior». ¡Vaya! ¡Eso es inusual! Me encanta oír sobre las diferentes formas en las que la gente encuentra alegría gastándose su dinero. Otra persona me dijo que le encanta pagar por una persona de la limpieza y una niñera. Le pregunté por qué. Dijo: «Tener una niñera es caro, pero me encanta no tener que preocuparme cuando los niños tienen un día de fiesta en el colegio o cuando están enfermos. Solíamos estresarnos mucho por eso. Ahora, si están enfermos, podemos seguir yendo al trabajo y saber que disponen de una persona a la que quieren y que los cuida maravillosamente bien. Además, es un lujo volver a casa y encontrársela limpia. Vale la pena tener unas vacaciones más sencillas que las que, de otro modo, podríamos tener».

Relajación, alivio, lujo: no se trata de palabras que normalmente oigas en las conversaciones sobre las finanzas personales, pero es exactamente por lo que estamos luchando. Cuando relacionas tu dinero con las emociones positivas en tu vida, puedes usarlo proactivamente para diseñar tu vida de abundancia y vivirla; y cuanto más aclares lo que implica tu vida de abundancia, más fácil será recortar los gastos en las áreas que *no* encajen con ella.

Gastar más en la familia

«Vivimos en Minnesota y hemos estado mirando, nerviosos, las predicciones meteorológicas para averiguar cómo afectarán a nuestro vuelo del jueves a Ohio para ir a ver a nuestra familia por las Navidades. Al final, la pasada noche, nos dimos cuenta de que nos enfadaríamos mucho si nuestro vuelo fuera cancelado y nuestros hijos se perdieran la primera oportunidad de la que hemos dispuesto para que pasaran las Navidades con sus abuelos desde 2018. Tenemos dinero. ¿Por qué pasar ni siquiera un segundo preocupándonos por esto? Por lo tanto, cambiamos los billetes para salir hoy en lugar del jueves. La diferencia de precio fue de casi mil dólares, pero los pagamos gustosos (y sus abuelos están completamente encantados)».

Siobhan

A algunas personas les cuesta identificar sus diales «sí». «¿Se trata de comodidades, experiencias o relaciones? ¿Y qué hay si son todas ellas?». Si se trata de ti, prueba con este truco: abre las fotos que tienes en tu teléfono móvil y desplázate por ellas. Suelen suponer las mejores pistas de las que dispones sobre lo que te ha hecho disfrutar. Si ves 340 fotos de una única pieza de *sushi* tomadas desde distintos ángulos, entonces tu dial «sí» es la comida.

Cuadruplicadlo: Un ejercicio sobre los diales del dinero

En un evento celebrado en Washington D. C., estaba hablando con un tipo llamado Bill cuyo dial «sí» era comer fuera de casa. Le pregunté:

—¿Qué pasaría si cuadruplicaras tus gastos en restaurantes? ¿Qué aspecto tendría eso y cómo te haría sentir?

Me dijo:

—Probablemente tendría que ponerme a dieta, porque comería fuera de casa cuatro veces por semana.

¡Ja, ja! Ésta es una respuesta típica, uno de esos chistes para todos los públicos que la gente hace en los actos públicos para conseguir una pequeña risa en una conversación educada. Sin embargo, su respuesta fue, de hecho, bastante reveladora.

La mayoría de nosotros pensamos en el dinero de una forma lineal: «¿Gastar cuatro veces más? ¡Lo haría cuatro veces más frecuentemente!». Pensamos, automáticamente que «gastar más» equivale a «más cantidad». Esto supone una visión simplista e incluso infantil del mundo.

Le insistí a Bill:

—¿Dónde irías?

Se lo pensó un segundo:

—De hecho, tengo una lista con todos los restaurantes con estrella Michelin que hay en la ciudad.

—¿Y a quién llevarías contigo?

Se tomó una larga pausa.

—A mi familia.

La sala se quedó en completo silencio. Cuando le pregunté por qué, a Bill le costó encontrar las palabras. Al final se le quebró la voz:

—Les llevaría porque nunca pudieron permitirse comer en un lugar así.

Bill simplemente pasó de una interpretación lineal del dinero a una perspectiva multidimensional en la que usaba su dinero para comer en restaurantes de mayor calidad y tratando con generosidad a la gente a la que quería.

Hay mucho poder en pensar en el dinero de esta forma. Ciertamente, podéis hacer más (en cuanto a la cantidad), pero también podéis incrementar la calidad, la experiencia y el número de personas que llevéis con vosotros.

Ahora es vuestro turno. Escoged uno de vuestros diales «sí» e imaginad que lo subís mucho (cuadruplicando vuestros gastos) multidimensionalmente. ¿Qué aspecto tendría y cómo os haría sentir? Si lo que os va es la buena forma física, vuestra respuesta inicial podría ser que hicierais cuatro veces más clases de yoga. Profundizad: en lugar de ello podría ser contratar a un entrenador personal, o incluso reservar una plaza en ese retiro de yoga soñado, y quizás obsequiar a un amigo para que os pueda acompañar. Retaos a pensar de forma expansiva, y no sólo lineal.

Subir el dial en cuanto a viajar podría implicar que...

... os alojarais en hoteles más agradables.

... os fuerais de viaje durante períodos de tiempo más largos.

... añadierais experiencias concretas, como un safari o un crucero por un río.

... invitarais a amigos y que pagarais para que vuestra familia os acompañara.

Subir el dial en cuanto a aprender a tocar un instrumento podría implicar que...

... os comprarais música nueva en busca de inspiración.

... os comprarais un instrumento nuevo.

... asistierais a clases personales.

... os fuerais a un campamento de música de una semana de duración para estar junto a otras personas que tocan instrumentos musicales.

Gastar más en estar en buena forma física

«Durante este último mes he tenido un entrenador personal [...]. Me ha diseñado un programa, tenemos reuniones dos veces por semana, y me comunico con él mediante mensajes de texto después de cada entrenamiento. Ésta ha sido la vez que más constancia he tenido con el ejercicio físico. Nunca había sido consciente de lo importante que es disponer de un sistema de apoyo en cuanto a la buena forma física. ¡Me siento fuerte y agradecido por un estilo de vida saludable!».

Jared

Lo mismo se aplica en el caso del baloncesto, la improvisación, escribir unas memorias: con cualquier cosa que os encante y en la que queráis mejorar.

Subir el dial en cuanto a la ropa podría significar que...

... comprarais en tiendas de mayor calidad.
... os abonarais a un servicio virtual de estilismo.
... alquilarais ropa de diseñadores de moda para ocasiones especiales.
... contratarais a un estilista personal para que os enseñara nuevas marcas, hiciera limpieza de vuestro armario y refinara vuestro aspecto.
... os fuerais a un viaje de compras con amigos.
... os llevaras a vuestras madres a París con vosotros a un desfile de moda.

Cuando penséis en las distintas dimensiones del dinero, tened en cuenta esto: en los niveles iniciales de las finanzas personales, la gente está, casi siempre, preocupada por el «qué». *¿Qué puedo comprar? ¿Qué puedo permitirme? ¿Qué puedo conseguir por mi dinero?*

Por mi experiencia, a medida que la gente se vuelve más diestra con el dinero, empieza a explorar algo más que la cantidad: persiguen experiencias, recuerdos y sentimientos. En lugar de preguntar «¿Qué?», suelen preguntar «¿Quién?». *¿A quién puedo llevarme conmigo? ¿A quién puedo sorprender y deleitar? ¿Con quién puedo ser generoso?*

Mi sueño para vosotros es que penséis en todas estas distintas dimensiones mientras diseñáis cómo queréis gastaros vuestro dinero con sentido.

Hablando de los diales del dinero con tu pareja

Uno de mis discursos favoritos de todos los tiempos es el que Stephen King dio en la ceremonia de 2003 de los Premios Nacionales del Libro (National Book Awards). Recordó una época al principio de su trayectoria profesional en la que su esposa y él vivían en una caravana, luchando por salir adelante. Al final, él vendió un libro:

> Una de las pocas veces, al principio de nuestro matrimonio, en el que vi a mi mujer llorar de verdad fue cuando le dije que una editorial de libros de tapa blanda baratos, New American Library, había pagado un dineral por el libro que ella había rescatado de la basura. Yo podría dejar de dar clases y ella podría dejar de servir buñuelos en Dunkin' Donuts... Entonces se llevó las manos a la cara y se puso a llorar. Cuando acabó de llorar, nos fuimos al cuarto de estar y nos sentamos en nuestro viejo sofá, que Tabby había rescatado en un rastrillo de objetos de segunda mano, y hablamos hasta altas horas sobre qué íbamos a hacer con el dinero. Nunca había tenido una conversación tan agradable. Nunca había tenido una que pareciera más surrealista.

Recuerdo la habitación concreta en la que me encontraba cuando mantuve mi primera conversación real sobre el dinero con Cassandra. Hablamos del tipo de vida que queríamos tener, con qué frecuencia queríamos viajar, si queríamos tener hijos y cómo queríamos cuidar de nuestros padres. Fue una de mis conversaciones favoritas porque estaba llena de posibilidades.

Aunque unos eventos cruciales como un contrato para la publicación de un libro o un matrimonio pueden desencadenar estas conversaciones, no necesitáis algo tan formal. Hablar sobre los diales «sí» es una de las cosas que tu pareja y tú podéis llegar a experimentar juntos, y podéis hacerlo en cualquier momento. Aquí tenemos cómo hacer que esto surja:

Estoy leyendo este libro sobre psicología del dinero. El autor habla sobre averiguar cuáles son tus diales del dinero (las cosas en las que te *encanta* gastar dinero). Creo que, para mí, la que ocupa el primer lugar es _____, pero también me apasiona _____. ¿Cuáles dirías que son los tuyos?

[Tu pareja responde].

¡Sí! Así es como pensaba que sería (o, «¡Vaya! He quedado sorprendido/a. ¡No me hubiera esperado eso!»). De acuerdo, ahora, si pudieras *cuadruplicar* tu gasto en eso, ¿qué harías?

Lo que quiero para ti es que tu pareja mencione *un* dial «sí» y que proporcione *un* ejemplo de aquello en lo que gastaría más dinero. La idea consiste, simplemente, en abrir la puerta. Entonces avanzad. A veces, las conversaciones sobre el dinero pueden ser largas y detalladas, pero otras veces (como en este caso) pueden ser breves y divertidas.

Incluyo guiones como éste porque quiero que dispongáis de todas las herramientas posibles para desarrollar una inercia al hablar sobre el dinero. Si no te parece que se correspondan contigo, adáptalas a tu propio estilo. Como norma, siéntete libre de culparme si las cosas se ponen incómodas. Puedes hacer que yo sea el policía malo, el tipo raro, el autor con unas ideas excéntricas: lo que sea.

Más adelante podrás volver a sacar el tema y recurrir a la lista que aparece a continuación. Si tu pareja está interesada en esto, turnaos para haceros, el uno al otro, estas preguntas. Son jugosas y reveladoras, y podéis divertiros con ello:

- Hace diez años, ¿qué es algo en lo que te hubiera encantado gastar dinero (pero ahora no)?
- ¿Qué es algo en lo que te encantaría gastar dinero, pero te avergüenza admitir?
- Si pudiéramos gastarnos 250 dólares cuatro veces al año para generar unos recuerdos espectaculares, ¿qué haríamos?
- ¿Qué es algo en lo que te resultaría fácil recortar gastos? ¿Qué te resultaría difícil?
- ¿Qué podrías comprar cada semana que te hiciera feliz?
- ¿Cuáles ha sido nuestras mejores vacaciones? ¿Qué hizo que fueran maravillosas?
- ¿Qué querríamos hacer para una fecha señalada venidera (el siguiente gran cumpleaños o aniversario)?

PAREJAS REALES PRUEBAN CON LA CONVERSACIÓN SOBRE LOS DIALES DEL DINERO

Kim, una miembro de mi comunidad *online,* informa de que el concepto de los diales del dinero tuvo un gran impacto en la forma en la que su esposo y ella se comunican con respecto al dinero y las prioridades. Incluso dio como resultado la compra de una casa.

Kim escribió esta nota:

Nuestras conversaciones sobre los gastos solían discurrir así:
Yo: Me gustaría, de verdad, hacer reformas en casa: los muebles, la iluminación…
Él: Están bien. Sería tirar el dinero. [La discusión acaba].

Tras enfocarlo de forma distinta con el concepto de los diales del dinero, la cosa fue así:

Yo: ¿Qué es realmente importante para ti acerca de dónde vivimos?

Él: Desearía estar más cerca de un lugar en el que montar en bicicleta de montaña y esquiar. Por eso nos mudamos aquí, y es un fastidio tener que conducir entre sesenta y noventa minutos para conseguir esas cosas.

Si haces un avance rápido, hemos comprado una propiedad a cinco minutos de rutas para bicicleta de montaña y que está cuarenta minutos más cerca de unas pistas de esquí. También obtengo mis actualizaciones en la decoración de la casa, aunque para él eso es secundario, y no pasa nada. Es una situación en la que los dos salimos ganando.

Mi observación: Es frecuente entrar en una dinámica en la que una persona hace preguntas y la otra se cierra. Eso exige entrar en una dinámica. Kim hizo un gran trabajo sonsacando a su marido con respecto a sus diales del dinero, producto de su curiosidad genuina. Estoy seguro de que sigue habiendo trabajo que hacer por parte de él para volverse más comunicativo sobre su visión de cómo quiere gastar dinero, pero estamos en el camino adecuado.

Rocco, otro miembro de mi comunidad, tuvo una experiencia diferente cuando invitó a su pareja a hablar de los diales del dinero:

No acabó bien. Somos bastante opuestos. Ella tiene una casa de su anterior matrimonio y básicamente es ahí donde va su dinero: a la hipoteca y el mantenimiento. Cuando intenté averiguar sus diales del dinero, ella se negó a hablar del tema. Dijo que se queda a cero cada mes y que no dispone de dinero sobrante para redistribuirlo… Aparecieron sentimientos de culpabilidad y escasez. Planeo escribir *mis* diales del dinero y mostrárselos. Le pediré si puede hacer lo mismo (quizás sola, al principio) y luego veremos si podemos echarle una ojeada juntos.

Mi observación: Esto debe ser frustrante para Rocco. Cuando un miembro de la pareja está dispuesto a hacer cambios y el otro no, eso puede desencadenar cismas que vayan más allá del dinero. Admiro que Rocco diera un paso atrás y proporcionara espacio a su pareja para que procesara la discusión, junto con el desarrollar un enfoque más amable para avanzar. ¡Tengo confianza en los dos!

Gastar más en comodidades

«No soy muy manitas, y no me gusta hacer cosas de mantenimiento del hogar. Hace poco contraté a alguien para que viniera a casa e instalase unas estanterías y montase unos muebles. Aunque probablemente podría haber averiguado cómo hacerlo por mí mismo, no habría hecho un trabajo tan bueno, y me quitó de encima la presión de hacer algo con lo que no disfruto. ¡Fue dinero bien gastado!».

Trevor

Aprender a gastar dinero con sentido

¿Os sentís culpables por gastar dinero? La mayoría nos sentimos así. En este país estamos atrapados entre la desaprobación puritana de los expertos financieros diciéndonos en qué *no* gastar dinero y el consumismo desenfrenado que nos vende todoterrenos urbanos y vacaciones en Bora Bora en las noticias que recibimos en nuestras redes sociales. ¿Qué acabamos haciendo? Compramos (el viaje, el coche, la casa, la ropa) y luego nos sentimos culpables por ello.

Es lo peor de ambos mundos.

Hay una forma mejor. Una relación sana con el dinero significa que reemplazamos esa culpabilidad por la alegría de gastar dinero en las cosas que nos encantan. *Gastar dinero con sentido es una habilidad.* Además, hablar de los diales del dinero como pareja os ayudará a aclararos sobre lo que de verdad os importa.

Vuestro primer paso consiste en escuchar mi ruego personal: dejad de atormentaros por los pequeños gastos mientras ignoráis lo que importa de verdad en vuestros dispendios. Aquí tenemos una frase que le oído a parejas miles de veces: «Intentamos recortar gastos, pero nada parece cambiar». Cuando le echo una ojeada a sus números, el patrón es casi siempre el mismo. Intentan recortar un poco en todo: un 5 % en comestibles, un 5 % en gasolina, un 5 % en salir a comer fuera, lavados de los coches, viajes, televisión por cable..., ¡en todo!

Esto es ineficaz y peor todavía, supone una forma miserable de vivir. Esto sería como que un chef dijera: «Algo no sabe bien. Déjame recortar en todos y cada uno de los ingredientes de este plato». ¡No!

El enfoque adecuado consiste en fijaros en vuestras grandes áreas de gastos y en centraros quirúrgicamente en ellas. ¿En qué estáis dispuestos a recortar tu pareja y tú? No sólo un 5 %, sino una cifra que os proporcione la libertad y el dinero para gastar *más* en las cosas que os importan.

Vuestra lista de diales «menos»

De acuerdo, *ahora* podemos hablar de las áreas en las que queréis recortar.

Daos cuenta de que por aquí es por donde comienzan la mayoría de las conversaciones relativas al dinero. Pero primero, hemos dedicado mucho tiempo poniéndonos concretos y gráficos sobre en qué queréis gastar *más*. Ahora, con vuestra visión del aspecto que tendría y cómo os haría sentir gastar profusamente, estamos listos para recortar despiadadamente en vuestros diales «menos», que son las cosas que no os importan. Y recordad: vamos a hacer grandes cambios aquí.

Regresad a vuestros resultados de los ejercicios de la vida de abundancia que hicisteis en el capítulo anterior. ¿Qué *no* aparece en vuestra lista a diez años vista o en vuestro día perfecto? Puede que, por ejemplo, no haya ni una mención a nada que implique salir a comer fuera de casa cuatro veces por semana, pero que si os fijáis en vuestros gastos os deis cuenta de coméis mucho fuera. Si es así, ésta es un área principal en la que recortar. No forma parte de vuestra visión (la que los dos habéis creado), así que haced un cambio, recortad y redirigid ese dinero a algo que forme parte de vuestra vida de abundancia.

También puede que descubráis, por ejemplo, que incluso aunque vuestra vida de abundancia nunca mencione unas vacaciones a un centro turístico, hayáis hecho muchas, pero lo que de verdad os encante sea ir de *camping* y estar en plena naturaleza. Reorientad vuestros viajes hacia lo que de verdad os importe. Otro malentendido común es que mucha gente gasta grandes cantidades en coches caros cuando la visión de su vida de abundancia no menciona los coches en absoluto. Recortar en gastos en vehículos es difícil: puede que estéis atrapados pagando las letras y que no tenga sentido, económicamente hablando, vender vuestro coche. Pero al avanzar, pensad en gastar menos en vuestro vehículo (por ejemplo, conservándolo mucho tiempo, sin compraros uno nuevo), de modo que podáis gastar más en otras áreas de vuestra vida. (Podéis leer más sobre los coches en el capítulo «Pensando en una compra importante»).

Reconoced que bajar el dial (incluso en cosas que no nos importan tanto) puede ser realmente difícil. Una vez que nos acostumbramos a tener algo (un coche bonito, tratamientos de belleza, incluso fruta ecológica), es extremadamente difícil imaginar la vida sin ello. En muchos sentidos, eliminar ciertos gastos puede haceros sentir como si eliminarais parte de vuestra identidad.

Pero para vivir vuestra vida de abundancia tenéis que hacer concesiones. Eso es en lo que consiste este paso. Y os prometo que cuando gastéis más dinero en vuestros diales «sí» y os sintáis conectados y felices juntos, no estaréis pensando en los gastos que habéis recortado.

Cuando os fijéis en vuestra propia vida en busca de cosas en las que recortar gastos, aquí tenemos tres atajos:

1. *Las mayores oportunidades para recortar gastos: la vivienda y los coches.* Éstas son las dos áreas en las que, inconscientemente, más gastamos excesivamente. Son las más difíciles de cambiar, pero si descubrís que estáis gastando de forma exage-

radamente excesiva, vuestra vivienda y los vehículos son los mayores factores clave.

2. *La oportunidad más fácil para recortar gastos: comer fuera de casa.* La mayoría de nosotros gastamos mucho más comiendo fuera de lo que pensamos. Éste es, frecuentemente, el cambio más rápido que puede proporcionarnos cientos de dólares extra cada mes.

Una solución intermedia: Las letras del coche a cambio de comodidades

«Cuando era pequeña, mis padres arrendaban sus coches, y yo no tenía una opinión al respecto, así que yo también lo hice. Por supuesto, ahora lo sé bien. *(Comentario de Ramit: Arrendar es algo típicamente adecuado sólo si eres rico o si eres el propietario de una empresa que puede usar el vehículo, por razones convincentes, debido a tu negocio).* Me llevó un tiempo dar con la mejor forma de acabar con este ciclo. La forma más barata consistía en comprar, pagando en metálico, el Honda CR-V de 2019 arrendado, y eso es lo que hicimos. Estaba emocionada por poder conducirlo hasta reventarlo entre ocho y diez años más sin tener que hacer pagos por él. Cuido mi coche excelentemente, y es como un juego para mí ver cuántos kilómetros puedo hacerle. He subido algunos diales del dinero, incluyendo las comodidades, en forma de contratar a un empleado doméstico y que me laven y peinen el cabello cada semana, como hacía mi abuela».

Min

3. *Los costes invisibles acaban sumando una cifra elevada.* Casi nadie controla cuidadosamente sus gastos en comestibles, y prácticamente cualquier pareja puede ahorrar entre cien y doscientos dólares mensuales comprando atentamente. A continuación, echad una ojeada a todas las suscripciones que habéis acumulado: ¿estáis, realmente, viéndolas, escuchándolas, leyéndolas y usándolas todas? Además, tenemos

los costes invisibles relacionados con los viajes (como los transportes, las propinas y los impuestos), que rara vez tenemos en cuenta. Independientemente de en qué recortéis, aseguraos de redirigir el dinero hacia algo valioso para vosotros, como uno de vuestros diales «sí»», amortizar deudas, ahorrar o invertir.

¡Recordad que vuestra vida de abundancia es vuestra! Si, por ejemplo, vieseis cuánto gasto en ropa o en viajes (¡es mucho!), quedaríais sorprendidos, pero mis diales «menos» lo hacen posible. Conduzco un Honda Accord de diecinueve años. Uso mi ordenador portátil y mi teléfono móvil durante años. Mi esposa y yo vivimos de alquiler en un apartamento pequeño. Esta estrategia mantiene bajos nuestros gastos fijos, lo que, a su vez, nos permite gastar generosamente en viajes, entrenadores personales y comodidades.

HABLAR CON TU PAREJA DE LOS DIALES «MENOS»

Hablar de los diales «menos» con tu pareja requiere de algo de sutileza. No entres en tromba con una lista de dieciocho cosas en las que «necesitáis» recortar gastos. No valoréis todos los gastos por igual: los tres mayores gastos pesan más que diez pequeños. Id despacio para ir rápido: hablad de lo agresivos que debéis ser, pídele su opinión a tu pareja y tomad las decisiones conjuntamente, con la clara recompensa de poder incrementar el volumen de vuestros diales «sí» mutuos.

Algunos otros consejos:

• *Empieza con vulnerabilidad.* Podrías decir algo como: «Mira, no sé exactamente qué deberíamos cambiar, pero sí que sé que, en este preciso instante, nuestras finanzas no están funcionando. Estoy estresado, no nos sentimos bien y quiero que desarrollemos lo que nos hace sentir bien a los dos. Tengo una idea: ¿puedo empezar sugiriendo algo que me haría recortar en mis propios gastos? Después me encantaría escuchar qué piensas». Hay poder en admitir cómo te sientes con respecto a tus gastos y en hacer el primer movimiento. Al final os unirá más.

- *Sé auténticamente curioso.* Haz, por ejemplo, preguntas como: «¿Por qué crees que seguimos pidiendo comida a domicilio? Creo que es porque estos días el trabajo está siendo tan duro que para cuando llega el jueves estamos los dos cansados». Profundizad más: ¿*Cuándo* gastáis dinero? ¿Qué motiva ese gasto? Frecuentemente, los dos os sorprenderéis con el por qué estáis gastando dinero realmente. Cuando podáis desenmarañar los aspectos psicológicos, es más probable que el cambio permanezca. Tratad los gastos como lo haría yo en mi pódcast: Yo me mostraría fascinado, curioso y querría que recalibrarais vuestros gastos para que así se destinen a las cosas que valoráis.

- *Pensad más en las cifras clave y menos en cada decisión concreta.* Si tu pareja quiere gastarse quince dólares en algo en lo que no estés de acuerdo, pero podéis seguir cumpliendo con los objetivos, te recomiendo que *estés de acuerdo con entusiasmo.* Tu objetivo no consiste en «ganar» cada decisión relativa a los gastos: de hecho, no deberías actuar como el policía de los gastos. En lugar de ello, vuestro objetivo debería ser acertar con las cifras de una forma libre de culpa con la que ambos os sintáis bien.

Los mismos diales del dinero, pero distintos hábitos relativos a los gastos

Incluso aunque tu pareja y tú estéis de acuerdo en cuanto a vuestros diales «sí» y «menos» del dinero, pude que hagan falta algunas modificaciones para que las cosas discurran con fluidez. Elise y David, por ejemplo, estuvieron de acuerdo en reducir los gastos en vivienda, de modo que pudieran subir el dial de los gastos en experiencias como viajes o conciertos. Elise: «Decidimos mantener nuestros gastos fijos realmente bajos después de muchos debates sobre la propiedad de una vivienda: sin planes para ahorrar para el anticipo de una casa; alquilando un apartamento de dos habitaciones en una ciudad más barata; compartiendo un Honda Civic de segunda mano ya pagado. Decidir sobre recortar gastos juntos fue bastante fácil».

Cuando tu pareja y tú no coincidís con los diales «menos»

Las buenas noticias son que no tenéis por qué estar de acuerdo en todos vuestros diales del dinero. Por ejemplo, a mi mujer le encantan los autocuidados. A mí no tanto. Sin embargo, hacemos que funcione: nuestra cuenta común paga nuestro entrenamiento personal (que es valioso para los dos), mientras que ella paga por sus autocuidados con su propio dinero.

Por supuesto, no siempre es tan fácil. Todos tenemos una cantidad finita de dinero, y debemos tomar decisiones. ¿Qué sucede cuando no estáis en la misma onda con vuestros diales «menos»? ¿Cuando uno de vosotros está dispuesto a recortar gastos en pedir comida a domicilio o salir por la noche pero el otro no? ¿Cuando tú estás dispuesto a alojarte en un motel barato o cancelar tu membresía del gimnasio pero tu pareja no? ¿Cómo hacéis recortes significativos juntos?

La respuesta consiste en reconocer que estáis trabajando en pro de un objetivo mayor (vuestra visión de la vida de abundancia), y que habrá soluciones intermedias. En el capítulo 7 crearéis vuestro plan de gasto consciente, que os ayudará a decidir en qué podéis llegar a un acuerdo y cuando hay algo que, sencillamente, no es posible; y en el capítulo 9 os mostraré cómo configurar vuestras cuentas para que los dos dispongáis de dinero personal que podáis usar para lo que queráis.

Pero David encontraba difícil obligarse a *gastar* dinero. «Él admite que se queda atascado con el coste porque sus padres, que eran bastante tacaños, le alababan mucho por ser frugal y "bueno con el dinero"», dice Elise. Explica cómo David y ella encontraron su camino para una solución:

Soy la principal planificadora y compradora. Generalmente soy la que planifica los viajes o examina las cosas que necesitamos, como un nuevo electrodoméstico, y luego se lo expongo a mi marido. Él *siempre* necesita pensárselo antes de tomar la decisión, y a veces dice «No» sin de verdad mirar los precios del mercado o preguntarme sobre el valor. Las últimas Navidades, vetó mi deseo de hacer una visita a la Gran Barrera de Coral mientras estábamos en Australia porque para él no valía setecientos dólares por persona. En lugar de ello, hizo una reserva con una compañía más barata, que acabó cancelando la visita en el último minuto (tenía unas valoraciones pésimas y él sabía que era un riesgo). No pensaba en mí ni en mis prioridades cuando se sentía ansioso. Ahora tenemos de un sistema en el que dispone de *una semana* para «pensárselo» o buscar una alternativa adecuada, y si yo sigo queriendo la opción más cara, dividimos el gasto a partes iguales hasta el precio de él y yo pago el resto con mis ahorros personales.

¡No pongas los ojos en blanco! Me encanta su solución singular. Cada pareja tiene sus propios hábitos y rituales. No me importa lo raro que le suene a otras personas si es justo y funciona. En este caso, Elise y David aprendieron que David necesita tiempo para pensar, pero marcaron una fecha límite y un método para pagar por las experiencias. Éste es un ejemplo de creación de reglas positivas para ayudaros a usar vuestro dinero para vivir vuestra vida de abundancia.

Sugiero tres directrices concretas para que seáis decididos cuando consideréis el dinero de forma distinta:

1. ***Determinad quién es dueño de la decisión.*** En las relaciones, es verdaderamente común que una persona esté al cargo de los gastos de los viajes y que la otra esté al cargo de los gastos domésticos. A veces necesitas de la aprobación de tu pareja, en otras ocasiones se trata de una mera cortesía y a veces no es necesario incluirla en absoluto. Antes de entrar en un largo tira

y afloja sobre si algo vale lo que cuesta, preguntaos: *¿quién es dueño de la decisión? ¿Qué nivel de implicación debo tener aquí?*

2. **Conoced vuestros números.** No podéis tomar decisiones económicas basándoos sólo en los sentimientos. Si uno de vosotros se muestra indeciso, lo justo es que el otro miembro de la pareja diga: «¿Puedes hacer números y decirme qué opinas de esto?». Esto elimina el bucle maldito de sentirse mal pero no saber por qué, y luego dar largas y volver loca a tu pareja.

3. **Elevad la conversación a vuestra visión de la vida de abundancia.** Si os enfrentáis a una decisión económica aleatoria, preguntaos: *«Encaja esto en nuestra vida de abundancia?».* Si es así y os lo podéis permitir, entonces hacedlo. Ya habéis llevado a cabo el trabajo duro de diseñar vuestra visión en el capítulo 3. No reinventéis la rueda.

Aprender a pensar más en grande

Cuando mi mujer y yo estábamos prometidos, salimos a cenar fuera con dos parejas casadas. Nos preguntaron qué estábamos planeando para nuestra luna de miel. Estábamos emocionados: habíamos planeado irnos a un safari de una semana de duración. Entonces, una de las parejas mencionó que cuando ellos estuvieron de luna de miel, se tomaron seis meses de vacaciones y viajaron por el mundo. *¿Qué?* Entonces, la otra pareja dijo: «Oh sí, cuando nosotros hicimos nuestro viaje de novios viajamos durante un año. Nos cambió la vida».

Cassandra y yo salimos del restaurante mirándonos el uno al otro. *«¿Has oído eso? ¿Quiénes son estas personas?».* Habría sido fácil para nosotros dejarlo ahí, pero habíamos estado trabajando juntos en nuestra psicología del dinero. Por lo tanto, hicimos la pregunta mágica: «¿Y si…?».

¿Qué pasaría si hiciéramos un viaje de novios largo? ¿Qué aspecto tendría? ¿Es siquiera posible? ¿Quién hace eso? ¿Cómo podríamos *nosotros* hacer eso?

Avancemos algunos meses. Habíamos hablado sobre esa conversación durante esa cena una y otra vez y jugamos al juego de «¿Qué pasaría si hiciéramos eso?». Hablamos acerca de todas las razones por las cuales no podíamos hacerlo, como nuestras agendas y el coste, además de que se trataba de una simple locura.

A pesar de las muy buenas razones para *no* hacerlo, nos encontramos más y más emocionados con la idea. Al final decidimos hacer un viaje de novios de seis semanas de duración; y como uno de nuestros diales «sí» conjunto consistía en las relaciones, se nos ocurrió la idea de invitar a nuestros padres durante parte del viaje. Les dijimos que simplemente se presentaran en el aeropuerto y que no se preocuparan de nada más. Les conseguimos unos asientos para que viajaran juntos, y cuando aterrizaron en Roma, teníamos su transporte esperándolos para que los llevara a nuestro hotel, donde teníamos toda una semana de actividades planeadas. Les llevamos a un mercado de agricultores con un chef, escogimos las verduras y luego cocinamos una comida de cinco platos juntos. Visitamos una bodega de cien años de antigüedad. Organicé una visita privada al Vaticano para mi suegra que fue especialmente importante, porque nunca pensó que llegara a tener la oportunidad de visitarlo. Cuando regresaron a casa, Cassandra y yo seguimos con nuestra luna de miel en Kenia, la India y Tailandia.

No pasa nada si no queréis viajar

Me he dado cuenta de que, cuando la gente sueña con su vida de abundancia, se obsesiona excesivamente con los viajes. La gente habla constantemente de viajar (incluso aunque no haya ido a ningún lugar en los últimos cinco años). Yo incluso proporciono muchos ejemplos relacionados con los viajes en este libro. Es, simplemente, una de esas cosas que incluimos, de forma natural, como parte de nuestra vida de abundancia.

¿Pero forma realmente viajar parte de vuestra vida de abundancia? ¡No pasa nada si no es así! Ésa es la razón por la cual os empujo a ser realmente concretos con vuestros sueños. No digáis simplemente «viajar». ¿Dónde queréis ir? ¿Durante cuánto tiempo? ¿Qué queréis hacer allí?

Si carecéis de respuestas, o si vuestras respuestas no son inspiradoras, sed honestos con vosotros mismos. Quizás no queráis viajar en este preciso momento. Puede que sí queráis hacerlo más adelante, o puede que no queráis hacerlo nunca. La idea es que creéis una visión de las cosas que *os* emocionen de verdad.

A mí, por ejemplo, no de emociona especialmente la meditación, pero me siento presionado constantemente para meditar como parte de una rutina mítica de autocuidados. No, gracias, muchachos. Creo que presionaré la tecla de actualizar otras cuatrocientas áreas de interés sobre finanzas personales, política general y políticas de vivienda en la plataforma Reddit, al igual que hice ayer.

En la otra cara de la moneda, antes de descartar los viajes, pensad en que quizás no hayáis viajado de una forma que os parezca emocionante. ¿Seguís alojándoos en hoteles económicos? ¿Seguís sintiéndoos obligados a ver las cosas usuales que ven los turistas pese a que no os importen? ¿Hay una forma de diseñar una experiencia mágica y probarla una vez? Sed honestos con vosotros mismos, y si los viajes no son uno de vuestros focos de interés en este momento, no pasa nada. Hay mucho otros diales «sí» entre los que escoger.

Echando la vista atrás, recordamos esto como uno de nuestros viajes más memorables. Subimos nuestro dial de las relaciones, decidimos gastar más en nuestra luna de miel, y generamos unos recuerdos importantes que permanecerán con nosotros por siempre. Eso es lo que pueden hacer los diales del dinero.

La alegría de ser intencionados con respecto a vuestro dinero juntos

Imaginad que estáis sobre una balsa, flotando río abajo durante un día encantador y cálido. Si el río gira a la izquierda, todos vamos hacia la izquierda. Si gira hacia la derecha, todos giramos hacia la derecha. Encuentro que esta perezosa actitud como la del río es la forma en la que la mayoría de la gente afronta las finanzas: pasivamente, sin rumbo, siguiendo la corriente. Es agradable, ciertamente, pero consiste prácticamente en esperar a que el río os lleve a algún lugar.

Con vuestro dinero, sin embargo, es más divertido que elijáis vuestros remos y que reméis en la dirección en la que queráis ir, especialmente si lo hacéis juntos. Tomar decisiones conjuntamente os ayudará a alcanzar vuestras metas más rápidamente, pero lo que es igual de importante es que os divertiréis a lo largo del viaje.

Todos iniciamos nuestras relaciones pensando en ellas como si fuéramos un equipo, pero la vida tiene una forma de ir desgastando, poco a poco, esa unión. Mi deseo es que reconectéis con vuestra visión compartida, porque por mi experiencia, las parejas que tratan el dinero como un equipo se dan cuenta de que pueden vivir una vida de mucha mayor abundancia de la que nunca hubieran creído posible, siempre que remen juntos.

Vuestra vida de abundancia importa. Tomáosla en serio. No os disuadáis de ella ni minimicéis lo que os encanta. En todo caso, hacedla mayor. Sí, os gustan algunas cosas raras: abrazadlas. Vuestros diales «sí» pueden ser como una varita mágica, ayudándoos a expandir lo que más os importa como pareja. Cuando la defináis juntos, será mucho más fácil recortar gastos despiadadamente en las cosas que no importen. Y ahí será donde estéis funcionando como una verdadera pareja.

Lista de comprobación del capítulo 4

☐ Identificad vuestros diales «sí». ¿En qué queréis gastar más? Si cuadruplicarais vuestros gastos en una casa, ¿qué especto tendría eso y cómo os haría sentir?

☐ Habla con tu pareja sobre sus diales «sí». ¿Alguno de ellos te ha sorprendido? ¿Cuáles son los diales «sí» que compartís? Diseñad un plan para incrementar los gastos en ellos ahora y a largo plazo.

☐ Identificad vuestros diales «menos». Primero volved a fijaros en vuestra visión de la vida de abundancia. ¿Qué *no* hay en ella? Eso os ayudará a identificar algunos diales «menos». A continuación, identificad dos categorías principales en las que estéis dispuestos a gastar radicalmente menos. Ahora disponéis de opciones sobre dónde recortar y redirigir el dinero hacia un dial «sí».

☐ ¡Dad un paso concreto para hacer que uno de vuestros sueños se haga realidad! Tomad un dial «sí» y elaborad un plan para convertirlo en una realidad, ya consista en ahorrar para él o en usar dinero que ya hayáis reservado.

5
Una instantánea rápida de vuestra vida económica

Averiguad vuestro patrimonio neto en treinta minutos

Odio los puzles. Cuando mi sobrina tenía cinco años, me preguntó si podía hacer uno con ella. Le dije que prefería calcular las cuotas de amortización de una hipoteca a treinta años. Me ignoró y trajo el puzle, de todos modos, lo que significó que tuve que hacer ver que disfrutaba con veinte minutos de tortura hasta que finalmente se rindió. Verla recoger ese puzle y volver a guardarlo fue el mejor momento de mi vida.

Para muchas parejas, así es como se sienten con respecto a las finanzas: como si fueran un puzle estresante y caótico de mil piezas. No está claro por donde empezar y, ciertamente, no es algo divertido.

Buenas noticias: no necesitáis montar un puzle gigante para entender vuestras finanzas. Simplemente necesitáis cuatro piezas.

Las únicas cifras que necesitáis para calcular vuestro patrimonio neto

Activos (valor actual del coche, casa, propiedades, negocio)	_____ dólares
Inversiones (plan de jubilación 401(k); no relacionadas con la jubilación: todas las inversiones)	_____ dólares
Ahorros (cuenta de ahorros, fondo para emergencias)	_____ dólares
Deudas (préstamos estudiantiles, deudas de las tarjetas de crédito, hipoteca, préstamo del coche)	_____ dólares

Estas cuatro cifras os proporcionarán una «instantánea» de vuestras finanzas, incluyendo cuánto tenéis y cuánto debéis. Todo esto, en su conjunto, representa vuestro *patrimonio neto,* que es una cifra increíblemente útil que conocer. Puede que os estéis preocupando por el dinero cotidiano, pero que estéis mucho más adelante de lo que pensabais; o puede que estéis gastando peligrosamente sin saber que vuestra deuda es demasiado elevada.

El objetivo de este ejercicio es la *velocidad,* no la precisión. No importa lo complejas que parezcan vuestras finanzas: podéis hacer esto rápidamente. Quiero que obtengáis unas cifras aproximadas en un papel rápidamente (activos combinados, inversiones combinadas, ahorros combinados, deudas combinadas) y que no os preocupéis por ser 100 % precisos. Estimar dentro de un rango de diez mil dólares está bien. Siempre podéis afinar las cifras más adelante.

He visto que algunas personas se resisten al aspecto «aproximado» de este ejercicio. Nos vemos agobiados por el dinero, pero cuando tenemos la oportunidad de simplificar nuestras finanzas, no podemos escapar a la necesidad de complicar excesivamente las cosas. Eso se debe a que nuestro cerebro está programado para la precisión, así que cuando vemos cualquier cosa que tiene que ver con las matemáticas o los números, nos transportamos a nuestras clases de álgebra de octavo de primaria, en las que teníamos que acertar completamente con los números. ¡Basta ya! *Para esta sección, unas cifras aproximadas están bien.*

Desglosemos cada apartado de vuestro patrimonio neto.

Activos. Éste es el valor actual de vuestro coche, casa y cualquier otra propiedad o negocio que tengáis.

- ¿Por cuánto se vendería vuestra casa si la pusieseis a la venta hoy? Si no estáis seguros, entrad en alguna página web de inmobiliarias, introducid vuestro código postal y usad eso como la mejor aproximación. No incluyáis ninguna deuda todavía (ya haremos eso después).
- Lo mismo se aplica para vuestro coche: el nivel de rigor que estoy buscando aquí es que busquéis en Google, introduciendo la marca, el modelo y el año de vuestro vehículo y viendo por cuánto se venden otros coches similares. Podéis descontar quinientos dólares por esa vez que se os cayó un vaso de zumo sobre el asiento del acompañante.
- Si tenéis algún activo especial, como joyas u obras de arte, sentíos con la completa libertad de incluirlas en esta sección, pero como no estamos en *El gran Gatsby,* dudo que esto se aplique para la mayoría de la gente.
- No incluyáis unos activos «futuros», como una prima esperada o una herencia prevista (la tía Margaret podría vivir hasta los ciento diez años). Adoptar una perspectiva conservadora significa que contaréis sólo el dinero que tenéis realmente. Queréis desarrollar vuestro documento económico de una página asumiendo lo peor (no lo mejor), porque entonces, cualquier sorpresa que os llevéis será positiva.
- Toda la sección de los «activos» no debería llevaros más de cinco minutos. Obtened una cifra aproximada y seguid adelante.

Inversiones. Esto incluye vuestras cuentas de jubilación y cualquier otra inversión que tengáis, como una cuenta de ahorros para gastos médicos, fondos indexados o fondos mutuos, o incluso acciones bursátiles. Si es una inversión, su lugar es éste.

- Sí, vuestras cuentas de jubilación, como un plan de jubilación 401(k) y las cuentas de jubilación personal Roth, cuentan. Lo digo dos veces porque ésta es una de las preguntas más frecuentes que me hacen. ¡Las cuentas de jubilación son cuentas de inversión!
- Algunas personas tienen opciones de compra de acciones. Personalmente, no las incluyo hasta que no se transforman en dinero real en el banco, pero eso es cosa vuestra. (Una vez más, os animo a ser conservadores en vuestros cálculos, razón por la cual yo no las tendría en cuenta). Las unidades de acciones restringidas son otra categoría en la que deberíais hacerlo lo mejor que podáis para estimar su valor.
- Recordad no quedaros atascados con las minucias. Unos pocos miles de dólares aquí o allá no suponen ninguna diferencia en esta etapa.

Ahorros. Son distintos de las inversiones. Se trata del dinero líquido que tenéis ahorrado al que podríais tener acceso mañana. Incluyen el dinero que hay en vuestra cuenta de ahorros bancaria, vuestro fondo para emergencias y cualquier ahorro reservado para adquisiciones futuras concretas (como, por ejemplo, el anticipo para una vivienda). Esto *no* incluye el dinero en cuentas para la jubilación.

- Podéis, técnicamente, añadir vuestra cuenta corriente a esta categoría. No importa realmente, ya que la mayoría de la gente no tiene demasiado dinero en su cuenta corriente.

Deudas. Esto incluye las deudas de las tarjetas de crédito, los préstamos estudiantiles, los préstamos para los coches, vuestra hipoteca y cualquier préstamo personal.

- Es de utilidad desglosar estos préstamos según su tipo (por ejemplo, un préstamo estudiantil frente a las deudas de las tarjetas de crédito) para tener una rápida visión general de las categorías de vuestras deudas. Por ejemplo, así: 56 000 dólares de deuda total (48 000 dólares de hipoteca, 2000 de las deudas de las tarjetas de crédito y 6000 dólares de préstamo estudiantil).

PASO 1: Id a lo más fácil

Tomad un folio, dividildo en cuatro partes, etiquetad cada cuadrante (Activos, Inversiones, Ahorros y Deudas) y anotad las cuentas que debéis examinar para cada sección. Quizás podáis despachar una de las secciones sin pararos mucho a pensar. Si, por ejemplo, vivís de alquiler en vuestro apartamento y no tenéis coche, puede que vuestros activos sean cero. ¡Ya hemos acabado con esa sección! Si no tenéis deudas de las tarjetas de crédito, ni préstamos estudiantiles y conocéis la cuantía de vuestra hipoteca, es fácil conocer la deuda. Id a lo fácil primero y seguid avanzando.

PASO 2: Acceded a todas vuestras cuentas juntos…
y despacio

Quiero que tu pareja y tu hagáis esto juntos. Reservad algo de tiempo, recopilad vuestros nombres de usuario y contraseñas y preparad un par de tazas de té. No tratéis esto como una lista de verificación en la que marcar ítems. Id tranquilamente, tomaos un minuto para respirar y reflexionad sobre lo que os muestran las cuentas. Haceos preguntas el uno al otro: «¿Qué piensas de esa cifra?». «¿Estás sorprendido con ella? ¡Yo lo estoy!».

Lo que nos detiene en este paso

«No me sé la contraseña».

Es sorprendente, pero esto es lo que evita que la mayoría de las parejas generen la instantánea de sus finanzas. Tomaos vuestro tiempo, pero quiero que accedáis a estas cuentas. Restableced vuestra contraseña si es necesario (y usad, idealmente, un gestor de contraseñas de modo que eliminéis este problema mientras avanzáis). Ten paciencia contigo mismo y con tu pareja.

«Hacer eso nos va a llevar una eternidad porque tengo un plan de jubilación 401(k) con la multinacional de servicios financieros Fidelity y uno nuevo con la sociedad de corretaje y banca Schwab».

Cuando tengo tareas que me hacen entrar ganas de arrancarme los ojos, me gusta dividir el proceso en dos partes. Aquí tenemos cómo haría esto: el primer día recopilaría toda la información sobre vuestras cuentas, incluyendo los nombres de usuario y las contraseñas. Al día siguiente acceded a las cuentas y anotad las cantidades. Si yo no lo dividiera así, me volvería loco cuando viera que no puedo acceder a tres cuentas consecutivas y empezaría a maldecir a Fidelity.

«Desconozco el valor exacto de las opciones que poseo y que forman parte de mi remuneración porque todavía no he adquirido los derechos».

No estamos intentando hacer un análisis del flujo de efectivo descontado de tus unidades de acciones restringidas, friquis. Una estimación aproximada está bien. Si os encontráis calculando algo más complicado de lo que podría calcular un niño de sexto de primaria, habéis tomado una dirección errónea. ¡Hacedlo sencillo!

Generad sentido de lo mundano. Quizás estéis desempolvando estas cuentas después de años. Probablemente estaréis mirándolas juntos por primera vez. Sed amables el uno con el otro.

Los sufridores y los evasivos puede que se den cuenta de que se están poniendo físicamente tensos, intentando, inconscientemente, cambiar de tema o incluso saboteando todo este proceso. Si ves que a tu pareja le está costando, dale las gracias y anímala. La realidad es que estar estresado forma parte del proceso para prácticamente todo el mundo. *Quiero* que sintáis algo de tensión en estas conversaciones y que entonces trabajéis al respecto, porque estáis desarrollando las habilidades para manejar cifras cada vez más grandes como equipo.

Si se vuelve demasiado agobiante, recordad que no tenéis por qué hacerlo todo el primer día. Tomaos un descanso. Regresad al día siguiente, pero regresad juntos.

Aquí tienes qué decir si tu pareja quiere largarse: «Seguro, terminemos con ello. Quiero que nos sintamos bien con respecto a esto, y agradezco hablar de esto hoy. Retomémoslo más adelante esta semana».

Tiene mucha importancia que cuides de tu pareja así. El objetivo es mejorar en cuanto al tema del dinero *juntos*. Con la empatía se llega muy lejos.

Una última cosa, y esto es importante. Cuando era más joven, habría intentado llegar hasta el final con este paso. Superar todas las cosas que había que hacer tan eficientemente como fuera posible hubiera supuesto un motivo de orgullo («¡Lo he hecho bien!»), pero eso hubiera sido un error. La idea no consiste en ser eficiente, sino en desarrollar una vida de abundancia juntos. Al igual que desarrollar cualquier tipo de relación importante, eso lleva tiempo y compasión. Desearía poder haberme desprendido de mi actitud de «eficiencia» y haber hecho uso de mi actitud de «significatividad». Espero que hagáis eso ahora.

PASO 3: Haz los cálculos matemáticos (fáciles)

Una vez que tengáis una cifra total en cada cuadrante, es fácil calcular vuestro patrimonio neto. Eso es en todo lo que consiste este ejercicio.

Sumad los activos, las inversiones y los ahorros. Restad las deudas. Ése es vuestro patrimonio neto.

ACTIVOS

+ INVERSIONES

+ AHORROS

- DEUDAS

EL TOTAL ES VUESTRO PATRIMONIO NETO.

Si la cifra es positiva, ¡genial!

Si la cifra es negativa, no os preocupéis. Muchas parejas tienen un patrimonio neto negativo después de incluir sus deudas. Las cifras no significan que seáis buenas o malas personas, sino que no son más que números que reflejan vuestras finanzas actuales. Nos ocuparemos de eso.

Ahora celebrad vuestros logros y proporcionaos una pausa del hablar de dinero durante un par de días. Habéis hecho mucho.

¿Qué pasa si mi pareja sigue sin estar interesada en esto?

Una lectora llamada Krystal, que recientemente se volvió muy motivada por las finanzas, ha estado luchando para que su marido se suba a bordo. Escribió esta nota:

> He aprendido que es increíblemente difícil poner tus finanzas en orden cuando has estado haciendo las mismas cosas disfuncionales con respecto al dinero durante muchos muchos años, y cuando un miembro de la pareja (yo) está completamente subido a bordo y el otro no. Le está llevando, simplemente, mucho más tiempo cambiar de opinión con respecto a estas ideas, mientras que yo estoy lista para involucrarme y ocuparme de todas, por lo que, sencillamente, he tenido que tomar las riendas y tirar de él para llevar a cabo la mayoría de los cambios.

Tener que estirar de alguien simplemente no funciona. Krystal ha pensado en su vida de abundancia y ha trabajado en pro de ella, pero su pareja no lo ha hecho, y no es sorprendente que ella esté frustrada.

Apuesto a que si pudiera viajar al pasado y decirle a la Krystal de hace cinco años: «Oye, tienes que amortizar las deudas de tus tarjetas de crédito, automatizar tus ahorros e incrementar tus inversiones agresivamente», ella hubiera puesto los ojos en blanco y me hubiera

126

ignorado. Ahora ella está intentando hacer lo mismo con su marido, y él se está resistiendo.

Krystal se encuentra en un lugar distinto que él. Ella está centrada en acumular unos ahorros para emergencias (cosa que su marido cree que no es necesaria) y ahorrar para unos objetivos de la vida de abundancia, incluyendo un viaje a París con su hija en un par de años, cosa que describe con detalles gráficos: «Quiero visitar el Louvre con ella, ver la Torre Eiffel, pasear por tiendas francesas elegantes y beber café francés fuerte mientras me como un cruasán auténtico en la terraza de un café». Sin embargo, su marido no ha pasado por la misma travesía que ella.

La dura realidad es que cada cual tiene que pasar por su propio proceso para priorizar una vida de abundancia. A algunos miembros de las parejas puede que les lleve un tiempo. Puedes ayudar a tu pareja haciéndole preguntas no críticas centradas en sus intereses, y *no* en lo que «necesitan» hacer. En este caso, le recomendaría a Krystal que introdujese estas amables preguntas a lo largo del transcurso de varias conversaciones con su marido:

- «¿En qué lugar crees que nos encontramos con respecto a nuestro dinero?».
- «Si pudieras cambiar algo, ¿qué sería?».
- «Si seguimos en este camino, ¿dónde crees que nos encontraremos en un año? ¿Dónde te gustaría estar?».

Un baño de realidad:
¿Has pedido ayuda?

A veces nos contamos cuentos sobre cómo estamos remando solos en la barca sin haberle *pedido*, en verdad, a nuestra pareja que participe. Decimos...

▶ «Mi cónyuge nunca querrá ocuparse de las finanzas conmigo».
▶ «Siempre recae sobre mí».
▶ «Imagino que soy la persona que se encarga del dinero en la familia».

A veces, estas historias son ciertas, y a veces no. Pregúntate: «¿He pedido ayuda de una forma clara y amistosa?». «¿Me estoy "olvidando" de algo?». «Si alguien estuviera fijándose en mi vida, ¿diría lo mismo?». Puede que tu pareja no muestre tanta resistencia como crees, y puede que sí. Asegúrate de que las historias que te cuentes a ti mismo reflejen la realidad.

Una vez que estés en terreno firme (con tu pareja dándose cuenta de que también *querría* que algo cambiara), tendrás permiso para decir: «De acuerdo, ¿qué crees que deberíamos hacer?».

Si empleas la fuerza bruta en este proceso, estarás tirando de tu pareja el resto de tu vida, pero una vez que llegue ahí por su cuenta, y que los dos estéis remando en la misma dirección, podréis recuperar rápidamente el tiempo perdido.

Ahora que conocéis vuestro patrimonio neto, vamos a dejar las cifras de lado y a centrarnos un poco en vuestra dinámica relativa al dinero. Luego regresaremos a los números.

Lista de comprobación del capítulo 5

- ❑ Organiza una cita con tu pareja para una sesión para acceder a vuestras cuentas (del banco, de las tarjetas de crédito, de vuestras cuentas de jubilación y de cualquier otra cuenta de inversión, préstamos, y todo lo demás). Anotad todas las cifras.
- ❑ Añadid vuestros ahorros, activos e inversiones, y restad vuestras deudas: ése es vuestro patrimonio neto. Hablad de lo que descubráis. ¿Cómo os hace sentir esta cifra? ¿Cómo podéis usarla para dar pasos positivos hacia vuestra vida de abundancia?
- ❑ Si tu pareja muestra resistencia, aprémiala amablemente a que se una a ti en el proceso de descubrimiento. «¿Qué piensas sobre dónde nos encontramos con nuestro dinero?».

6
Cambiar vuestra dinámica con el dinero

Cómo hablar del dinero sin pelearse, atascarse o rendirse

Cuando era adolescente, fui a un espectáculo de magia con mi madre (lo que, mientras estoy escribiendo esto, me hace darme cuenta de lo zoquete que era).

Maldita sea, ese mago era habilidoso. Le hacía a personas aleatorias del público unas preguntas, y luego integraba sus respuestas en el espectáculo sin vacilar. Estaba hablándole a la gente y luego hacía subir a una persona al escenario, todo ello mientras hacía unos juegos de manos increíbles que ninguno de nosotros podía explicarse. Parecía auténtica magia.

Hoy, décadas después, comprendo qué estaba pasando. En mi pódcast, mis invitados suelen sentir como si pudiera leerles la mente, especialmente cuando predigo las frases exactas que usan el uno con el otro en privado. Para la persona con la que estoy hablando, eso le parece magia; pero en realidad ya lo he visto antes: he formulado la misma pregunta una y otra vez a miles de personas y ahora puedo hacer predicciones que parecen increíbles. No lo son. Son, simplemente, patrones que la mayoría de nosotros mostramos.

Por ejemplo, cuando pregunto: «¿Cuál es tu vida de abundancia?», la respuesta es prácticamente siempre la misma: «Quiero hacer *lo* que quiera *cuando* quiera».

Cuando le pido a alguien que desarrolle en qué le encanta gastar dinero, eleva las cejas, se le iluminan los ojos y esboza una sonrisa prácticamente todas las veces.

Y cuando pregunto por qué tienen ciertas creencias sobre el dinero (como quién debería pagar cuando se tiene una cita), se quedan visiblemente sorprendidos. Sus respuestas empiezan con lógica («Él gana más, así que él debería pagar más...»), pero si los azuzo, frecuentemente dicen: «Bueno, así es como crecí».

Eso es honesto. Nuestra crianza y educación nos proporcionan un modelo poderoso e inconsciente con respecto a cómo pensamos acerca del dinero, y asienta ciertas expectativas. Rara vez nos damos cuenta de la profunda impronta que deja esto. Es algo que no se ve, no se cuestiona y que frecuentemente está latente en nuestro interior, hasta décadas después, cuando estamos discutiendo con nuestra pareja sobre un gasto aleatorio que de repente se vuelve existencial.

Ya hemos examinado nuestra propia psicología con respecto al dinero en el capítulo 2. Ahora vamos a examinar vuestra dinámica con el dinero como pareja, que es la forma en la que los dos os relacionáis con el dinero juntos. En muchas relaciones, la dinámica con el dinero es como un tercer miembro invisible de la pareja: está tu psicología relativa al dinero, la psicología del dinero de tu pareja y la dinámica de cómo los dos os comunicáis en cuanto al dinero.

Mucho de esto pasa desapercibido, incluso para las parejas que llevan décadas juntas. Si, por ejemplo, tenéis ciertas expectativas sobre en qué tipo de casa deberíais vivir, o con qué frecuencia viajar, no será de extrañar que os peleéis por el dinero. La mayoría de nosotros nunca compartimos nuestras expectativas en voz alta. Estos deseos no expresados forman parte de una «lista de deseos secretos» de la que tu pareja quizás no sepa nada. Muchos de nosotros esperamos que nuestra pareja haga ciertas cosas cuando se trata del dinero, pero nunca decimos exactamente qué, porque quizás ni siquiera nosotros mismos seamos conscientes de ellos.

Echa un vistazo a las frases que aparecen a continuación. ¿Te suena familiar alguna de ellas?

- *Quiero que él/ella participe de nuestras finanzas, incluso aunque sólo sea una vez. Parece como si yo tuviera que hacerlo todo.*
- *Quiero que piense a largo plazo antes de que haga otra compra impulsiva.*
- *¡Quiero que deje de ser tan tacaño/a!*
- *Quiero que planifique unas vacaciones y que no me deje esa tarea a mí, como siempre.*
- *Quiero que elabore un plan financiero para nuestra familia. ¿Qué estamos haciendo? ¿Cuándo vamos a jubilarnos? ¡LO QUE SEA!*

Guiones invisibles sobre el amor y el dinero

En el capítulo 2 he hablado de los guiones invisibles, las convicciones que albergamos tan profundamente que ni siquiera somos conscientes de que las tenemos. Ahora piensa en esto: ¿qué guiones invisibles tocantes al dinero tenéis en vuestra *relación*? ¿Sigue tu pareja los mismos guiones invisibles? ¿Qué haría falta para reescribir esos guiones?

Aquí tenemos algunos de los guiones invisibles más comunes sobre el amor y el dinero que escucho a las parejas:

- ▶ «Hablar de dinero no es romántico».
- ▶ «Es normal pelearse por el dinero. El dinero es estresante».
- ▶ «Él, simplemente, no es una persona que se encargue del dinero».
- ▶ «Yo lo gano y ella se lo gasta».
- ▶ «No necesito mucho, pero parece como si él/ella siempre estuviese gastando dinero en algo. Por ejemplo, ¿realmente necesitamos otro juguete para los niños?».
- ▶ «¿Vida de abundancia? Simplemente estamos intentando pagar nuestras facturas».
- ▶ «Probablemente arrastraremos nuestra deuda hasta el día que muramos».

Casi nunca hablamos de nuestras expectativas con franqueza. ¿Cómo podríamos hacerlo? ¡Rara vez siquiera sabemos lo que queremos! Y no pasamos el tiempo con una lupa analizando nuestras relaciones y buscando formas sistemáticas de mejorar: «De acuerdo, necesitamos un cambio. Déjame analizar lo que ha ido mal e intentarlo con otra cosa».

No, es mucho más común que suspiremos y digamos: «Uf, esto no está funcionando. ¡Sigamos haciéndolo veinticinco años más!».

Por lo tanto, introducimos unos sentimientos incómodos en comportamientos como discutir sobre cuánto estamos gastando en la tienda de comestibles, lo que a lo largo de los años se convierte en unos patrones profundos y rutinarios. Cambiar nuestros propios patrones ya es lo suficientemente difícil, pero modificar una dinámica en una relación de pareja es incluso más difícil. Pelearse es algo familiar, reconfortante y, después de todo, ¿qué otra cosa podemos hacer? ¡Lo hemos intentado todo!

En este capítulo voy a mostraros estrategias que podéis usar en este preciso momento para detener las peleas y desarrollar una relación sana con el dinero.

Tres dinámicas de pareja comunes y cómo cambiarlas

Sí, podéis cambiar la dinámica de vuestra relación. Si has estado intentando, sin éxito y desde hace años, hacer que tu pareja hable del dinero, puedes modificar eso. Si el dinero siempre parece «pesado», o si habláis y habláis y nunca llegáis a ningún sitio, también podéis cambiar eso.

Empecemos tomándonos nuestra dinámica de pareja en serio. La mayoría de nosotros reconocemos que hay una parte de nuestra relación que queremos mejorar, pero cuando entramos en el intríngulis de lo que llevaría cambiar eso, tenemos el peculiar hábito de minimizar el asunto:

Pareja: Nuestros desacuerdos sobre el dinero son un diez sobre diez. Incluso hemos hablado de separarnos.

Ramit: ¿Podéis decirme qué creéis que está pasando?

Pareja: Bueno…, quiero decir… No es realmente tan malo. Nos peleamos por el dinero a veces. Ni siquiera lo llamaría pelea…, es más como un desacuerdo. Ciertamente, no es tan grave como en el caso de otras personas… En realidad, creo que sólo necesitamos un presupuesto.

Ramit: *(Se queda mirando incrédulo).*

Esta situación (en la que una pareja tiene un problema destructivo y existencial, pero siempre que empieza a hablar sobre hacer un cambio le resta importancia de inmediato) es tan común que la llamo la paradoja de minimización del dinero. Preferimos ceñirnos a una mala dinámica que conocemos que intentar cambiar a algo potencialmente mejor pero desconocido. En otras palabras, «Más vale malo conocido que bueno por conocer». El antídoto contra la minimización consiste en adoptar una postura clara sobre lo que sucederá si no cambiáis: «Nos quedaremos sin dinero en ocho meses», o «Nos pelearemos por el dinero durante todo nuestro matrimonio», o «Nuestros hijos captarán nuestro estrés por el dinero y se sentirán de la misma forma a medida que crezcan». Determinad unas posturas concretas y reales sin minimización. *Entonces* estaréis listos para hacer un cambio.

Guiones iniciales para evitar las peleas más comunes relativas al dinero

Gastar excesivamente

En lugar de esto: «Oh, Dios mío, ¿has comprado eso de verdad? ¿De dónde va a salir el dinero?».

Decid esto: «Me he dado cuenta de que he entrado en el patrón de sermonearte sobre por qué necesitamos ahorrar. No creo que eso esté funcionando. ¿Lo crees tú? [No]. ¿Podemos dar un paso atrás y decidir juntos qué queremos que haga nuestro dinero por nosotros?». *(Véase* más sobre gastar excesivamente/derrochar en el capítulo 8, apartado «Comprender el gasto excesivo/derroche).

Repartirse el trabajo financiero

En lugar de esto: «¡Nunca quieres que nos sentemos y planifiquemos nuestras vacaciones! Ésa es la razón por la cual acabamos gastando tanto en los billetes de avión y tenemos que alojarnos en unos hoteles horribles».

Decid esto: «He hecho una lista de las cosas de las que he estado al cargo en nuestras finanzas en las últimas dos semanas, y de las cosas de las que has estado al cargo tú. Esta lista no me parece justa. Quiero hablar de reconfigurar nuestras responsabilidades. ¿Puedes hablar de ello el martes o el jueves por la tarde?».

Malcriar a los hijos

En lugar de esto: «¡Eres incapaz de decirle que no a los niños! Los malcrías. No tienen autocontrol, igual que tú».

Decid esto: «Hagamos una lista de los valores relativos al dinero que queremos enseñarles a nuestros hijos. ¿Cuáles están ya aprendiendo de nosotros? ¿Cuáles queremos que aprendan?».

Asumir la responsabilidad de los retos económicos

En lugar de esto: «Estás enterrando tu cabeza en la arena. ¿Por qué siempre tengo que ser yo el/la responsable?».

Decid esto: «Me hace sentir solo/a tener que pensar en esto por mi cuenta. Te quiero, y quiero tener a mi pareja en esto».

Este libro se ocupa de cambiar vuestro enfoque con respecto al dinero, pasando de la defensa al ataque, lo que requiere de recalibrar vuestra dinámica de comunicación. Para vivir una vida de abundancia, debéis ser honestos: con vosotros mismos y con la gente a vuestro alrededor.

Para ayudaros a identificar vuestra dinámica, aquí tenemos tres dinámicas comunes (y poco sanas) que veo todo el tiempo en mi trabajo con parejas, junto con mi consejo para cambiarlas.

LA DINÁMICA DE LA COMEDIA DE SITUACIÓN

Todos conocemos a alguna pareja que ha estado peleándose durante años, pinchándose, discutiendo y cotorreando. Su comportamiento usual es acelerado, mareante y a veces entretenido, pero al cabo de un rato es incómodo. Al principio acaban las frases el uno del otro y explican grandes historias. Puedes adivinar que están jugando a este juego juntos, burlándose el uno del otro, y es bastante agradable al principio.

Pero si miras en mayor profundidad, verás que los dos están interpretando un papel. Frecuentemente, estas parejas no han mantenido una conversación realmente genuina sobre el dinero en décadas. Echemos un vistazo a un ejemplo.

Michelle y Eric (del episodio número 58 de mi pódcast), que han pasado por algunas épocas económicamente difíciles, han estado repitiendo el mismo diálogo durante los últimos veinticinco años. «Somos como los Costanza, los padres de George en *Seinfeld* –dice Eric–, discutiendo como dos niños pequeños, de acá para allá y de un lado a otro».

Michelle creció siendo rica, y hoy día, espera que su marido la mantenga. Eric gana 55 000 dólares anuales y siente que no puede darle a su mujer el estilo de vida que desea. Esta dinámica ha estado causando conflictos desde hace décadas, y ahora, en su cincuentena, los dos sienten que se les ha pasado el momento para invertir y jubilarse cómodamente, y que quizás tengan que seguir trabajando hasta que fallezcan.

Esto se pone de manifiesto en forma de un cotorreo airado y entretenido, un festival de la discusión que a veces explota. Hablando como alguien que no disfruta especialmente de esta dinámica (y que rara vez la ve entre sus parejas de amigos), quedé sorprendido por parte de la conversación. Aquí tenemos un momento de nuestra sesión:

Ramit: Eric, ¿cuándo fue la última vez que recuerdas hablar de dinero con Michelle?

Eric: El tema surge de vez en cuando, pero es muy superficial. No profundizamos. Cada vez que intento hablar de ello con Michelle, ella simplemente me rechaza. Ella dice algo así como: «Yo controlo esto. Deja de meter la pata».

Michelle: Eso no es del todo cierto. Tú nunca has dicho: «Sentémonos y hagamos esto», o en todo caso lo haces durante treinta segundos y luego no vuelve a surgir durante tres años.

Eric *(dirigiéndose a mí):* Así que ves con lo que estoy lidiando ahora.

Date cuenta de lo actoral que es esto. Arman la broma y luego se dirigen a mí para obtener unas risas. Eric «mira a la cámara» y hace un comentario que nos provoca una mirada de exasperación. Están interpretando un papel para el público. Llegado un cierto momento, es obvio que en realidad no están hablando el uno con el otro, sino que están interpretando un personaje.

Le pregunto a Michelle y a Eric si les gusta esta dinámica.

—¡No! –dicen ambos–. Queremos cambiar.

Así pues, ¿por qué sigue sucediendo esto con casi tres décadas de relación? Les hago una pregunta sencilla:

—¿Qué sacáis de esta dinámica?

(La primera respuesta a esta pregunta siempre es: «No lo sé», o «Nada». Por lo tanto, retrocedo delicadamente: «Lo sabéis. Pensad en ello». Entonces espero. La siguiente respuesta siempre es la verdad).

Eric responde:

—Creo que simplemente nos sentimos cómodos riñendo. Me hace no sentirme tan mal con lo que sucedió en el pasado… y como si tuviera razón, por una vez.

Ahí lo tenemos. La verdad: *tener la razón nos hace sentir bien.*

¿Y qué sucedió en el pasado? Una bancarrota, unas expectativas opuestas sobre el tipo de vida que debían llevar y años evitando conversaciones sinceras. En lugar de crear una visión compartida de su vida, se han retirado hacia los lados opuestos del *ring,* luchando por tener la razón y convirtiéndose gradualmente en adversarios, no en compañeros.

Lo peor de todo es que sus disputas generan una falsa sensación de logro: pese a que «ganar» una interacción parece un éxito, de hecho, les mantiene atascados. Generando la *impresión* de que están ocupándose del dinero, estas peleas han distraído completamente a Michelle y a Eric de la planificación de su futuro durante décadas. Ambos se han puesto una máscara para evitar conversaciones incómodas sobre lo que de verdad esperan y anhelan.

Conclusión: La dinámica de la comedia de situación es una máscara para tapar un dolor auténtico. Es una forma de enterrar emociones incómodas (frecuentemente una falta de control) y de que sintáis que estáis avanzando, cuando en realidad no lo estáis haciendo. Puede que uno de vosotros gane esta discusión, pero habéis perdido en el objetivo principal de ser una pareja.

Qué hacer: Pregúntate: «¿Qué obtengo de esta dinámica con mi pareja? ¿Qué estoy evitando con las riñas? ¿Qué emociones estoy ocultando cuando nos pinchamos el uno al otro por pequeñas cosas?».

Me encanta la idea de las máscaras, porque todos las llevamos puestas en todo momento, y comprendemos, intuitivamente, que podemos ponernos máscaras y quitárnoslas. Fíjate en la dinámica de vuestra relación como en una máscara que podéis quitaros y examinar. Una vez que veáis su forma y sus dimensiones (por ejemplo, sarcástica, evasiva o basada en el miedo) quizás decidáis «quitaros» esa máscara y reemplazarla por otra.

Recordad que el simple hecho de que ésta sea la forma en la que habéis hablado siempre del dinero no significa que ésta sea la forma en la que debáis seguir comunicándoos. Lo importante es reconocer la dinámica en la que habéis caído y decidir que no os está sirviendo (probad con: «Quiero hacer un cambio. Pienso que podemos hacerlo mejor en nuestras conversaciones sobre el dinero, y tengo una idea»). Entonces hablad del tipo de dinámica que os gustaría crear juntos.

LA DINÁMICA DEL PERSEGUIDOR Y EL EVASIVO

Si has comprado este libro, es probable que seas un perseguidor o cazador y que hayas estado corriendo detrás de tu pareja, que es evasiva, intentando hacer que hable del dinero durante toda vuestra relación. En eso consiste esta dinámica: el perseguidor y el perseguido, como el Coyote y el Correcaminos.

Vuestros modelos financieros a seguir

¿A quién admiras que tenga dinero? En una ocasión entrevisté a un miembro de las Fuerzas de Operaciones Especiales de la Marina de EE. UU., que me dijo que había creado una especie de «*dojo* mental» lleno de mentores a los que recurría en busca de consejo. Se trataba, puramente, de su propia creación intencionada: algunos de estos mentores estaban vivos, y otros habían fallecido hacía mucho. Su *dojo* mental era, simplemente, una disquisición teórica para aprender de la gente a la que admiraba en secreto.

¡Pruébalo! Piensa, por ejemplo, en alguien a quien respetes y que tenga dinero: ¿se compraría un coche si tuviera deudas en sus tarjetas de crédito? ¿Cómo gestionaría que un hijo pequeño le pidiera un juguete caro? ¿Qué palabras emplearía cuando quisiera hablar de dinero con su cónyuge?

Lo que resulta interesante es que más de la mitad de las parejas con las que hablo se quedan sin palabras con la pregunta de a quién, que tenga dinero, admiran. Cuando carecen de modelos a seguir en cuanto al dinero, ¿acaso es una sorpresa que tengan dificultades con él?

Al buscar modelos financieros a los que seguir, pensad en vuestros amigos con una relación o en vuestra familia extensa; y si no podéis encontrar a nadie entre ellos, pensad en los personajes de un programa televisivo o del cine (yo, a veces, empleo al capitán Picard, de *Star Trek*, por cuestiones de liderazgo). Podría tratarse de cualquiera que quieras. Entonces pregúntate: «¿Qué haría esa persona o pareja? ¿Cómo describiría yo la forma en la que piensa o piensan en el dinero? ¿Si él/ella o ellos estuvieran en mi situación, cómo enfocaría(n) una decisión a la que me estoy enfrentando?».

Lo que estás haciendo con estas preguntas es crear nuevas «rutinas» en la forma en la que piensas acerca del dinero. También me gusta este enfoque porque a veces es más fácil comunicarse con otra persona que ponernos en contacto con nosotros mismos. ¿Qué haría una pareja si estuviera pensando, por ejemplo, en comprarse un nuevo todoterreno urbano? Bueno, probablemente se sentarían, anotarían en detalle el coste total del ser propietarios del vehículo (*véase* el capítulo 8, recuadro «Tres letras que harán cambiar la forma en la que te fijas en el dinero: CTP») y hablarían de ello:

—*Crees que podemos permitirnos esto?*

—*No. Creo que probablemente deberíamos esperar un año y luego volver a hablar de ello.*

Probadlo.

El perseguidor está desesperado por algún tipo de participación en las finanzas, para que así la sensación sea más la de un equipo, pero su pareja ni siquiera quiere hablar de dinero. El perseguidor lo ha intentado todo: ser agradable, ser severo, traer a colación el tema del dinero en un momento distinto del día. Nada funciona. E incluso si tiene éxito, sólo es momentáneo, con su pareja, el evasivo, aportando un esfuerzo poco entusiasta, antes de regresar a su habitual papel de indiferencia.

El perseguidor puede que incluso sienta que es él el culpable. Puede que piense: «Si sólo pudiera dar con la forma adecuada de enfocar esto», o «Sé que a veces me pongo furioso... ». Y eso tiene sentido, porque el perseguidor es, frecuentemente, un enorme plomazo. Está ansioso. Se preocupa constantemente; y su pareja no quiere formar parte de esto. (Todo esto es, por supuesto, injusto, porque el perseguidor generalmente se ha visto empujado a asumir este papel en contra de su voluntad).

Aquí tenemos un ejemplo: Lily y Sean, que ganan, en conjunto, 140 000 dólares anuales, se extralimitan, con mucho, en sus costes fijos. Lily soporta el estrés y gestiona el dinero sola. Sean describe lo que siente cuando Lily saca el tema del dinero: «Puedo sentir cómo me desconecto. Es como si pensara: "Esto otra vez no, por favor", y simplemente me distancio y pienso en alguna otra cosa».

Describen su dinámica en mayor detalle:

Lily: No quiero echar las culpas a Sean, pero si intento hablar de dinero o hacer que colabore conmigo en una decisión, se le vidrian los ojos y se aparta. Por lo tanto, me he sentido bastante sola, y luego me siento un poco culpable porque como soy la que está al mando, en este caso es mi culpa.

Sean: Es duro porque ella lleva las riendas con las finanzas en cuanto a pagar las facturas y todo lo demás, y cuando hablamos de finanzas siempre es sobre una decisión imposible para la que realmente no hay respuesta, como por ejemplo en qué podemos gastar menos; pero Lily está al tanto de todo: hace un excelente trabajo.

¿Le gusta a Lily esta dinámica en la que tiene que ir detrás de Sean? ¡No! ¿Acaso le gusta a alguien? ¡Claro que no! Una de las tragedias que tenemos aquí es que el perseguidor está atrapado en un ciclo creciente de querer una participación más compartida en las finanzas, no obtenerla y luego volverse cada vez más agresivo, lo que hace que el otro miembro de la pareja se aleje todavía más. Esto está bien documentado en la dinámica del perseguidor y el distanciador, que los terapeutas observan regularmente.

Date cuenta también de lo que Sean está haciendo aquí: está empleando una estrategia para desviar la atención y su responsabilidad. A veces es consciente, y otras veces inconsciente, pero pase lo que pase, tiene el mismo efecto: puede seguir evitando el tema del dinero. Lily intenta, desesperadamente, pasarle la patata caliente de la responsabilidad, y él se la devuelve. Como puedes ver, el miembro de la pareja que es perseguido se vuelve evasivo, casi resbaladizo.

Para el perseguidor, esto puede parecerle desconcertante. Abandonará una conversación diciendo cosas como: «He intentado hablar con él sobre seguir nuestro plan, ¿y ahora *yo* tengo deberes? ¿Qué acaba de pasar?». Entonces, el perseguidor redobla sus esfuerzos, lo que hace que el evasivo se muestre todavía más huidizo. Esa dinámica se perpetúa durante años. Se generan rutinas. Ambas partes llegan a estar resentidas entre sí y el dinero se convierte en un enorme desencadenante de peleas.

Con el tiempo, el perseguidor seguirá haciendo todo el trabajo duro y al final estallará con un problema pequeño. Esto le proporciona al evasivo la oportunidad de reaccionar con indignación y concluir que había tenido la razón todo el tiempo: «¿Lo ves? Siempre estás estresado por el dinero. ¡No es normal que pierdas los estribos por cinco dólares en un McDonald's!». Esta estrategia le proporciona algunos meses más de pasividad, que es todo lo que quiere. Los evasivos harán lo que sea para evitar hablar de dinero a corto plazo, pero nunca serán conscientes de los efectos a largo plazo de sus acciones.

Conclusión: La dinámica del perseguidor y el evasivo es cocreada. Una de las partes suele ser alguien que complace a la gente, y la otra es un miembro de la pareja que cultiva, tanto consciente como inconscientemente, capas de incompetencia. Las parejas con esta dinámica generalmente nunca han mantenido una conversación franca sobre el dinero.

Qué hacer: Recuerdo una frase: «Cuando estás acostumbrado a los privilegios, la igualdad te parece una carga». El evasivo está acostumbrado al privilegio de que otra persona se ocupe de sus finanzas. Por lo tanto, cuando estéis recalibrando vuestra dinámica con respecto al dinero (incluso aunque no se acerque, ni de lejos a una proporción del 50/50), espera una resistencia feroz. Aquí están tus metas para hacer que la cosa sea lenta y metódica:

1. *Acordad llevar a cabo un cambio.* No lo minimicéis. Exponed la situación y acordad que los dos debéis mejorarla. Esto no es fácil, porque muy frecuentemente en esta dinámica, el evasivo se siente sumamente cómodo y se resiste activamente al cambio.
2. *Pásale una pequeña cantidad de responsabilidad al evasivo.* Dile a tu pareja que te gustaría que escogiese un momento para que os reunáis y habléis del dinero. Eso es todo. Pequeños

pasitos. Entonces dile que te gustaría que contribuyese con tres elementos de la agenda (como cuánto os habéis gastado el último mes en comestibles, cuánto cree que es adecuado reservar para unas vacaciones venideras o incluso el saldo de vuestra cuenta corriente conjunta). Recuerda: díselo, no se lo preguntes. Estás recalibrando la relación sutilmente asentando unas expectativas, en lugar de preguntar y dejar el poder en sus manos.

3. *Plan para la resistencia.* El evasivo empleará un cierto número de técnicas para hacer descarrilar la reunión: se volverá furioso, actuará como si estuviese decepcionado, se menospreciará a sí mismo («Imagino que, simplemente, no soy capaz de hacer nada bien»), o cambiará de tema hacia algo que *tú* hiciste mal. Independientemente de lo que pase, no te tragues el anzuelo. Prevé lo que hará y recuérdate estar centrado. Emplea esta frase: «Creo que nos estamos perdiendo en detalles sin importancia. Ramit probablemente diría que deberíamos volver a centrarnos en lo positivo. ¿Podemos intentarlo?». (Siento que debas llevar la carga, pero ésta es la realidad de la situación).

La variante del padre y el hijo

La dinámica del perseguidor y el evasivo tiene algunas variantes, la más común de la cuales es la dinámica del padre y el hijo. He visto cómo esto se desarrolla de distintas maneras:

- ▶ He visto a un hombre rogarle a su mujer que le quitara su tarjeta de crédito.
- ▶ He visto a una mujer implicada en una estrategia de *marketing* multinivel perder tres mil dólares mensuales (mes tras mes) mientras su marido hacía, estoicamente, que sus vidas siguieran adelante. Él se ve a sí mismo como «el proveedor», por supuesto.
- ▶ He visto a un cónyuge que no ha pagado ni una factura y que, de hecho, se enorgullece de no saber acceder a ninguna de las cuentas de la familia.

La dinámica del padre y el hijo con respecto al dinero (en la que un miembro de la pareja empieza a actuar como el «progenitor» responsable cuando se trata de las finanzas), es completamente tóxica por dos razones:

1. Tu pareja no es un niño, y tú no vas a lograr que se comporte como un adulto tratándole como un niño. (Si te encuentras en el papel de un «latoso», puede que estés inmerso en esta rutina). Es crucial redefinir la relación, haciéndola pasar de la de padre e hijo a una de miembros de una pareja con una visión de la vida de abundancia compartida.
2. Esta dinámica es como una kriptonita sexual: La figura «paterna o materna» siente, comprensiblemente, rechazo como resultado de tener que asumir este rol de autoridad.

Las buenas noticias son que esta dinámica del padre y el hijo es solucionable. Cuando tratas a un adulto como un adulto, le dices lo que esperas y marcas unos límites claros, suele estar a la altura de tus expectativas. Piensa, además, en emplear la ayuda de un terapeuta.

Una vez que hayáis marcado un momento para hablar del dinero, no habléis sobre él de antemano: ahorraos vuestros pensamientos para la reunión. Es posible que tu pareja no siga hasta el final con las cosas que has expuesto. Ten un plan para eso también (porque no prepararte es, *en sí mismo*, otra forma de hacer descarrilar la reunión). Recuérdale, por ejemplo, lo que habéis acordado y entonces reprogramad la reunión para el día siguiente.

Más avanzado: La mayoría de los perseguidores aceptan el marco de tener que *persuadir* a su pareja para que se ocupe del dinero. Odio esto. Estás acostumbrado al desequilibrio, así que sientes que es tu obligación convencer a *tu pareja* de su responsabilidad compartida. perseguidor, tengo una propuesta para ti: ¿qué pasaría si rechazases ese marco por completo y no te pusieses en la posición subordinada de tener que convencer a alguien? Podrías decirte a ti mismo: «No voy a convencerle. En lugar de eso voy a comunicar mis expectativas, y él podrá escoger si quiere reunirse conmigo o no». Aquí tenemos las ideas que quieres transmitir:

- Éste es el aspecto que tiene hablar de dinero en una buena relación *(véase* el apartado «Qué aspecto tiene una conversación sana sobre el dinero», al final de este capítulo).
- Éstas son mis expectativas para nuestras responsabilidades relativas al dinero.
- Esto es lo que necesito para que tengamos éxito como pareja.

Hace falta verdadera fortaleza para decir esto con convicción, porque se trata, en esencia, de un ultimátum. Es como decir: «Hagamos esto. Si no lo hacemos, esto es lo que tendré que hacer». En una relación de pareja, las cosas no se pueden poner más serias. Sin embargo, quiero darte permiso para que tengas claro lo que estás sintiendo y para trasmitir lo que necesitas para tener una relación sana, ya que esto *es* serio. Si necesitas ayuda para trabajar para conseguir esto, busca un terapeuta.

LA DINÁMICA DEL CERVATILLO INOCENTE Y EL FACILITADOR

Lo he oído miles de veces. Hago una pregunta sencilla, como, por ejemplo:

—¿Qué banco usas? —Y un miembro de la pareja levanta la vista para mirarme y se ríe.

—¡No tengo ni idea!

Mis antenas se elevan de inmediato. Formulo otra pregunta:

—¿Por qué crees que no puedes dejar de gastar dinero?

—Sencillamente, no lo sé.

Ésta es la técnica del cervatillo inocente, un guion inconsciente que mucha gente sigue para evitar contestar preguntas incómodas. La gente que usa esta técnica eficazmente dice: «Pobrecito de mí.

¿Por qué no puedo parar de gastar dinero? ¡Simplemente no lo sé! Lo hago todo bien. ¿Tú lo sabes? Porque yo no lo sé».

El enfoque inocente y de ojos enormes le ha funcionado siempre a esta persona. Enreda lentamente a su pareja, a sus progenitores o a cualquiera a su alrededor con sus problemas, frecuentemente sin ni siquiera ser consciente de lo que está haciendo. Ha visto que, a lo largo del tiempo, su técnica funciona para evitar, temporalmente, asumir responsabilidades.

(Esto es, en esencia, lo que solía hacer en mi asignatura de arte en la escuela secundaria, en la que era flojo, porque nunca practicaba, así que me desesperaba y admitía que no podía hacerlo mejor, y persuadía a mi profesora para que me «ayudara» con mis proyectos, lo que implicaba, básicamente, que ella los hiciera por mí).

Y, por supuesto, los cervatillos inocentes tienen seres queridos que se lo han permitido, generalmente durante años. Sus parejas probablemente les consienten esta dinámica proporcionándoles «amablemente» las respuestas, ocupándose de las finanzas domésticas e incluso accediendo a todas sus cuentas porque su pareja, el cervatillo inocente, simplemente no tiene ni idea de cómo hacerlo.

La dinámica es sorprendente cuando oyes hablar de ella (fíjate en el episodio número 24 de mi pódcast). Si le hago una pregunta sencilla al cervatillo inocente, su compañero facilitador entrará en acción para ayudar y empezará a ofrecer soluciones: «Bueno, ¿has probado con esto? Oh, de acuerdo, veo que no va a funcionar porque no tienes la clave de acceso para nuestra cuenta de jubilación individual. ¿Qué hay de esto? ¿No? ¿Qué hay de eso, de esto y de aquello otro?». De repente, el asunto se ha desplazado de los problemas del cervatillo inocente a algo completamente distinto.

He visto la rutina del cervatillo inocente demasiadas veces como para pasarla por alto. Cuando la señalo, siempre hay un silencio de estupefacción por parte de las parejas, que nunca se han dado cuenta de que han desempeñado esta dinámica una y otra vez.

Quiero reconocer que los cervatillos inocentes frecuentemente han sido criados y educados sin una orientación con respecto al dinero. Por lo tanto, cuando se enamoran y unen fuerzas con su pareja (yéndose a vivir juntos, pagando las facturas, luchando con los costes de la vivienda, los coches y los gastos sorpresa), tienen pocas habilidades financieras. Los cervatillos inocentes suelen encontrarse transfiriéndole la responsabilidad de sus finanzas a su pareja.

El problema es que si no comprendes cómo funciona el dinero realmente, te encontrarás en desventaja durante el resto de tu vida. Gastas excesivamente porque todo a tu alrededor está estructurado para potenciarlo. Te metes en problemas porque acumular montañas de deudas con tus tarjetas de crédito está normalizado y no comprendes cómo unas tasas de interés del 27 % te tienen atrapado. El facilitador intenta ayudar, ofreciéndote consejos y excusas, pero acaba perpetuando la dinámica. Al final, a pesar de los mejores esfuerzos del facilitador, empiezas a batallar con el dinero, con las deudas y con unos sueños menguados. Cuanto más os preocupáis, más empezáis a echaros las culpas el uno al otro. Menuda tragedia.

Ésta es una de las razones por las que me encanta mi trabajo. Sé que con unos pocos cambios clave puedes asumir el control de tu dinero y trabajar junto con tu pareja para hacer modificaciones: unos cambios mayores de lo que creías posible; pero no podréis hacer eso si una persona sigue desempeñando el papel del cervatillo inocente.

Qué hacer si os encontráis hablando de dinero... pero nunca emprendéis acciones

Uno de los patrones más frustrantes en una relación es la *indecisión*. Habláis una y otra vez sobre la necesidad de cambiar..., pero en realidad no sucede nada. Si estáis leyendo esto y asintiendo, sabéis exactamente qué se siente.

Cuando las parejas se encuentran en este patrón, no son conscientes del peligro real al que se están enfrentando. Una pareja con la que hablé se encontraba a dos meses de quedarse sin dinero, pero seguía evitando tomar, siquiera, pequeñas decisiones financieras. Cuando pasáis años en distintas ondas financieras, vuestras respectivas posturas se vuelven más rígidas y vuestras habilidades en la toma de decisiones se debilitan.

Ahora hablemos sobre qué hacer. Mi primera sugerencia es ir a ver a un terapeuta de parejas, que podrá ayudaros a identificar el origen de estos patrones y a hacer cambios. Algunas parejas hacen esto, pero otras no. Puede que un miembro de la pareja no esté dispuesto a ver a un terapeuta o que no pueda encontrar tiempo, o que crea que es demasiado caro.

Lo que en realidad está sucediendo aquí es una total falta de urgencia. Al igual que en el caso del evasivo (capítulo 2), hasta el momento no ha habido unas consecuencias graves por evitar tomar decisiones reales, pero en lo más profundo de tu ser sabes que hay algo que está muy muy mal.

El verdadero secreto es el siguiente: pese a que esto parezca una dinámica de pareja, eres *tú* quien debe llevar a cabo un cambio por tu cuenta. Estás leyendo este libro por una razón, y estás dispuesto a emprender acciones. Si tu pareja y tú hubieseis ido a hacerlo juntos, ya lo habríais hecho.

La mejor forma de llevar a cabo este cambio es marcarse unas expectativas y luego decirle a tu pareja lo que necesitas, como los ítems que aparecen al final del anterior apartado «La dinámica del cervatillo inocente y el facilitador».

Es intimidante porque es muy directo. No estás preguntando por qué tu pareja se siente de una cierta forma. No estás volviendo a discutir sobre cosas del pasado. Simplemente has tomado una decisión y estás avanzando. Las parejas indecisas encuentran esto completamente aterrador. *¿Qué sucede si mi pareja no escucha? ¿Qué pasa si se pone furioso? ¿Y sí...?*

Si pudiera sentarme contigo, te preguntaría amablemente: «Cuando piensas en tu dinero, ¿sabes si hay algo que esté mal? Entonces es el momento de que *tú* hagas un cambio».

Empieza ahorrando. Elabora un plan de gasto consciente (*véase* el siguiente capítulo). Ve a un terapeuta tú solo.

Puede que tu pareja te acompañe, o puede que no. La idea es que, si sabes, con absoluta y total certeza, que tienes que hacer un cambio, a veces tendrás que hacerlo sin tu pareja.

Los cervatillos inocentes son también vulnerables, porque, al no ser conscientes de las normas básicas del dinero, se ven atraídos por las estrategias para hacerse ricos rápidamente. Sienten que no tienen otras opciones, especialmente al irse haciendo mayores e irse quedando sin tiempo. Frecuentemente te encontrarás con que contratan seguros de vida total («¡Me dijo que sería dinero libre de impuestos!») y con que pican el anzuelo con los timos del *marketing* multinivel («¡Son ingresos pasivos!»), y tropezando con otras charlatanerías.

Hablé con Kate, una cervatilla inocente, que trabajaba duro para salirse de su patrón:

> Tras nuestra conversación, me di cuenta de lo mucho que he odiado siempre que me dijeran: «Puedes permitírtelo». Era todavía más duro decirme a mí misma que no podía permitirme algo cuando sabía que tenía una tarjeta de crédito en mi bolsillo diciéndome: «Sí que puedes». Sin embargo, ahora veo que ser incompetente con el dinero hizo que sintiera una gran vergüenza y que esperaba fracasar incluso antes de empezar. Me di cuenta de que debía reconfigurar sistemáticamente la forma en la que pienso y siento con respecto al dinero, empezando por formarme y comprender sus aspectos fundamentales.

Conclusión: El cervatillo inocente emplea una estrategia usando el «¡No lo sé!» como forma de evitar preguntas incómodas sobre el dinero. No pasa nada por no saber algo. Lo que no está bien del «no saber» es que se convierta en tu identidad. El facilitador apoya al cervatillo inocente, permitiendo que la situación prosiga indefinidamente.

Qué hacer: Podéis cambiar la dinámica del cervatillo inocente y el facilitador. Es improbable que vayáis inmediatamente de la A a la Z, pero *podéis* pasar de A a B y dar pasos constantes a partir de ahí.

Si eres el cervatillo inocente, toma la decisión consciente de aprender sobre el dinero y de emprender pequeñas acciones como ingresar cincuenta dólares mensuales en una cuenta de ahorro. Este pequeño paso dará lugar a diez pequeños pasos más, lo que dará lugar a veinte más, etc. Si eres el facilitador, anota las dinámicas que hay en vuestra relación, para así tenerlas claras en tu mente, y luego siéntate con tu pareja y dile que quieres recalibrar vuestra relación en torno al dinero. Dile que te gustaría contar con su ayuda para dar un pequeño paso (como encargarse de una única factura) y que con el tiempo te gustaría contar más con su ayuda.

Cuando los dos podáis hacer cambios juntos, vuestra identidad cambiará del «cervatillo inocente» y el «facilitador» a la de una pareja que puede gestionar su dinero junta.

Cuando no os escucháis el uno al otro: Poseídos por fantasmas del dinero

Si tu pareja y tú discutís constantemente por el dinero, pero parece como si hablarais el uno por encima del otro sin escucharos, puede que tengáis un fantasma: un *fantasma del dinero.*

Un fantasma del dinero es una creencia o convicción que uno de vosotros ha traído a la relación y que se interpone perpetuamente entre vosotros. Por lo tanto, cada vez que tu pareja y tú habléis de un asunto de dinero, no estaréis realmente hablando del problema, sino hablando sobre el *fantasma;* y ocuparse de él puede ser increíblemente frustrante.

Algunos fantasmas del dinero comunes son:

- «Tengo que ahorrar y ahorrar cada centavo que pueda». *(Esta persona frecuentemente ahorrará una cantidad ilógicamente grande de dinero y luego se sentirá desdichado por no disponer de dinero para los gastos cotidianos).*
- «Toda deuda es mala, y soy una mala persona si tengo deudas». *(Se siente constantemente desdichado por tener deudas —preocupándose, sintiéndose inútil—, pero rara vez organiza un plan para amortizarlas).*

- «Necesitamos comprar una casa lo antes posible». *(Tiene una visión de túnel en torno a comprar una casa, lo que se pone de manifiesto comparándose a sí mismo con sus amigos que sí son propietarios de una vivienda. Frecuentemente piensa que cualquier dinero gastado en algo que no sea una casa es un desperdicio).*
- «Necesito tener 5 millones de dólares para cuando tenga 40 años, o seré un fracasado». *(Emplea una cifra arbitraria para definir el éxito: generalmente es una cifra poco realista que escogió a principios de su veintena).*
- «Mi pareja tenía deudas antes, así que no confío en ella. Si empieza a gastar otra vez volverá a tener deudas». *(Vive en el pasado y no reconocerá que la gente puede cambiar).*
- «Venimos de una familia cuyos miembros son malos con el dinero». *(Se cuenta a sí mismo historias que frecuentemente no se basan en la realidad).*
- «Nunca tendremos suficiente. Vamos a quedarnos sin dinero». *(Se preocupa por lo que puede ir mal, pero no elabora un plan para lo que sucederá realmente).*
- «¿Qué sentido tiene intentarlo? Estamos demasiado atrás como para que suponga una diferencia. *(Se echa las manos a la cabeza y admite, en esencia, que no tiene control, así que, ¿para qué preocuparse?).*
- «No tenemos ni idea de qué estamos haciendo». *(Se dice a sí mismo que es una persona simple que no puede comprender este complicado asunto del dinero).*

Peter y Sheena tenían un problema fantasma. Sheena logró amortizar cincuenta mil dólares de su deuda de setenta mil y estaba en el buen camino para amortizar el resto, pero su fantasma *(toda deuda es horrible y debe ser eliminada lo antes posible)* hacía que la vida fuera insoportable y estresante.

Decidió que Peter y ella dedicaran el 60 % de sus ingresos para amortizar la deuda. Dejarían de salir a comer fuera de casa. Sheena rechazó ir a fiestas de despedida de soltera y todo el resto de oportunidades para divertirse que tenían un coste importante. En una ocasión, Peter quiso hablar sobre lo que podían hacer por su décimo aniversario, pero Sheena no pudo permitirse siquiera soñar durante algunos minutos. Todo era deuda todo el tiempo.

Este tipo de comportamiento suele racionalizarse como virtuoso. *Me gusta ahorrar. Estoy en una misión para liquidar mi deuda. ¡Lo dedicaré todo a este objetivo!* Sin embargo, rara vez nos damos cuenta de que abordar una meta de forma demasiado agresiva puede resultar ineficaz, como una dieta de choque. En el caso de Sheena, el 60 % de sus ingresos le dejaban prácticamente sin dinero para hacer nada más.

El fantasma del dinero de Sheena le hacía pasar por alto otras partes importantes de su relación. Cada vez que Peter quería hablar de dinero, le parecía como si no estuviera hablando con su mujer, sino con su fantasma averso a las deudas. Se puede decir que tienes un fantasma del dinero si vas más allá de un plan sano y acabas con un comportamiento enfocado de forma irracional y casi maníaco. Entre los ejemplos se incluyen tener una fijación y lamentarse por no poseer una vivienda todavía, enfadarse por un cargo de diez dólares, o (como en el caso de Sheena) amortizar tu deuda de forma tan agresiva que te sientas completamente vacío.

Si profundizas y estudias lo que hay tras tus fantasmas del dinero, probablemente podrás averiguar el origen. En el caso de Sheena, se trataba del miedo a repetir los hábitos con las tarjetas de crédito que habían dejado a los miembros de su familia en malas situaciones. Las buenas noticias son que existe una solución: cuando identificas a un fantasma, lo sacas a la luz, lo que te permite asumir el control del fantasma en lugar de que éste te controle a ti. Cuando sientas que tu pareja no te está escuchando y que el fantasma esté bloqueando vuestra comunicación, puedes llamarle la atención.

Escoge un nombre para el fantasma. ¡Ponte melodramático! ¿Cuál es el nombre del que siempre te susurra que te quedarás sin dinero y acabarás comiendo de un contenedor? ¿Wally el Preocupaciones? Ahora profundiza: Wally el Preocupaciones lleva una ropa harapienta y huele mal: no es la persona ideal de la que quisieras aceptar consejos.

Esto debería hacerte sentir eufórico, porque es así. Estás, literalmente, imaginándote a alguien cubierto de basura susurrándote que siempre tendrás deudas. Es ridículo. Así es exactamente cómo interiorizarás la absurdidad de permitir que un fantasma del dinero controle tu dinero.

Incluso puedes divertirte a expensas del fantasma. «¡Oh, no, parece que Wally el Preocupaciones está de vuelta! ¿Wally? ¿Estás ahí? ¡Pensaba que estabas de vacaciones!». (Asegúrate de sonreír. Esto es una broma, y no un ataque verbal, lo que supone una lección que debo recordarme cada día). Luego elige a otro fantasma al que, de hecho, quieras oír, Como Gina la Generosa, que dice: «Puedes amortizar tu deuda y llevar una vida equilibrada». Tú escoges a quién vas a escuchar.

Qué aspecto tiene una conversación sana sobre el dinero

¿Has oído realmente alguna vez una conversación sana sobre el dinero? Para la mayoría de nosotros la respuesta es que no. Nadie nos enseña cómo hablar de esto. Apenas sabemos cómo pensar en nuestro *propio* dinero y tratar con él. ¿Cómo se supone que vamos a saber cómo hablarle a una pareja con unas expectativas y experiencias distintas? El dinero es el último tabú oculto tras unas puertas cerradas, y a parte de las escenas de las películas, la mayoría de nosotros no hemos oído nunca, de verdad, a otra persona solucionar los desacuerdos relativos al dinero.

Para las cosas importantes en mi vida, me gusta estudiar lo mejor y adaptar lo que aprendo. Recuerdo leer uno de esos artículos de «Lo que hago en un fin de semana» sobre un modelo profesional, un tipo que parece sano y resplandeciente sin esfuerzo. Es fácil decir: «Debe ser agradable estar bendecido genéticamente» (y estoy seguro de que él lo es), pero en el artículo él compartía cómo caminaba kilómetros para reunirse con sus amigos para comer un *brunch*, luego se iba de excursión y después pasaba un par de horas en el gimnasio. Cuando leí eso, me encantó, porque me ayudó a comprender que, si quería estar más sano, había unos comportamientos concretos que podía cambiar. No se trataba sólo de mi ADN. ¡Yo tenía control sobre ello!

Bueno, no voy a ser modelo profesional (a no ser que consista en modelar cómo crear una alfombra con el denso vello de mis brazos); pero quiero saber qué aspecto tiene la excelencia, porque entonces podré adaptar las lecciones de modelos, nadadores olímpicos y galardonados con el Premio Nobel para mejorar mi vida.

Cuando se trata del dinero, quiero que veas un ejemplo de la excelencia. A continuación, he guionizado el aspecto que tiene una conversación sana sobre el dinero. Úsala. Adáptala a tus necesidades.

Aquí tenemos una conversación sobre el coste de los comestibles:

—Creo que probablemente podríamos ser un poco más reflexivos con los comestibles. Ahora mismo gastamos novecientos dólares mensuales. Quizás podríamos bajar esa cifra a setecientos dólares.

—Bueno, soy yo quien hace la compra. No creo que setecientos dólares sea una cifra realista.

Date cuenta de la respuesta comprensiblemente defensiva. Date cuenta también de cómo la conversación parece llegar a un callejón sin salida aquí.

—Te escucho, y agradezco el tiempo que dedicas a escoger alimentos saludables para los dos. ¿Qué cifra crees que podríamos gastar, razonablemente?

Date cuenta de cómo el miembro de la pareja que ha iniciado la conversación ha recuperado la misma expresando su agradecimiento y diciendo: «Te escucho», y luego preguntando (no diciendo) qué cifra cree su pareja que es realista. Además, «ha dejado la pelota en el tejado de su pareja» para convertir esto en un diálogo, y no en un monólogo.

—Probablemente podría hacer que las cosas funcionaran con setecientos cincuenta dólares.

—¡Eso suena genial! Si gastamos setecientos cincuenta dólares, eso significa que tenemos que comer fuera de casa una vez menos al mes. ¿Te parecería bien eso?

Asegúrate de preguntar para contar con un acuerdo. No lo asumas.

—Eso me parece bien.

—¡Genial!

¡Apúntate la victoria!

Ahora déjame desarrollar esto un poco más. Digamos que la persona que hace la compra ha acordado gastar setecientos cincuenta dólares mensuales, pero que en una ocasión acaba gastando ochocientos cincuenta. Cuando os juntéis para vuestra reunión mensual del dinero (*véase* inicio del capítulo 10), aquí es como podríais abordar esta discrepancia:

—¿Sabes qué? Quiero mencionarte algo. Acordamos gastar setecientos cincuenta dólares este mes, pero me pasé de esa cifra

—Ah, bien. ¿Qué crees que ha sucedido?

Esta respuesta no es acusatoria, como si fuese un grito («¿¿CÓMO HAS PODIDO HACER ESO?!»), sino que incluso es suavizada diciendo: «Qué crees que ha sucedido?», que es más amable que decir: «¿Qué ha pasado?». Todas estas técnicas sutiles abren la puerta una discusión abierta.

—Bueno, para empezar, celebramos esa cena. En segundo lugar, la bebé se saltó su siesta, así que estaba chillando en el cochecito y yo no estaba atenta a lo que estaba metiendo en el carrito de la compra. Sin embargo, creo que podemos hacernos regresar a una media de setecientos cincuenta dólares mensuales. Eso simplemente significa que durante los próximos tres meses voy a ser un poco más estricta con lo que compro en el supermercado.

Me gusta este ejemplo porque incide en muchas cosas:

- Empoderar a un miembro de la pareja para que decida cómo gastar en una cierta categoría.
- Que ese miembro de la pareja sea de verdad dueño de esa categoría de gastos.
- Si las cosas descarrilan (y lo harán), un miembro de la pareja empleará un lenguaje amable para saber qué ha sucedido y el otro propondrá un arreglo para volver al buen camino.

Esto podría haber implicado una pelea, pero en lugar de ello es una conversación constructiva. Lo que es incluso mejor es que ambos miembros de la pareja han abordado un problema *juntos*. A parte de eso, desde punto de vista general, cien dólares extra no es mucho, pero desarrollar un vínculo entre los dos es extremadamente valioso.

Y siempre, independientemente de aquello de lo que trate una conversación sobre el dinero, acaba con un «Te quiero». Nunca podrás expresar suficiente agradecimiento a tu pareja, y si relacionas el dinero con un fuerte y cálido abrazo cada vez que habléis sobre él, os encontraréis rápidamente con que los dos os empezáis a sentir bien.

Más formas de acabar con un agradecimiento amoroso y gratitud:

- *Eres maravilloso.*
- *Estoy muy contento de que podamos resolver esto juntos pese a que sea realmente duro.*
- *No podría hacer esto solo.*
- *Me siento muy agradecido por poder hablar de esto contigo.*

Lista de comprobación del capítulo 6

❏ Revisad el recuadro «Guiones invisibles sobre el amor y el dinero». ¿Dónde te identificas a ti y a tu pareja?

❏ Cuando leéis sobre las dinámicas de pareja, ¿cuál refleja de cerca la vuestra? Escribid una lista sobre lo que os gustaría cambiar en vuestra dinámica de pareja.

❏ Identificad a un mentor financiero: alguien a quien os gustaría imitar si tenéis que tomar una decisión importante relativa al dinero. (Esa persona ni siquiera tiene por qué saber que es vuestro mentor).

❏ Identificad a vuestro propio fantasma del dinero, y luego nombradlo, burlaos de él y recuperad el control.

7
Generar vuestro plan de gasto consciente

Haced concordar vuestras cifras reales con vuestra vida de abundancia

Al llegar al final de este capítulo, vais a tener un plan de una página que incorpore vuestros diales del dinero y vuestra visión de la vida de abundancia a vuestros números actuales, de modo que cada dólar se destine al tipo de vida que queréis construir juntos.

Se llama plan de gasto consciente (PGC), y os mostrará, al instante, cómo cuadrar vuestros gastos, ahorros e inversiones. Este plan es lo suficientemente sencillo como para que podáis centraros en cuatro cifras (¡sólo cuatro!) y seguir gastando en salir a comer fuera, en conciertos o en actividades especiales para vuestros hijos mientras, al mismo tiempo, invertís vuestro dinero. Vuestro plan también os proporcionará un poco de espacio para maniobrar, de modo que cuando tengáis un gasto inesperado, podréis gestionarlo.

Lo que es incluso mejor es que no tendréis que monitorizar el precio de los tomates ni ningún otro gasto aleatorio de tres dólares.

Pero voy a pediros una cosa: deberéis alejaros un poco y fijaros en vuestros números de una forma distinta.

Normalmente estamos tan centrados en los gastos cotidianos que asumir una perspectiva más a largo plazo puede parecernos raro. Si os pidiera que predijerais cuánto os vais a gastar en comestibles este año, imagino las primeras reacciones de la mayoría de la gente: «Oh, Dios mío. No tengo ni idea».

No os preocupéis. No voy a preguntaros que estiméis cuánto os gastaréis en uvas a seis años vista, pero voy a mostraros cómo pensar en las grandes preguntas relativas al dinero y luego a incorporarlas en un plan, de modo que, de hecho, podáis alcanzar vuestros objetivos. Preguntas como:

- *¿Queremos vivir en una casa grande en Texas?*
- *¿Queremos trabajar los dos cuando tengamos hijos?*
- *¿Queremos pasar los domingos con la familia?*
- *¿Con qué edad queremos jubilarnos: con cincuenta, sesenta y cinco u ochenta años?*

Esto no tiene tanto que ver con encontrar las respuestas exactas a estas preguntas y sí más con forjar la conexión que viene de hablar sobre ellas. Hablar del dinero *regularmente* hace que sea más fácil hablar del dinero *por siempre*. De esa forma, cuando algo se salga del plan (cosa que es inevitable), podréis quedaros tranquilos, no acabar abrumados por la frustración y centraros en gestionarlo juntos.

Usaremos el plan de gasto consciente (PGC) para determinar a dónde queréis que vaya vuestro dinero *(véase* la plantilla al final de este libro). Las parejas me dicen que ésta es la parte más difícil del programa. Francamente, *es* duro porque ahora estamos entrando en cifras concretas. Mi punto de vista: todo lo valioso es difícil, y considero que esto es una oportunidad para crear vuestra vida de abundancia a partir de una página en blanco. Hagámoslo juntos.

No necesitáis un presupuesto

Por mi experiencia, menos del 1 % de la gente se ciñe alguna vez a un presupuesto durante más de dos meses. ¿Por qué? En resumen, los presupuestos son apabullantes e ineficaces, y nos hacen sentir mal. Pensad en lo que hace falta para, simplemente, crear un presupuesto: debéis computar vuestros gastos de los últimos (varios) meses (nadie conoce estas cifras). Entonces tenéis que crear una hoja de cálculo secreta, con cientos de filas monitorizando cada centavo, incluyendo cuánto os gastasteis en levadura en febrero.

Y después de todo ese trabajo... simplemente os quedáis mirando un montón de números. ¿Sabéis qué hacer a continuación? Por supuesto que no. Todo lo que sabéis es que habéis «sido malos». Para rematarlo, tenéis que seguir monitorizando todos vuestros gastos en esta pantagruélica hoja de cálculo *durante el resto de vuestra vida.*

¿Y para qué? Ciertamente, podéis impediros gastar excesivamente en papel film, pero, ¿qué se consigue en realidad con la pesada monitorización, la restricción y el señalamiento durante los próximos cuarenta años?

La respuesta es: nada.

No necesitáis un presupuesto. La verdadera gestión del dinero está centrada en diseñar una vida de abundancia y en usar vuestro dinero para vivirla. Monitorizar pequeños gastos es inútil si no está ligado a una visión más amplia que casi todos los presupuestos pasan por alto.

Imaginad un PGC como si fuera un cuarto de estar maravillosamente ordenado. Cuando asentéis el vuestro de forma correcta, vuestra gestión del dinero os hará sentir *tranquilos.* Haréis espacio para las cosas que os gustan, tanto si eso significa pedir un par de bebidas al comer fuera de casa, darse un capricho en autocuidados o crear una salida semanal especial con vuestra familia, mientras recortáis gastos donde tenéis que hacerlo.

¿Qué es un plan de gasto consciente?

Un presupuesto mira hacia atrás. Un plan de gasto consciente mira hacia delante.

Vuestro PGC os permite decidir *a dónde queréis que vaya vuestro dinero.* Si queréis salir una noche por semana, o reformar la cocina, o liquidar vuestra deuda en seis años en lugar de en ocho, podéis incorporar eso.

Aquí tenemos las cuatro cifras que tendréis que dominar para llevar a cabo este trabajo:

Costes fijos: Idealmente el 50-60 % de vuestro salario neto (es decir, vuestro dinero después de impuestos).
* *Incluye vuestro alquiler o hipoteca, las letras del coche, los comestibles: cualquier cosa que debáis pagar cada mes.*

Ahorros a corto plazo: Idealmente el 5-10 % de vuestro salario neto.
* *Dinero que puede que necesitéis en los próximos uno a cinco años, incluyendo un fondo para emergencias, la entrada para una casa o un coche, o un fondo para las vacaciones.*

Inversiones a largo plazo: Idealmente por lo menos el 10 % de vuestro salario neto.
* *Aquí es donde se genera la riqueza real. Incluye todas las inversiones: planes de jubilación 401(k), cuentas de jubilación individuales, etc. Se trata de dinero a largo plazo que no necesitaréis durante por los menos diez años.*

Gastos libres de culpa: Idealmente el 25-35 % de vuestro salario neto.
* *Las cosas en las que os encanta gastar: salir a comer fuera, viajar, masajes, productos de belleza, actividades infantiles: vosotros decidís.*

La filosofía aquí es sencilla: si acertáis con estas cuatro cifras cada mes, tendréis unas muy altas probabilidades de vivir una vida de abundancia.

Es así de fácil. No hay necesidad de monitorizar doscientas cifras cada mes. No hay necesidad de discutir sobre unos gastos inesperados de cincuenta dólares en unos grandes almacenes. Simplemente se trata de un sistema precioso que os permite mirar hacia delante (ahorrar, invertir y gastar en las cosas que os importan) independientemente de cuáles sean vuestros ingresos.

Aquí tenemos un ejemplo de cómo funciona: John y Joan se sientan una vez al mes para revisar sus números. Conocen sus gastos fijos, ahorros, inversiones y cifras de gastos sin sentimientos de culpa, por lo que su reunión mensual del dinero discurre sin complicaciones.

Les encanta salir a comer fuera, por lo que en sus gastos libres de culpa han dejado espacio para ir a restaurantes dos veces por semana. Sin embargo, la semana pasada gastaron mucho en una gran cena con la familia, y han superado su cifra. Tampoco es gran cosa: los dos acuerdan no salir a comer fuera la semana que viene para volver a estar en el buen camino.

Concluyen con algunas cuestiones que abordar la próxima vez que hablen. Esto es algo calmado, genial y metódico.

Antes de que empecemos a desarrollar vuestro PGC, hay un concepto importante que quiero que internalicéis. Para vivir una vida de abundancia, debéis elevaros a un nivel más alto de planificación. Para la mayoría de la gente esto significa anticipar vuestros gastos a un año vista. A medida que os volváis más diestros con el dinero, empezaréis a planificar a nivel de cinco, diez e incluso treinta años. Puede que esto os haga sentir incómodos al principio, porque estáis muy acostumbrados a funcionar a nivel del día a día, pero no podréis vivir una vida de abundancia si sólo miráis unos días hacia el futuro.

Crear vuestro plan de gasto consciente

Tu pareja y tú podéis generar vuestro PGC en tres conversaciones. La primera es rápida y no requiere de investigación. (Además, he creado una plantilla para vosotros, que se encuentra al final de este libro, y también podéis buscar en Internet «PGC de Ramit Sethi» [«Ramit Sethi CSP»]).

CONVERSACIÓN NÚMERO UNO
REDACTAR UN BORRADOR EN SESENTA MINUTOS

Vuestra primera conversación implica estimar vuestros ingresos y gastos mensuales: no es necesario usar nada más que vuestra cabeza y un folio en blanco. Eso os hará obtener el esbozo de vuestro PGC, como si se tratase de un boceto a lápiz que colorearéis más adelante. El objetivo, hoy, es *rápido y fácil:* dispondréis de suficientes oportunidades para hacer ajustes más adelante.

Empezad anotando vuestros ingresos brutos y netos (lo que ganáis antes y después de impuestos), además de cualquier otro dinero que ganéis o recibáis. Dividirlo entre doce para obtener las cifras de ingresos mensuales.

Si, por ejemplo, vuestros ingresos brutos son de 75 000 y vuestros ingresos netos son de 63 000 dólares, anotad:

Ingresos mensuales brutos: 6250 dólares

Ingresos mensuales netos: 5250 dólares

Entonces apuntad vuestros cuatro tipos de gastos mensuales. Puede que conozcáis algunas de estas cifras de memoria, como vuestro alquiler o las letras de coche. En el caso de otros, tendréis que estimarlos. Eso está bien, pero estimad al alza. (Aquí tenemos el porqué: si estoy entrenándome para una competición, querré entrenarme más duro ahora para que cuando llegue el momento de la verdad la cosa me parezca más fácil. En el caso del PGC, quiero que os «entrenéis más duro» redondeando los gastos *al alza,* porque preferiría que acabaseis con dos mil dólares extra al final del año que *debiendo,* accidentalmente, dos mil dólares).

Vuestros costes fijos

Empecemos con los costes fijos, que son los gastos que debéis pagar cada mes. Aquí tenemos una forma sencilla de pensar en los costes fijos: incluso aunque uno de vosotros perdiese su trabajo, aquí tenemos las cosas por las que todavía tendríais que pagar. Algunas cifras variarán mensualmente (como los comestibles), pero simplemente usad una media y redondead al alza. Esto debería ser rápido y fácil (veinte minutos, como mucho), así que trabajad como equipo, haced vuestras mejores estimaciones y no os preocupéis por la precisión. Chocad esos cinco al final de esta ronda.

Emplead estas categorías por ahora (podéis añadir más o editarlas más adelante):

- Alojamiento (hipoteca, servicios públicos, seguro y el resto de los costes. Si algunos de ellos son anuales, dividdlos entre doce para obtener el coste mensual)
- Coche (pago del préstamo, seguro, gasolina, mantenimiento, multas de aparcamiento)
- Médicos (seguro de salud, recetas y otros gastos médicos regulares)
- Deudas (pagos mensuales de las deudas de las tarjetas de crédito, préstamos estudiantiles y cualquier otra deuda excepto la hipoteca, que ya estaba incluida en el apartado de alojamiento)
- Teléfonos móviles e Internet
- Comestibles
- Ropa esencial
- Donaciones
- Gastos de los hijos (incluye cosas como los pañales, la ropa y el material escolar)
- Hogar (por ejemplo, droguería y suministros para la limpieza)
- Mascotas (incluid la comida, cuidados anuales y otras facturas)
- Gastos variados

Gastos fijos mensuales

(suma todos los anteriores):

_____ dólares

Vuestros ahorros

Ésta es la cantidad que destináis actualmente a vuestros objetivos de ahorro, como un fondo para emergencias o la entrada de una casa, cada mes. Si la cifra varía, elegid una media y, en este caso, *redon-*

deadla a la baja. Si es cero (honestamente, para la mayoría de la gente lo es), simplemente anotad cero.

Contribuciones mensuales a los ahorros:

____ dólares

Vuestras inversiones

Se trata de contribuciones a vuestros planes de jubilación, cuentas de jubilación individuales, cuentas de ahorros para gastos médicos y cualquier otra cuenta de inversión. (Nota: En la plantilla del plan de gasto consciente que se encuentra al final de este libro, planteo un breve debate sobre las inversiones antes y después de impuestos).

Contribuciones mensuales a las inversiones:

____ dólares

¡Buen trabajo! Ya casi hemos acabado. La última categoría es mi favorita.

Vuestros gastos libres de culpa

Pensad en las cosas en las que os gastáis dinero para divertiros. Llamo a esta categoría «gastos libres de culpa» porque una vez que acabéis de leer este libro y hagáis algunos cambios, podréis hacer las cosas que os encantan sin sentiros culpables. Cuando estéis pensando en cosas como viajar, que suceden esporádicamente, haced una estimación aproximada del total anual y luego divididla entre doce.

He incluido algunas categorías para ayudaros a hacer un cálculo aproximado de vuestros gastos mensuales en los ítems que aparecen a continuación. Recordad que, si no tenéis las cifras en vuestra cabeza, simplemente intentad adivinarlas, pero estimad al alza. Puede que os asustéis al ver lo altas que son estas cifras (especialmente si redondeáis al alza). La mayoría de la gente se queda anonadada. ¡Eso es bueno!

- Salir a comer fuera de casa/pedir comida a domicilio (incluid las comidas en restaurantes con amigos y las comidas de aniversario)
- Ropa no esencial (incluid los gastos discrecionales, accesorios e incluso la tintorería)
- Salud/buena forma física (gimnasio, deportes, cursillos)
- Autocuidados (tratamientos faciales, masajes, recortes de barba, uñas, secados, cortes y tratamientos de cabello, depilación)
- Suscripciones (Netflix, Amazon Prime, aplicaciones, juegos…: todo ello)
- Viajes (sumad el coste anual de los viajes y dividlo entre doce)
- Regalos (cumpleaños, Navidades, etc.)
- Aficiones
- Decoración y mejoras del hogar (incluid aquí las reformas del hogar)
- Limpieza del hogar
- *Añadid los vuestros propios.*

Gastos mensuales libres de culpa

(sumad todos los anteriores):

_____ dólares

Como paso final, tomad la cifra total de cada categoría y dividid cada una de ellas entre vuestro sueldo neto para tener una referencia de todos vuestros gastos. Por ejemplo: costes fijos de 3000 dólares/ sueldo neto de 5000 dólares = 60 % (ésta es una buena proporción en la que encontrarse). El PGC hace que sea fácil ver qué está pasando. Una vez que esté todo sobre el papel, podréis tomar decisiones y redirigir vuestros gastos.

TIEMPO MUERTO

De acuerdo, ha llegado el momento de recostarse y relajarse un segundo. ¡Tenéis las cifras en un folio! Eso es un logro.

En las siguientes páginas, vamos a refinar esas cifras. Luego voy a mostraros cómo ajustarlas para que podáis amortizar vuestras deudas más rápidamente, ahorrar e invertir más, y gastar más en las cosas que os encantan. Vais a asumir el control sobre a dónde está yendo vuestro dinero. Antes de llegar a eso, quiero que comprobéis cómo os sentís en este preciso momento. ¿Estáis sorprendidos de saber a dónde va vuestro dinero? ¿Emocionados por haber obtenido algo de claridad? ¿Asustados? ¿Esperanzados? Todas estas reacciones son normales.

Cada vez que refinéis y reviséis vuestro PGC, se volverá más sencillo, fácil y claro. Cuanto más trabajéis en vuestro plan, más lo comprenderéis y más control tendréis. Pronto este PGC pasará de ser una lista de cifras a un punto de referencia de vuestra vida de abundancia. Llegaremos ahí juntos.

Pero por ahora, quiero que deis un paso atrás, os deis un abrazo y dejéis este proyecto a un lado. Ni siquiera habléis de dinero durante el resto del día. Haced algo con lo que los dos disfrutéis y celebrad este gran logro.

CONVERSACIÓN NÚMERO DOS
INDAGAR EN LOS DETALLES

Ahora que disponéis de un borrador de vuestro PGC, retrocedamos y asegurémonos de que todos vuestros números sean correctos. Para hacerlo, vais a ir más allá de vuestras estimaciones y a fijaros en vuestros gastos reales. Esto es como tomar un dibujo en blanco y negro y añadir los colores.

He incluido una plantilla sencilla del PGC al final del libro, pero os recomiendo que descarguéis la versión digital (buscad «Ramit

Sethi PGC» [«Ramit Sethi CSP»] en Internet), que es incluso más fácil y hace varios cálculos por vosotros. Una petición: no empecéis a partir de un presupuesto antiguo. Empezad de cero.

Para este análisis, os recomiendo que elijáis tanto un mes «regular» como uno «irregular» (como un mes de vacaciones o con un gran viaje) y que hagáis una media. Esta visión de dos meses os permitirá saber cómo fluctúan vuestros gastos. Entonces vais a introducir cada gasto en vuestras categorías (costes fijos, inversiones y gastos libres de culpa) y a tener en cuenta cualquier gasto sorpresa.

Haciendo esto, estáis cambiando vuestras cifras estimadas de la conversación número uno por *cifras reales,* lo que hará que vuestro PGC sea mucho más preciso.

Juntar vuestros gastos de la forma rápida y fácil. Acceded a la página web de vuestras tarjetas de crédito, que os permitirá ver todas estas transacciones cada mes. Incluso categorizarán los gastos por vosotros. (Si usáis más de una tarjeta de crédito, haced esto para cada una de ellas). Esto os permitirá determinar cuánto gastasteis en gasolina, comestibles, salir a comer fuera, suscripciones (todo lo que aparezca en vuestra lista) el mes pasado. Pero aquí es donde la cosa se complica: la mayoría de las parejas no lo pagan todo con sus tarjetas de crédito. Pagan en metálico ciertas cosas, emiten cheques para otras, emplean aplicaciones como Venmo para devolver dinero a sus amigos y usan distintas cuentas bancarias para distintos gastos, razón por la cual quizás tengáis que ir un paso más allá.

Juntar vuestras cifras de una forma más avanzada. Si queréis unas cifras totalmente precisas, cread vuestra propia hoja de cálculo y analizad cada gasto de esos meses. La página web de vuestras tarjetas de crédito os permitirá descargar vuestras transacciones, que luego podréis abrir en cualquier hoja de cálculo y volver a categorizarlas empleando las categorías que aparecen en en la conversación número uno, apartado «Vuestros costes fijos» (cuidados de las mascotas, comestibles, etc.). Luego revisad vuestras transacciones bancarias y hacedlo lo mejor que podáis para estimar vuestros gastos en metálico.

Fijaros en vuestras cifras reales os proporcionará una imagen cristalina de a dónde está yendo vuestro dinero y de dónde podéis recortar radicalmente para así gastar más en las cosas que os encantan. A continuación, os mostraré cómo tener en cuenta cosas como los gastos extra durante las vacaciones. Y no olvidéis que siempre podéis regresar y refinar vuestro PGC más adelante.

Este proceso probablemente os llevará algunas horas. Os recomiendo que os reservéis un par de bloques de dos horas seguidas, quizás un fin de semana. Podéis profundizar en los números, tomaros una pausa, luego retomarlo, y lo ideal sería que acabarais al día siguiente. Si todavía tenéis aspectos desconocidos, anotadlos y regresad a ellos otro día con la mente fresca.

Añadid vuestros gastos «únicos» venideros

Uno de los factores clave para vivir una vida de abundancia es elaborar un plan *antes de que lo necesitéis*. Eso es exactamente lo que haréis ahora con una visión a doce meses vista: organizaros de modo que no os veáis sorprendidos por unos gastos «únicos» o irregulares.

Aquí tenemos cómo se hace: identificad los gastos y las cantidades, dividid entre doce y colocad esa cifra en la categoría correspondiente en vuestro plan de gasto consciente y calculad el porcentaje con respecto al sueldo neto. Si, por ejemplo, sabéis que vais a enviar a vuestro hijo a un campamento de verano que costará 5000 dólares, eso son unos 415 dólares mensuales (5000 dólares/12 meses), lo que se incluirá en vuestros gastos fijos como «Campamento de verano».

Aquí tenemos algunos gastos irregulares comunes:

- Impuestos a la propiedad
- Enseñanza (colegio, campamento) u otras cuotas educativas
- Coche (reparaciones, matriculación, adquisición de un coche nuevo)
- Hogar (reparaciones, mantenimiento, mejoras, muebles)
- Compras tecnológicas (teléfono móvil, ordenador)

- Gastos de las mascotas (facturas veterinarias no anuales, juguetes, alojamiento en un hotel para mascotas)
- Gastos durante las Navidades y fiestas (transporte, regalos)
- Gastos durante las vacaciones (transporte, alojamiento, comida, bebidas, propinas, impuestos)
- Celebraciones (aniversarios, cumpleaños, bodas)
- Entretenimiento (conciertos, teatro)
- Gastos médicos (dentales, citas con el médico, tratamientos)
- Clases/lecciones (como por ejemplo programas de iwt.com/products)
- Comida (comer fuera)
- Costes de aficiones/ocio
- Emergencias de última hora durante un viaje
- Primas de los seguros de vida

Es fácil saltarse este ejercicio, pensando que es imposible predecir estos costes. ¡Resistíos a esa necesidad! Lo cierto es que podéis hacer unas estimaciones decentes, y quiero que sigáis mi principio del 85 %: completar el 85 % del camino es mejor que no planificar en absoluto.

Haced una aproximación. Por ejemplo...

- *En junio tenemos ese viaje para la boda de mi primo* (billetes de avión, hotel, coche de alquiler, transporte hacia y desde el aeropuerto, además de un 25 % de impuestos y costes variados).
- *Probablemente vamos a tener que sustituir el aire acondicionado del cuarto de estar. Eso va a costar tres mil dólares, así que deberíamos reservar doscientos cincuenta dólares mensuales para eso.*
- *Las fiestas navideñas van a ser grandes, porque toda mi familia va a venir* (el número de personas a las que vas a comprar regalos por la cantidad que es probable que te gastes, además de la comida y las bebidas).

Vuestras cifras son ya más precisas, llegados a este punto. Ahora que habéis incluido vuestra revisión ponderada de dos meses y vuestras estimaciones de doce meses de los gastos venideros, rematémoslo: añadid un 15 % a vuestros costes fijos por cualquier cosa que os podáis haber olvidado, y ya tendréis vuestro PGC.

Mucha gente se encuentra con que su corazón late con fuerza cuando rellena las cifras reales la primera vez. Ya es lo suficientemente duro reunir todas estas cifras, y es todavía más duro categorizarlas, pero la cosa más difícil puede que sea luchar contra tus emociones, porque la forma en la que nos gastamos nuestro dinero representa nuestras elecciones, nuestras prioridades, nuestros errores e incluso nuestras identidades. La mayoría de nosotros nunca nos tomamos el tiempo para ordenar nuestras finanzas así.

Ésa es la razón por la cual he desglosado este proceso para que obtengáis vuestras cifras en múltiples pasos: para la mayoría de la gente, analizar sus gastos reales es increíblemente intimidante. Creen que deben tener en cuenta cada centavo antes de poder avanzar, así que se rinden incluso antes de empezar. Además, temen lo que puedan encontrarse. Quería que la conversación número uno, en la que habíais anotado vuestras estimaciones, supusiera un primer paso, poniéndoos en el camino para el trabajo más detallado de la conversación número dos.

Llevar a cabo este trabajo es duro (y los resultados frecuentemente también lo son). La gente se suele quedar boquiabierta cuando se da cuenta de cuánto está gastando. Si os quedáis sorprendidos, no pasa nada. Cuando lo incluyáis *todo,* la cifra puede resultar agobiante. Es amedrentador ver que estáis gastando más de lo que creíais, y quizás también descubrir que estáis gastando más de lo que tenéis. Las buenas noticias son que habéis decidido arrojar luz sobre esto.

Mi filosofía es que es mejor saber que no saber. Ahora que sois conscientes de a dónde está yendo vuestro dinero, podréis ajustar vuestros gastos para se adapten a vuestra visión de la vida de abundancia compartida… y esto es exactamente lo que vamos a hacer en la conversación número tres.

CONVERSACIÓN NÚMERO TRES
REALINEAR VUESTROS GASTOS PARA QUE ENCAJEN EN VUESTRA VISIÓN DE LA VIDA DE ABUNDANCIA

Hasta el momento habéis anotado lo que creéis que estáis gastando. Luego habéis refinado esas cifras profundizando en vuestros gastos actuales, incluyendo la planificación por los gastos «inesperados». Ahora vamos a realinear vuestras cifras para que se correspondan con vuestra visión de la vida de abundancia.

Pero antes de que entremos en el meollo de ajustar vuestros gastos, alejémonos un poco y fijémonos exactamente en cómo podéis usar el dinero para vivir vuestra vida de abundancia. Esto os ayudará a recordar por qué tenéis que hacer algunos recortes. ¡Hagámoslo en este preciso momento!

Escoged algo que os encante. Puede que se trate de un nuevo conjunto de muebles para vuestro patio trasero o de un viaje de fin de semana. Para este ejemplo, probemos con los muebles. Habla con tu pareja de tu visión para el conjunto de muebles de jardín. ¿Dónde los colocaréis? ¿A cuánta gente queréis que den cabida? ¡Estarán tapizados los muebles? Haced alguna búsqueda *online* y haceos una idea de lo que costará el conjunto de muebles que imagináis. Aseguraos de que estén incluidos los gastos de envío, los impuestos y los costes complementarios. Dividid esa cifra entre doce para obtener la cantidad mensual que necesitaréis reservar, y luego anotad esa cifra en la sección de ahorros de vuestro PGC. Por ejemplo:

El conjunto de muebles para el patio nos costará 1200 dólares. Vamos a elegir los sofás resistentes a la intemperie y un par de mesas. Si añadimos 350 dólares para una sombrilla y 250 dólares por los incrementos de precio, los impuestos y la entrega, eso son 1800 dólares. Si queremos tener los muebles en un año, tendremos que ahorrar 150 dólares mensuales (1800 dólares/12). Eso parece mucho, así que, en lugar de ello, comprémoslos en dieciocho meses: 100 dólares mensuales. Podemos hacer eso.

Ahora es un ítem oficial de ahorro en vuestro PGC. Y en el capítulo 9 programaréis unos ahorros automáticos, de modo que vuestro dinero irá automáticamente a vuestro fondo para los muebles nuevos. (Por supuesto, sentíos con la completa libertad de reemplazar el ejemplo y las cifras por algo que queráis comprar o hacer).

Ahora ha llegado el momento de hacer algunos cambios en vuestro plan de gasto consciente. Lograréis redirigir vuestro dinero hacia las cosas que os importan y usaréis vuestros diales «menos» en el capítulo 4 para recortar los gastos en las cosas que no forman parte de vuestra vida de abundancia.

Las tres preguntas que siempre me hacen sobre el PGC

1. «Sabemos que tenemos que recortar gastos en salir a comer fuera. ¿Podemos saltarnos el PGC y simplemente empezar por ahí?».

¡No! Muchos de nosotros *creemos* que sabemos dónde estamos gastando en exceso, pero no comprendemos la perspectiva más amplia sobre cómo nuestros gastos se comparan con nuestros ahorros, inversiones y patrimonio neto. Por ejemplo, muchas parejas se sienten culpables por su factura en comida para llevar, pero nunca piensan, si es que lo piensan, en cuánto están ahorrando automáticamente cada mes. El PGC os ayudará a ver todo el panorama y a asentar las bases para todo lo que vendrá después, así que confiad en el proceso.

2. «¿No es esto, simplemente, un presupuesto?».

No. Un presupuesto mira hacia el pasado, mientras que vuestro plan de gasto consciente mira hacia el futuro. Lo que es más importante es que si os pasáis el resto de vuestra vida usando un presupuesto y tenéis éxito, ¿qué obtendréis? Básicamente os habréis pasado la vida monitorizando unas cifras aleatorias, pero si tenéis éxito empleando el plan de gasto consciente, que es mucho más sencillo, habréis vivido vuestra vida de abundancia, incluyendo comer fuera, viajar, comprar cosas que os encantan e invertir para generar verdadera riqueza.

La idea no consiste en monitorizar cifras. La idea consiste en vivir una vida de abundancia. Eso es lo que vuestro plan de gasto consciente os ayudará a hacer.

3. «¿Puedo rellenar el PGC sin mi pareja?»

Debéis trabajar con estas cifras juntos, de modo que cuando empecéis a hablar de hacer cambios, los dos comprendáis realmente qué hará falta. Comprendo que puede que estéis ocupados, que quizás uno de vosotros no se sienta demasiado cómodo con los números, y que siempre habrá alguna razón para retrasar el fijarse en ellos, pero habéis comprado este libro porque queríais estar en la misma onda. Esto es, literalmente, ponerse en sintonía, así que hacedlo juntos.

Si tu pareja se resiste...

- ▶ **Saca el tema con delicadeza.** Podrías probar a decir: «Oye, me estoy leyendo este libro... Me encantaría de verdad que hiciéramos este ejercicio juntos. ¿Estarías dispuesto a eso?».
- ▶ **Recuerda que esto se trata de una serie de conversaciones.** No se trata de una gran conversación. Mantened las cosas livianas, sabiendo que dispondréis de más oportunidades para hablar de dinero.
- ▶ **Cuando no sepáis la respuesta a algo, admitidlo.** Si no sabéis la respuesta a algo, levantad la mano y decid: «Debo ser honesto... No lo sé». Hacedlo melodramático, hacedlo divertido. Reíos juntos. Si no es algo fundamental en este momento, anotadlo y abordadlo más tarde. Preferiría que siguierais riendo y avanzando que obteniendo una cifra precisa con tres decimales.

Aquí es donde pasáis de los sueños a la realidad. Mientras avanzáis por este paso, preguntaos: «Para vivir nuestra vida de abundancia, ¿qué gran cambio estamos dispuestos a hacer?».

Os ayudaré a hacer estos cambios. En primer lugar, quiero que dejéis disponible algo de dinero cada mes. Trabajando juntos, id línea por línea hasta llegar a vuestros gastos libres de culpa e identificad dos categorías en las que podáis recortar los gastos un 50 % durante un período de seis meses. Poneos como objetivo recortar un 10 % por mes hasta que alcancéis vuestra meta.

Aquí tenemos un ejemplo bastante claro:

Comer fuera: Gasto actual: 500 dólares/mes
    Mes 1: 450 dólares
    Mes 2: 400 dólares
    Mes 3: 450 dólares (a veces recaéis)
    Mes 4: 375 dólares
    Mes 5: 300 dólares
    Mes 6: 250 dólares

Ahora abordemos un ejemplo que es más complicado: los gastos irregulares como los viajes. Digamos que hacéis cuatro viajes anuales de 1200 dólares cada uno: un total de 4800 dólares. ¿Cómo podríais recortar gastos? Bueno, podríais reducir el número de veces que viajáis, así:

Viajar: Gastos actuales: 400 dólares/mes
    Mes 1: 1200 dólares
    Mes 2: 0 dólares
    Mes 3: 0 dólares
    Mes 4: 0 dólares (en lugar un viaje de 1200 dólares cada tres meses, decidís saltaros dos, lo que recorta vuestros gastos anuales en un 50 %)
    Mes 5: 0 dólares
    Mes 6: 0 dólares

O podríais cambiar el tipo de viajes que hacéis, como por ejemplo acortándolos o estando en alojamientos más baratos:
    Mes 1: 600 dólares (en este ejemplo recortasteis la duración del viaje a la mitad)
    Mes 2: 0 dólares
    Mes 3: 0 dólares

Mes 4: 600 dólares (en este caso os alojasteis en un hotel más barato)

Mes 5: 0 dólares

Mes 6: 0 dólares

Como podéis ver, tenéis muchas opciones con respecto a *cómo* recortar vuestros gastos. Lo importante es enfocarse en la cifra adecuada y en crear vuestro plan juntos.

Llevad a cabo este proceso con dos gastos distintos y, de repente, dispondréis de *cientos de dólares* que redirigir a las cosas que de verdad os importan.

Un «¡Ya hemos recortado todo lo que podíamos!» rara vez es verdad

Sé cómo es sentirse como si estuvierais atascados. Hace algunos años estaba agobiado en mi negocio. Tenía reuniones cada treinta minutos, me arrastraban en diez direcciones distintas y apenas tenía tiempo para comer. Intenté recortar las reuniones, pero cada vez que intentaba escabullirme de una, surgía alguna razón por la que necesitaba asistir a ella.

Si alguien me hubiera dicho que «pensara a largo plazo» y que elaborar un plan, le hubiera mirado con los ojos en blanco. Simplemente estaba intentando superar cada día.

Al final, después de meses intentando escabullirme de las reuniones, las cancelé. Empecé con un calendario en blanco y me pregunté: «¿Qué es importante aquí?».

El *marketing* era importante para mi negocio, así que dediqué el 25 % de mi tiempo a las reuniones de *marketing*. Los productos eran importantes, así que eso supuso otro 25 %. En lugar de recortar en un área pequeña tras otra, simplemente empecé de cero, y eso marcó toda la diferencia.

Éste es el mismo proceso que estáis haciendo con vuestro PGC: empezando de nuevo y haciendo concordar vuestro dinero con vuestras prioridades. Esto es mucho más eficaz que intentar recortar un gasto aleatorio tras otro. He trabajado durante horas con parejas que estaban gastando más dinero que el que ganaban, y pese a ello tenían una excusa para mantener cada gasto. Al final les di una página en blanco y fue como magia: de repente cambiaron todos sus gastos para mejor.

Si, por ejemplo, decidís de antemano que cada mes vais a ahorrar un 5-10 %, invertir un 5-10 % y emplear un 25-30 % para gastos libres de culpa, puede que, de repente, os deis cuenta de que...

- En realidad ya no queréis gastaros dinero para comprar el almuerzo cuatro veces por semana, sino que preferiríais gastaros ese dinero en dos cenas especiales cada mes.
- Vais a tener que recortar en las clases de natación de vuestros hijos.
- No hay forma de librarse de ello: uno de vosotros va a tener que vender su coche.

Recordad que esto consiste en recalibrar vuestros gastos, de modo que vuestro dinero vaya hacia *vuestra* vida de abundancia. Me encuentro que cuando las parejas trabajan en su PGC, todos están de acuerdo, en teoría, en que quieren gastar profusamente en las cosas que les encantan y recortar gastos implacablemente en las cosas que no les apasionan. El problema es que cuando les pido que recorten gastos sin piedad, me proporcionan la misma respuesta: «No hay nada más en lo que podamos recortar. Lo hemos intentado todo».

Redefinid: no ahorréis e invirtáis lo que *queda*. Ahorrad e invertid *primero*. Esto es lo que significa «pagaros a vosotros mismos primero», y una vez que toméis las cifras de ahorros e inversiones (recomiendo un 5-10 % de vuestro salario neto para cada uno de ellos, como mínimo), el resto de vuestros gastos fluirá en torno a eso.

HABLAR (NO PELEAR) SOBRE HACER RECORTES EN VUESTRO PGC

Permitidme que os hable de una pareja con la que he trabajado hace poco. Jennifer y Andrew tenían unos 4600 dólares de deudas de sus tarjetas de crédito. Cuando repasé sus números, resultó (para sorpresa de ellos), que estaban gastando 600 dólares mensuales en un servicio de comida a domicilio. Eso era dinero que podría haberse dedicado a liquidar esa deuda. Lo que resultaba interesante acerca de nuestra conversación (episodio número 46 de mi pódcast), era lo increíblemente difícil que era hacer que esta encantadora pareja hablara directamente sobre recortar sus gastos.

Aquí tenemos a una pareja que gasta cientos de dólares en comida a domicilio, cosa que admiten que es «realmente embarazoso», y pese a ello les seguía costando hablar sobre recortar en eso. Eso se debe a que incluso un gasto obvio como la comida a domicilio no es sencillo. Representa un capricho, un alivio de las responsabilidades cotidianas, y al cabo de un tiempo se convierte en algo a lo que te acostumbras. La idea de recortar eso representa algo doloroso en lo que pensar.

Les ayudé a hablar de lo que la comida a domicilio representaba para ellos. Jennifer, que llevaba la caga doméstica por defecto (como hacen muchas mujeres), quería que Andrew se *diera cuenta* de cuándo estaba cansada y necesitaba ayuda con la comida para la familia; pero hasta ahora ella no había sido clara con lo que necesitaba. Incluso cuando los veía hablar, ella se apremiaba a ofrecer soluciones sin dejar que Andrew averiguara qué hacer.

Las alertas rojas financieras de Ramit

He desarrollado cuatro preguntas sencillas que te ayudarán a determinar si tus finanzas te ponen en un peligro grave. Se me ocurrieron después de hablar con una pareja tras otra que me contaban, despreocupadamente, que tenían una deuda de 62000 dólares en sus tarjetas de crédito, dos camionetas o cochazos de 70000 dólares y un 78 % de sus ingresos dedicados a costes fijos mientras preguntaban, despreocupadamente: «¿Qué piensas, Ramit?».

¿Que qué pienso? ¡Está a punto de darme una apoplejía! ¡Ahora mismo no puedo respirar! ¿Cómo puede ser que tenga 195 pulsaciones y tú estés bebiéndote una limonada tan tranquilamente?

Si estáis en peligro tenéis que saberlo ahora. Haceos estas preguntas:

- ► En vuestro plan de gasto consciente, ¿la cifra de vuestros gastos supera el 100 % de vuestro salario neto?
- ► ¿Vuestros costes fijos superan el 65 %?
- ► ¿Todavía tenéis deudas en vuestras tarjetas de crédito?
- ► ¿Habéis sido tu pareja y tú incapaces de superar las conversaciones número dos o número tres?

Si has respondido afirmativamente a cualquiera de las preguntas anteriores, se trata de una alerta roja de Ramit, lo que significa que debéis llevar a cabo cambios de inmediato. Dile a tu pareja que esto es grave y que debéis actuar rápidamente. Si se opone, échame la culpa a mí. Abordar estos asuntos debería suponer vuestra máxima prioridad.

Les ayudé a mantener una conversación constructiva en la que le pedía a ella que lanzara la pelota de la responsabilidad al tejado de Andrew cada vez que éste se la pasara a ella. Al final, liberaron cientos de dólares cada mes que dedicar a la deuda de sus tarjetas de crédito.

Andrew dijo: «La conversación me hizo responsable, y probablemente fue una de las más claras que hemos mantenido en mucho tiempo».

¿Qué le quieres decir *tú* a tu pareja en román paladino? ¿Qué necesita oír? Puedes decirlo claramente y, pese a ello, ser agradable. Las mejores herramientas de las que dispones para hablar con tu pareja sobre el dinero son el PGC y vuestra visión de la vida de abundancia. Hablad de los documentos en lugar de señalaros el uno al otro. Al empezar a mover las cosas, seguid regresando a esta pregunta: «Para vivir nuestra vida de abundancia, ¿qué gran cambio estamos dispuestos a hacer?».

Recordad que estáis recortando en ciertas cosas para financiar otras. En el caso de Jennifer y Andrew, no están simplemente recortando en comida a domicilio, sino que se están convirtiendo en una pareja libre de deudas, y están desarrollando las habilidades para transmitir claramente lo que quieren y necesitan. Recordad que una parte clave de recortar gastos es redirigir deliberadamente el dinero a donde queráis que vaya, porque de otro modo simplemente quedará absorbido por vuestros gastos.

Los mandamientos del PGC

Aquí tenemos algunas cosas que hacer y que no hacer al recalibrar vuestros gastos:

No intentéis recortar aleatoriamente un 5 % en todo en todas las categorías. Es deprimente y no funciona.

Sí, escoged dos áreas de gastos discrecionales y comprometeos a recortar cada una en un 50 % a lo largo de seis meses, lo que normalmente acabará liberando cientos de dólares cada mes que podréis redirigir hacia vuestra vida de abundancia.

No os obsesionéis por el «sacrificio» que supone lo que estáis recortando.

Sí, empezad con la mentalidad adecuada: no estáis recortando en cosas que os encantan, sino que estáis *desarrollando la vida de abundancia que deseáis*. Este sutil cambio os da el control y os proporciona una *razón* para llevar a cabo estos cambios. Si consideráis que este proceso consiste, simplemente, en eliminar todas las cosas que os encantan, estáis condenados. ¡Nadie quiere sufrir restricciones! Yo no quiero, tú no quieres y tú pareja tampoco quiere. Redefinid vuestros cambios para centraros en lo que estáis desarrollando, y no en lo que estáis eliminando.

No os señaléis ni uséis un lenguaje como «Tú siempre…» o «Tú nunca…».

Sí, hablad sobre vuestra visión, vuestras cifras y «Nuestro futuro». Usad el pronombre *nosotros* siempre que podáis. («Parece que estamos gastando demasiado en X… Realmente quiero que podamos gastar más en Y»).

No saquéis dinero de vuestras inversiones para vuestra jubilación para amortizar deudas. Muchas parejas ven unas cifras elevadas y sienten pánico, vendiendo las únicas inversiones que poseen, lo que les cuesta muy caro en el futuro. (La única excepción es si os encontráis en circunstancias peliagudas, pero yo contactaría con mis prestamistas para pedir ayuda, vendería mi casa y me buscaría un segundo empleo antes de, siquiera, pensar en hacer una retirada de efectivo de mis inversiones).

Sí, reducid la velocidad antes de hacer cambios espectaculares. Estudiad todas las opciones, incluyendo el llamar a las compañías de vuestras tarjetas de crédito o a la que os concedió el préstamo estudiantil para pedir ayuda. Muchas trabajarán con vosotros para dar con un plan de pagos. Frecuentemente, la gente con un nivel de deuda grave hará cualquier cosa excepto la que funciona: *Elaborar un plan para amortizar la deuda, configurar unos pagos automáticos y tener paciencia.*

No exijáis una congelación de gastos si las cosas tienen mal aspecto.

Sí, sed realistas: ¿vais a modificar de verdad todos vuestros gastos de la noche al día? Por mi experiencia, las proclamas de gran envergadura casi nunca aguantan. Estoy buscando unos cambios reales y sostenibles que vayáis a seguir cada semana. Es mejor ahorrar un 5 % constantemente que soñar en ahorrar, de repente, un 40 % de vuestro salario neto.

No hagáis promesas vagas sobre gastar menos.

Sí, sed concretos (incluso cómicamente concretos) con las áreas *grandes* en las que queréis recortar. Si, por ejemplo, acordarais recortar en el gasto en comestibles, la conversación podría desarrollarse así:

Qué hacer si vuestras cifras son desesperadas

Es fácil mirar para otro lado cuando os sentís indefensos. Algunos de nosotros negamos la verdad («¡La cosa no está tan mal, en realidad!»). Otros se abrazan con sus hijos o su cónyuge o sacan a su perro a dar un paseo.

Yo encuentro consuelo en el mundo despiadado de los negocios, donde encuentro inspiración en las técnicas espectaculares de reducción de costes.

Lo digo en serio. Cuando las compañías han crecido demasiado contratando o expandiéndose en exceso, son extremadamente buenas reconociéndolo y haciendo cambios rápidamente. Si no lo hacen, se van a la bancarrota. Las compañías se reestructurarán recortando personal, reduciendo el espacio dedicado a oficinas y redefiniendo sus objetivos. Vosotros y yo deberíamos vernos inspirados por lo rápidamente que las compañías se mueven para sobrevivir.

Lamentablemente, la mayoría de nosotros no hacemos esto con nuestras propias finanzas. Ignoramos el problema. Esperamos, para nuestros adentros, que se arregle solo. Se nos ocurren soluciones grandiosas («¡Simplemente necesitamos ganar más dinero!»). Sin embargo, lo que de verdad tenemos que hacer es reconocer la realidad y hacer cambios rápidamente, al igual que hacen las compañías multimilmillonarias.

Permitidme que sea claro con lo que significan los «grandes cambios»: vender vuestra casa y alquilar un apartamento pequeño supone un gran cambio. Vender vuestro bonito coche y bajar de categoría con un coche viejo de segunda mano es un gran cambio, al igual que lo es retirar a vuestros hijos de caras actividades extraescolares. A la mayoría, estas cosas nos parecen incomprensibles, y lo probaremos todo *excepto lo que de verdad debe hacerse*. No obstante, si vuestras cifras parecen desesperadas, esto puede que sea exactamente lo que tengáis que hacer.

Mi filosofía: los cambios van a proceder *de* vosotros o van a llegaros *a* vosotros. Prefiero que procedan de vosotros. Ya no más evitar el problema. ¡Pongámonos agresivos!

—¿Podemos hacer que el gasto en comestibles baje de ochocientos a quinientos dólares el mes que viene?

—Me haré cargo de eso. Creo que podemos hacerlo. *(Idealmente, una persona asume la responsabilidad).*

—¿Hay algo que pueda hacer para que sea más fácil? *(Sois un equipo desarrollando vuestra vida de abundancia juntos. Ésta es una gran oportunidad para trabajar como compañeros de equipo. Si tu pareja no se presta voluntaria para esto, dile: «Me encantaría que me preguntaras cómo puedes apoyarme». ¡No puede leerte la mente!).*

—Creo que si, simplemente, me concentro mientras estoy comprando, no será difícil, pero siempre hay caos, con los niños en el cochecito pidiendo galletas. ¿Qué tal si hago la compra los domingos por la mañana mientras los niños están en casa contigo, para que así pueda concentrarme? Eso sería de verdadera ayuda. *(Date cuenta de lo concreto que es esto. Ahorrar dinero en grandes ítems no consiste sólo en «intentarlo con más determinación», ni siquiera en marcarse una intención. Tiene que ver con ir destapando meticulosamente las capas de la logística para descubrir por qué estáis gastando excesivamente y cómo podéis recortar gastos).*

—Oh, eso no supone ningún problema. Puedo hacer eso.

—¡Gracias! Esto va a ser genial. Me encanta que hagamos esto juntos. *(Aprovechad cada oportunidad para celebrarlo y reconectar con vuestra vida de abundancia).*

Esto es precioso.

Vuestro fondo para emergencias

Me encanta un buen fondo para emergencias. Es como un elemento de protección financiera que me aporta la seguridad de saber que incluso si algo va mal, mi familia y yo estaremos bien. En el momento que más lo necesites sabrás que está ahí. Apórtale dinero mensualmente y fortaleceréis, lentamente pero con seguridad, vuestra posición económica.

Lleva mucho tiempo llenar un fondo de emergencia, frecuentemente mediante años de contribuciones lentas y metódicas. ¡Eso está bien! Añadidlo como otro ítem en la sección de ahorros de vuestro PGC. Luego configurad unas transferencias automáticas del

3 % (o más) de vuestros ingresos netos a una cuenta de ahorros dedicada a esto (quizás podríais llamarla «Romper sólo en caso de emergencia»). El objetivo es amasar una cantidad suficiente de dinero para cubrir entre tres y seis meses de gastos esenciales (lo suficiente para pagar la luz, llenar la nevera, pagar los costes de la vivienda, la gasolina del coche y cualquier pago mínimo con respecto a las deudas. Podéis calcular esa cantidad computando la sección de costes fijos de vuestro PGC y multiplicando esa cifra por tres o por seis: el número de meses que hayáis elegido.

Tened ese dinero en una cuenta de ahorros distinta y tratadla como si fuese invisible. Sin embargo, cuando una emergencia os golpee, estaréis preparados para emprender acciones rápidas. Si un progenitor enferma en la otra punta del país, id al aeropuerto y escoged un vuelo (cualquier vuelo) sin ni siquiera fijaros en el precio. Esto es para lo que habéis ahorrado.

Os recomiendo que habléis sobre lo que consideráis una emergencia, de forma que dispongáis de una lista clara de acuerdos sobre cuándo recurrir a vuestro fondo para emergencias. Aquí tenemos para qué *no* es el fondo: para cubrir gastos cuando vuestra cuenta corriente se esté quedando vacía, para compras cosas caras para las que no hayáis ahorrado («Deberíamos comprar ese televisor de setenta y cinco pulgadas ahora, mientras está a la venta, y ya devolveremos el dinero al fondo para emergencias el mes que viene»), o para ayudar a financiar la entrada para una casa o un coche.

Odio saber que un día puede que mi familia se enfrente a una emergencia, pero me consuela saber que tenemos nuestro fondo para emergencias esperando tranquilamente al momento en el que sea necesario.

Preguntaos siempre: «¿Qué conseguimos?»

Hay sólo una cosa más. Trabajo muchas horas, a veces los fines de semana, y asumo muchos riesgos. Siempre me pregunto: «¿Qué consigo?».

Deberíais haceros la misma pregunta. ¡Probadlo! Extended la mano, con la palma hacia arriba, como si estuvierais a punto de recibir dinero, y preguntaos: «¿Qué conseguimos? Si estamos haciendo todos estos cambios para liberar cientos de dólares cada mes, ¿qué conseguimos con ello?».

La alegría del gasto sin culpa

El gasto sin culpa es mi parte favorita del plan de gasto consciente, porque es el área que aporta más alegría, tanto si vuestra versión de la alegría es tomar café de un único origen preparado por goteo, un masaje semanal, una tarde jugando al golf, lecciones de salsa o comer fuera de casa.

Vuestro plan de gasto consciente os dirá de cuánto dinero disponéis para vuestros gastos sin culpa. (Esto es importante, porque la cantidad en vuestra cuenta bancaria aumentará y descenderá, pero vuestro PGC estará aquí para orientaros). Digamos que el plan os dice que disponéis de mil dólares mensuales para gastos sin culpa y que tu pareja y tú decidís repartir esa cantidad a medias. ¿Qué pasa a continuación?

▶ Cada uno de vosotros está al cargo de quinientos dólares para vosotros mismos.

▶ Cada mes, cuando os reunáis para hablar del dinero (veremos más al respecto en el capítulo 10), compartiréis cuánto de ese dinero os habéis gastado. Esto no llevará mucho tiempo, porque simplemente estaréis reportando sobre una cifra que es de cada uno de vosotros, así que si habéis gastado 400 o 423 dólares es irrelevante. Es una simple oportunidad para confirmar que los dos controláis vuestros gastos sin culpa y para compartir algo de alegría. («Me han dado el mejor masaje de mi vida. ¡Deberíamos ir juntos el mes que viene!»).

▶ Si habéis superado la cifra de vuestros gastos sin culpa, es vuestra responsabilidad mencionarlo y arreglarlo.

▶ Si no usáis vuestro dinero para gastos sin culpa, no pasa nada: acumuladlo, pero no convirtáis esto en un hábito. Al igual que ciertas compañías insisten en que sus empleados se tomen vacaciones cada año, insisto en que empleéis el dinero mensualmente. Es importante que desarrolléis la habilidad de gastar dinero con sentido.

Tenéis que responder a esa pregunta por vuestra cuenta, porque es concreta para vuestra situación. Puede que lo que consigáis sea amortizar una deuda aplastante (doscientos dólares mensuales extra podrían ahorraros *más de dos años de pagos* en un saldo negativo de diez mil dólares en vuestras tarjetas de crédito). Puede que sea llevar a vuestros hijos a ver a sus abuelos dos veces al año. Vosotros decidís.

Ésa es la razón por la cual es tan esencial hacer grandes cambios en vuestros gastos (yo uso la frase: «Recortad gastos despiadadamente», y la digo en serio), de modo que podáis actuar intencionadamente con respecto a dónde va vuestro dinero. Cuando tengáis una visión cristalina de vuestra vida de abundancia y os estéis preguntando constantemente: «¿Qué conseguimos?», sabréis que estáis aportando fondos para vuestra visión de compraros un velero, o tener el jardín de vuestros sueños en el patio trasero, o lo que sea importante para vosotros. Esto es profundamente gratificante y poderosamente motivador.

Trabajáis duro. Estáis leyendo este libro juntos. *¿Qué conseguís?*

Lista de comprobación del capítulo 7

❑ A lo largo de tres conversaciones, crea vuestro plan de gasto consciente con tu pareja.

1. La primera conversación es ligera y relajada: es simplemente para que hagáis vuestras mejores aproximaciones de vuestros gastos en un folio, a modo de un primer esbozo.
2. La segunda conversación os permitirá rellenar los espacios con detalles sobre los gastos reales, incluyendo los gastos que vendrán en los siguientes doce meses.
3. La tercera conversación es en la que tu pareja y tú os comprometeréis a hacer grandes cambios para recalibrar vuestros gastos para que encajen en vuestra visión de la vida de abundancia.

- ❏ Asumid una responsabilidad compartida de vuestro PGC. Celebrad reuniones mensuales del dinero (*véase* inicio del capítulo 10) para hacer ajustes y manteneros en el buen camino. ¡El dinero es ahora una parte regular y positiva de vuestra vida!

- ❏ Abrid una cuenta de ahorro exclusiva para vuestro fondo para emergencias y configurad unas transferencias automáticas, incluso aunque la cantidad sea pequeña. Con el tiempo desarrollaréis vuestro elemento de protección financiera.

- ❏ Aseguraos de preguntaros «¿Qué conseguimos?» con el hecho de recalibrar vuestros gastos, y también redirigid el dinero que habéis ahorrado a algo que os importe, como amortizar deudas, incrementar los ahorros y las inversiones, o los gastos libres de culpa.

8
Controlar vuestros gastos

Abordad los gastos invisibles, eliminad los gastos excesivos y recomprad vuestro tiempo

Hay un chiste que circula entre los médicos: están examinando a un paciente para un chequeo rutinario y le preguntan qué tal le están yendo las cosas:

—Sí, todo va bien.

Hablan algunos minutos más, y cuando la cita está llegando a su fin, la médico empieza a salir de la consulta. Está ya saliendo por la puerta cuando el paciente dice, de repente:

—Oh, sí, una cosa que he olvidado mencionar, doctora... Llevo sangrando por la nuca estos últimos seis días.

Esto sucede en mi pódcast todo el tiempo. La gente acude y dice, seriamente: «¡Simplemente no sabemos a dónde se está yendo el dinero!». Entonces, cuando llevamos tres horas de conversación arrojan, despreocupadamente, un bombazo que me hace estallar la mente.

Recuerdo a Austin y Annie, una pareja de Kansas. Se ganaban bien la vida y vivían en una región con un coste de la vida bajo. Tenían unos ingresos anuales de 130 000 dólares. Si hubieran estado en sintonía con su dinero, Austin y Annie podrían haber estado en una situación económica envidiable, pero de algún modo su dinero se les estaba escurriendo entre los dedos.

Por lo menos eso es lo que pareció durante una hora, mientras hablábamos de las facturas de los comestibles, el coste de la comida para llevar y otras áreas en las que estaban en desacuerdo. Entonces Annie mencionó, de pasada, las herramientas de Austin.

—¿Herramientas? ¿Qué herramientas?

Resultaba que, para su trabajo, que describía como «dar vueltas a llaves inglesas», Austin se estaba gastando entre 1500 y 2500 dólares *mensuales* en herramientas.

—Hace un año, tenía una deuda de 36 000 dólares sólo en herramientas –dijo Austin–, y lo máximo por lo que me he comprado un coche ha sido por 3000 dólares. Mi caja de herramientas vale más que cualquier vehículo que haya comprado.

Yo, que soy un tipo que no conoce la diferencia entre un destornillador Phillips (de estrella) y uno de punta plana, ni siquiera era consciente de que las cajas de herramientas fueran tan caras, pero comprendo por qué Austin no había sacado el tema antes. Cuando algo está muy profundamente entretejido en tu identidad (como las herramientas de Austin lo son para él), tu mente emplea variedad de técnicas para escudarte de enfrentarte al problema de cara. «¿A dónde se está yendo todo nuestro dinero? No, no pueden ser mis herramientas. Las uso cada día».

Ésa es la razón por la cual anotar vuestros números en un folio es crucial: elimina las narrativas que creamos alrededor de nuestros gastos y pone, blanco sobre negro, los «gastos invisibles». En el caso de Austin y Annie, la cosa estaba clarísima: cuando estáis ganando 130 000 dólares anuales y estáis batallando con el precio de los comestibles, uno no puede permitirse gastarse decenas de miles de dólares en herramientas.

Gastos invisibles

Cuando me fijo en los planes de gasto consciente de las parejas, las principales categorías en las que veo un gasto excesivo son en la vivienda y los coches. Pero esto no acaba ahí. Hay muchos gastos invisibles con los que la gente se queda sorprendida.

Los gastos invisibles son los gastos a los que no queremos, subconscientemente, enfrentarnos. Jugamos a juegos psicológicos con nosotros mismos para permanecer en la oscuridad. Aquí tenemos las formas más comunes en las que la gente pasa por alto sus gastos invisibles:

Gastos que forman parte de vuestra identidad. Para mí (un tipo que ni siquiera tiene un martillo) era obvio que Austin estaba gastando demasiado en herramientas, pero a Austin ni siquiera se le había ocurrido pensar que cien mil dólares en herramientas podían suponer un problema. Se inventó una razón muy lógica: «Las necesito para trabajar». Austin necesita cien mil dólares en herramientas igual que yo necesito una nave espacial para ir al supermercado.

Éste es un problema de identidad común: «Necesito esta cosa para ser la persona que creo que soy». Verás lo mismo en el caso de las camionetas o los cochazos, los bolsos caros, las actividades onerosas para los hijos, las casas y los viajes. Quiero que trabajéis en pro de las cosas que os encantan, pero antes de comprarlas debéis poder permitíroslas. Mi recomendación: cuando se trate de examinar vuestros gastos, todo se pone sobre la mesa, incluso las cosas que hacen que seas quien eres. Si quieres vivir una vida de abundancia tendrás que cambiar tu identidad. No pienses en esto como en una pérdida. Piensa en el próximo capítulo de tu vida.

Juegos mentales. Nuestra mente nos engaña. Cuando estamos pensando en nuestros gastos, contamos algunos de ellos, pero ignoramos otros. Éstos son los «juegos mentales». Por ejemplo, es sorprendente cómo gente que tiene una deuda de cientos de miles de dólares en préstamos estudiantiles no considera eso como parte de su deuda. Cuando les pregunto sobre sus finanzas, suelen decirme: «Están bien». Cuando les hablo de los ciento cincuenta mil dólares de préstamos estudiantiles, se ríen y dicen: «Oh, eso no cuenta. Me voy a llevar eso conmigo a la tumba». También ignoran los gastos únicos como las vacaciones («Sólo me he tomado vacaciones una vez, la pasada primavera») y los gastos discrecionales como el maquillaje o los aperitivos («Eso no era más que un pequeño capricho»).

Permíteme ser directo: no importa si has comprado algo sólo una vez, o si fue cuando estabas cansado o cuando estaba lloviendo. ¡Todo cuenta!

Lo que resulta interesante es que la gente también emplea los juegos mentales de forma inversa cuando no cuenta el dinero que realmente sí tiene. Por ejemplo, alrededor del 40% de la gente no piensa en sus fondos para la jubilación cuando le pregunto cuánto dinero tiene. Dirá: «Bueno, en realidad no pienso en ello como en un dinero real. Está en mi cuenta de jubilación». ¡Sí que es de verdad! ésta es la razón por la cual anotar nuestros números y mirarlos juntos.

No tener en cuenta el verdadero coste de los gastos únicos. El cerebro humano es realmente malo con los grandes gastos. En primer lugar, no logramos incluir los costes fantasma *(véase* el recuadro a continuación), o todos los costes que no aparecen en el precio de la etiqueta. Yo, por ejemplo, añado un 50% al precio de mi hotel para tener en cuenta los impuestos, las propinas y las comidas.

Tres letras que harán cambiar la forma en la que te fijas en el dinero: CTP

La primera letra de mi coche fue de trescientos cincuenta dólares, pero cuando añadí todos los costes ocultos que implicaba tener un coche, incluyendo los gastos fantasma como la gasolina, el aparcamiento, el seguro, las multas por mal estacionamiento y el mantenimiento, estaba pagando más de mil dólares mensuales. Ésa es la razón por la que estoy obsesionado con cuánto cuestan *de verdad* las cosas. No estoy hablando del precio que aparece en la etiqueta, sino del CTP o coste total de la propiedad.

La mayoría sólo nos fijamos en el precio que aparece en la etiqueta, y nunca incluimos los costes fantasma, y luego nos sorprendemos cuando no parecemos tener el control de las cosas. Una de las mejores habilidades relativas al dinero que podéis desarrollar es tener en cuenta *todos* los costes fantasma de las compras importantes. Recordad: no queréis veros sorprendidos por vuestras finanzas.

El coste total de la vivienda: Yo añado el 50 % al precio de una hipoteca. Esto tiene en cuenta los seguros, el mantenimiento, los impuestos y las reparaciones.

El coste total de tu coche: Debes incluir no sólo los pagos mensuales, sino el seguro, el mantenimiento, las reparaciones, la gasolina, el aparcamiento, etc. Los tres mayores puntos clave que tienes son: (1) tu elección del coche, (2) el tipo de interés y (3) durante cuánto tiempo tendrás el coche. Compra inteligentemente, porque probablemente te gastarás decenas de miles de dólares más que la cantidad que aparece en la etiqueta.

Puedes estar de acuerdo o no con mis cifras, pero eso no es lo importante. Lo que es más importante es que incluyas los costes fantasma, porque sumarán centenares de miles de dólares a lo largo de tu vida.

Sin embargo, somos incluso peores ahorrando para los gastos únicos, y especialmente para los «inesperados». Si estáis planeando unas vacaciones de 2500 dólares dentro de 12 meses, deberíais estar reservando 210 dólares mensuales. Y digamos que tenéis que reemplazar vuestro tejado en unos 12 años y que costará unos 15 000 dólares. Eso significa que tendríais que reservar unos 100 dólares mensuales para ello empezando hoy. (¿Quien hace esto?: casi nadie).

Planificar con antelación es a lo que me refiero cuando hablo de jugar al ataque. Una vez que abandonéis del hábito de reaccionar ante las situaciones financieras y en lugar de ello empecéis a mirar hacia adelante, os proporcionaréis el regalo de estar preparados independientemente de lo que se cruce en vuestro camino. Os daréis cuenta de por qué tiene tanto sentido económico comprar y conservar las grandes compras como un coche y la vivienda, donde el verdadero ahorro se produce *después de* los primeros (pocos) años (la diferencia entre conservar un coche de 40 000 dólares durante cuatro años frente a 12 años hará que os explote la cabeza). La mayoría de nosotros no pensamos así. Simplemente tropezamos con gastos durante toda nuestra vida, sintiendo que siempre estamos jugando a «ponernos al día», porque eso es lo que estamos haciendo.

Comprender el gasto excesivo/derroche

Uno de mis conceptos favoritos en la psicología social es la disonancia cognitiva, que describe cómo la gente gestiona dos ideas opuestas y contradictorias. Por ejemplo, todo el mundo sabe que fumar es malo, y casi todo el mundo cree que la salud es importante. Así pues, ¿cómo justifican los fumadores el vicio de fumar? «Todos vamos a morir algún día, así que podría disfrutar de mi tiempo aquí».

Todos sabemos que las deudas en las tarjetas de crédito son malas, así que, ¿por qué hay gente que sigue gastando cuando no puede permitírselo? «¡Por lo menos no soy como Gerry, que tiene una deuda de cincuenta mil dólares en sus tarjetas de crédito!». (Esto, por cierto, es la razón por la cual la telerrealidad es tan popular).

La gente es magistral a la hora de justificar comportamientos que no tienen sentido. ¿Recordáis los tipos de persona con respecto al dinero de los que he hablado en el capítulo 2? Los soñadores (capítulo 2) son los más versados en cuanto a racionalizar unos gastos poco razonables, además de ser los más tendentes a llevarlos a cabo. Sin comprender cómo la mente humana se escabulle con respecto a un cierto comportamiento, hay pocas posibilidades de cambiarlo.

Aquí tenemos lo que se dicen a sí mismas las personas que gastan excesivamente:

«¡No pasa nada!». La mayoría de la gente que gasta excesivamente no se ha cuenta que, de hecho, derrocha porque nunca se ha fijado de verdad en sus números. Ciertamente, le ha echado un vistazo a compras concretas. Puede que le haya echado una ojeada a las facturas de su tarjeta de crédito y haya hecho una mueca de dolor. Sin embargo, nunca ha valorado plenamente su panorama financiero total, incluyendo su patrimonio neto, su tasa de ahorro, su tasa de inversión y todo lo demás incluido en el plan de gasto consciente. Sorprendentemente, hablo habitualmente con parejas que están gastando más de lo que ganan cada mes y que *no tienen ni idea de eso*.

«Me merezco esto». Las personas que gastan en exceso tienen una cierta visión de cómo se supone que tiene ser su vida, y esa visión suele estar desconectada de la realidad de sus finanzas. Si profundizas en *por qué* gastan en exceso, frecuentemente obtendrás una respuesta como ésta: «Trabajo duro y me merezco poder comer una buena comida». Puede que sea así, pero si pregunto: «¿Cómo sabes qué puedes permitirte?», nunca tienen una respuesta.

«No hago esto cada día». Las personas que derrochan usan una inteligente técnica en la que se dicen a sí mismas que cada coste no es más que un gasto único. «No me voy de vacaciones *cada semana*. Ésa fue una ocasión especial. ¡Era mi cuadragésimo cumpleaños!». Si fueran honestas con respecto a cuánto gastan en estas cosas discrecionales (coches, viajes, comer fuera, ropa), tendrían que enfrentarse a las consecuencias de sus acciones. Con el tiempo, sus elecciones a la hora de gastar se convierten en su identidad: «Soy el tipo de persona que se aloja en hoteles de lujo». Evitan una contabilidad honesta porque en lo más profundo de su ser saben que están gastando en exceso.

«Quiero que mis hijos tengan más que lo que tuve yo». Éste es un guion invisible profundamente estadounidense, la justificación irrefutable que usamos para gastar y darnos unos caprichos excesivos. Después de todo, ¿quién podría criticarte por querer darles a tus hijos una vida maravillosa? La respuesta es que Ramit Sethi puede. Si de verdad quisieses que tus hijos tuviesen más que lo que tú tuviste, empezarías moldeando una relación sana con el dinero. Les enseñarías la palabra *«No»* y les explicarías por qué. Deberías saber que el amor no consiste en, simplemente, darles a los niños todo lo que quieren, sino más bien en enseñarles a ser buenos en la habilidad del dinero, cosa que empieza contigo.

Gastar en exceso puede parecer abrumador, pero en prácticamente todos los casos con los que me he encontrado, las personas que derrochan carecían de los fundamentos básicos: no tenían una visión general de sus finanzas, no tenían una visión de a dónde querían que fuese su dinero, y no tenían configurados unos ahorros ni unas inversiones automáticas. Todo esto puede arreglarse. Ya conoces tu visión y tus números. Nos ocuparemos de la automatización pronto.

Si has estado gastando en exceso, ha llegado el momento de reescribir tu identidad. Junto con tu pareja, empezad respondiendo a estas preguntas:

- ¿Cómo describiríamos nuestra relación con el dinero hoy?
- ¿Cómo queremos que sea nuestra relación con el dinero mañana? (sed concretos).
- ¿Qué cambios estamos los dos dispuestos a hacer para llegar hasta ahí?

¿PUEDE CAMBIAR LA GENTE QUE GASTA EN EXCESO?

Sí, totalmente, si hay una razón para cambiar. Lamentablemente, el que quieras hacer un cambio es bastante raro. Si fuera así, ya hubiera funcionado.

Un motivador potente es una visión nítida y vívida de una vida de abundancia. Una vez que tu pareja y tú podáis ver el lugar concreto que queréis visitar, o la alegría en el rostro de vuestros hijos mientras exploran un parque nacional por primera vez, entonces comprar cosas aleatorias se volverá, de repente, algo menos atractivo que las recompensas de vuestra poderosa visión conjunta. (Releed el capítulo 3 para desarrollar o refinar vuestra visión).

Para los que seáis padres, el mejor motivador es daros cuenta de que vuestros hijos están mirando (y absorbiendo) vuestra relación con el dinero. Si tenéis una mentalidad de escasez, ellos probablemente también la tendrán. Si mamá es la que gestiona el dinero mientras papá lo ignora, vuestra hija probablemente absorberá la lección de que se supone que son las mujeres las que tienen que encargarse del dinero, mientras que los hombres pueden desentenderse.

¡Emplead esta motivación! Preguntaos el uno al otro: «Si tuviéramos que ser brutalmente honestos, ¿cómo creemos que nuestros hijos describirían la forma en la que gestionamos el dinero hoy? ¿Queremos que nos vean peleándonos por nuestras finanzas? Si no cambiamos nada, ¿cómo tratarán el dinero en sus futuras relaciones?».

Si no queréis tener hijos, mirad en vuestro interior: ¿cuáles son las probabilidades de que cambiéis? ¿Qué visión sería lo suficientemente poderosa como para hacer que llevarais a cabo un cambio en vuestro estilo de vida con vuestro dinero?

«¿Podemos permitirnos esto?»

La forma en la que pensamos en si podemos permitirnos algo suele basarse en nuestros sentimientos en ese día concreto, en la cantidad que tengamos en nuestra cuenta corriente o en cómo sople el viento. ¿Con qué frecuencia os habéis hecho preguntas como las siguientes?:

▶ ¿Podemos permitirnos cincuenta dólares en una cena?
▶ ¿Podemos permitirnos un teléfono móvil de mil dólares?
▶ ¿Podemos permitirnos unas vacaciones familiares de cinco mil dólares?

Ésas no son las preguntas adecuadas que formular. Cuando estéis decidiendo si podéis permitiros algo, aquí tenemos la forma correcta de pensar en ello:

▶ ¿Estamos aportando, automáticamente, un 5-10 % de nuestro salario neto a nuestra cuenta de ahorros cada mes?
▶ ¿Estamos aportando, automáticamente, un 5-10 % (idealmente más) de nuestro salario neto a nuestra cuenta de inversión cada mes?
▶ ¿Podemos pagar este objeto o experiencia sin endeudarnos?

Si la respuesta a todas estas preguntas es afirmativa, ¡felicidades! Probablemente os lo podréis permitir (*véase* el capítulo «Pensando en una compra importante» para obtener una orientación más concreta).

No compréis cosas con vuestra tarjeta de crédito que no podáis pagar a final de mes. No quiero que os endeudéis por nada, excepto por una vivienda y un coche. No vais a endeudaros por compraros una barbacoa. No vais a endeudaros por comprar ropa. No vais a endeudaros por unas vacaciones. La compra estará cubierta por el dinero para gastos sin culpa que habéis ahorrado específicamente para eso. Si no es así, no lo compraréis.

Cuando proporciono a la gente esta orientación meridianamente clara, suele quedarse anonadada. «Bueno, ¿cómo se supone que tenemos que comprar cosas?». La respuesta es que no se supone. Ahorras y *entonces* te las puedes comprar. Si las cosas no están funcionando de la forma en la que quieres, ha llegado el momento de preguntar: «¿En qué, en concreto, podemos recortar para así redirigir fondos a esta compra futura?».

Saber que podéis permitiros algo empieza con las cifras, y no con cómo os sentís. Sé que esto no está bien visto decirlo, pero a veces vuestros sentimientos *no son tan importantes*. La asequibilidad tiene que ver, principalmente, con los números. Fijaos en la respuesta financiera: *entonces* podréis pensar en si una cosa es lo suficientemente valiosa y si encaja en vuestra vida de abundancia lo suficientemente como para gastar dinero el ella.

Cuando tu pareja es derrochona

Tú ya sabes si tu pareja es derrochona (una persona que gasta en exceso). Si lo es, puede ser frustrante y terrible ver cómo hace descarrilar vuestros planes compartidos de la vida de abundancia una y otra vez. Vuestro trabajo consiste en comprenderlos en profundidad y elaborar un plan para alcanzarlos. (Desearía que no tuvieras que asumir este papel, pero si queréis llevar a cabo un cambio real juntos, tendrás que ser tú el que dé el primer paso).

Cuando iniciéis esta serie de conversaciones, recordad que ya habéis creado una visión y que habéis revisado vuestros números juntos. Tomaos un momento para recordar a vuestra pareja lo lejos que habéis llegado y luego involucraos con una actitud positiva y una curiosidad auténtica.

El primer enfoque

El objetivo es, sencillamente, hacer que tu pareja diga que sí a mantener una conversación sobre sus gastos.

Inténtalo con esto: «Quiero mantener una conversación en la que podamos hablar sobre cómo podemos sentirnos bien con respecto a nuestro dinero. ¿Cuál sería un buen momento para hablar?». *(Date cuenta de que no estáis manteniendo la conversación, sino sólo buscando un microacuerdo preguntando por un momento. Esto le permite a tu pareja prepararse mentalmente y o sentir que le están tendiendo una emboscada).*
Evita esto: «Tenemos que hablar sobre nuestros gastos».

Crear el plan

La clave aquí son los *detalles*. Cuando empiezo a ayudar a las parejas con los gastos excesivos, oigo, invariablemente, la palabra *«intentarlo»*, como, por ejemplo: «Imagino que simplemente tengo que intentarlo con más ganas».

No. Yo no «intento» ducharme cada día, ni voy a «intentar» dejar de derrochar. Si algo es una prioridad para mí, voy a elaborar un plan. Voy a identificar las áreas en las que puedo fracasar y luego voy a atacar el problema con una fuerza arrolladora.

Si, por ejemplo, tu pareja derrocha comiendo fuera de casa, pregúntale cuánto dinero puede gastar en esta actividad de acuerdo con el plan de gasto consciente (asegúrate de preguntárselo, y no de decírselo, para que así pueda implicarse directamente). Luego pregúntale cuál es su plan. Un mal plan consistiría en «Lo intentaré con más ganas». Un buen plan sería «Me doy cuenta de que como fuera de casa siempre que estoy cansado. Voy a planear por adelantado (como preparando comidas los domingos), de modo que pueda llevarme la comida al trabajo. Sigo queriendo comer fuera, pero lo limitaré a dos veces por semana». Pues bien: eso sí que es un plan de verdad.

Otras sugerencias para los derrochones:

- La persona que gasta en exceso es responsable de conocer sus números y dar con una forma de gestionar sus gastos. La responsabilidad es suya, y no de su pareja.
- Los derrochones siempre se rodean de tentaciones. Si gastan en exceso en unos grandes almacenes, se encuentran en la lista de correo promocional de los grandes almacenes. Si gastan demasiado en Starbucks, conducen, intencionadamente, para pasarse por allí cada día. Céntrate en modificar tu entorno si quieres hacer cambios reales en tus gastos.
- Emplead la reunión mensual del dinero para compartir cómo os está yendo con los gastos. Tened paciencia con vuestra pareja: el desarrollar una nueva habilidad probablemente se encontrará con algunos baches por el camino. Lo que es importante es que esté abierta y dispuesta a llevar a cabo un cambio.
- Si es completamente necesario, podéis emplear la técnica del «sobre», en la que una persona toma una cantidad concreta de dinero para el mes y una vez que la ha agotado, ya no dispone de más. Personalmente, no me emociona esto, porque altera la estructura de las cuentas que esbozaré en el capítulo 9; pero es una opción para los casos graves de derroche.

Seguir adelante si ha habido una mejora, aunque haya sido ligera

Inténtalo con esto: «Me he dado cuenta de que hemos cumplido con nuestra cifra de gastos libres de culpa este mes. Simplemente quería decir que lo agradezco. Significa mucho para mí». *(Los elogios pueden darse sin unos pasos siguientes preceptivos. Permite que el momento os haga sentir bien. Siempre podéis hablar de los siguientes pasos otro día).*

Evita esto: «Eso es genial. Ahora hablemos de...».

Seguir adelante si no ha habido mejoría
o si las cosas han empeorado

Inténtalo con esto: «Sé que hemos hablado de hacer un cambio con nuestras finanzas. ¿Cómo crees que está yendo?». *(Esto debería sacarse a colación en una reunión mensual del dinero, y no surgir de la nada. Las críticas aleatorias sobre el dinero nunca generan cambios positivos, sino que desencadenan ponerse a la defensiva. Si las cosas no cambian después de que hayáis hablado varias veces, puede que haya llegado el momento de llevar esto a un nivel superior).*

A continuación, inténtalo con esto: «Me siento nervioso por tener que mantener esta conversación, pero sé que es algo que tengo que hacer. Hace un par de semanas, tú y yo acordamos que monitorizaríamos nuestros gastos en comer y beber fuera de casa. Tú dijiste que te pondrías al cargo, pero me he dado cuenta de que hemos vuelto a gastar más de lo que teníamos planeado. ¿Puedes decirme qué ha pasado?». *(Permítele responder. Probablemente divagará, pasando a algún tema sin relación, o le dará la vuelta a la conversación para que regrese a ti. Haz que se vuelva a centrar).* «¿Puedes decirme qué vas a hacer al respecto?». *(La clave consiste en permitirle dar con la solución. No te enredes con el arreglo cuando tú no has provocado el problema).*

Por último: «¿Cómo vas a asegurarte de que esto permanezca?».

Resúmelo dirigiendo el asunto hacia el punto de referencia: «Es verdaderamente importante que tengas esto bajo control, porque los dos tenemos que trabajar juntos para gastar nuestro dinero como si fuéramos un equipo».

Evita esto: «Lo sabía. Siempre dices que vas a cambiar y luego no pasa nada».

Tanto si el problema es el derroche u otro problema relativo al dinero, deberás participar para que las cosas cambien. Podéis establecer la estructura perfecta para una reunión y decir exactamente las cosas adecuadas, y que pese a ello sea posible que nada cambie. Ésta es la realidad. Dicho esto, generalmente me encuentro que cuando la gente dice que «lo ha intentado todo», en realidad no lo ha intentado mucho. Creo que casi siempre hay una forma de mejorar la forma en la que pensáis, habláis y os comportáis con respecto al dinero, pero a veces tu pareja simplemente no ha subido a bordo.

Lo sabrás porque podrás sentir cómo estás arrastrando a tu pareja, que rara vez contribuirá. En lugar de ello, esperará a que tú sugieras algo, y luego accederá a regañadientes. Si nunca sacases el tema del dinero, ella sería perfectamente feliz por no hablar del asunto nunca más; y si yo te hiciera esta pregunta, experimentarías una sensación zozobrante: «¿Está tu pareja ayudando o dañando vuestro viaje hacia una vida de abundancia?».

Y luego llega la pregunta más seria, la que es realmente difícil de hacer: «¿Es ésta la mejor pareja que podrías tener para tu vida financiera durante los próximos veinte, treinta o cuarenta años?».

Tareas de bajo valor frente a tareas de alto valor

Tareas de bajo valor

- ▸ Comparar precios para ahorraros dos dólares en arándanos.
- ▸ Acceder a la aplicación de vuestras tarjetas de crédito cada día para comprobar que todo esté bien.
- ▸ Sentiros culpables por no introducir todos vuestros gastos en una aplicación.

Tareas de alto valor

- ▸ Averiguar cómo hacer que vuestros gastos encajen en las cuatro categorías del plan de gasto consciente.
- ▸ Generar una visión grande y potente de una vida de abundancia y usar vuestros gastos mensuales para alcanzarla, incluso aunque lleve tiempo y dinero ahorrar e invertir para conseguirla.
- ▸ Hablar sobre el dinero positiva y proactivamente cada mes y hacerlo juntos.

En último término, las reuniones y los guiones pueden funcionar sólo si tu pareja quiere, de verdad, que generéis una vida de abundancia juntos. Ésa es la razón de que sea tu pareja. Si sus palabras y sus acciones te revelan que no es una verdadera pareja, entonces sabrás que ha llegado el momento de que te hagas preguntas incluso más complicadas.

Donde la mayoría de nosotros podemos recortar gastos

En el caso del 90 % de la gente con la que hablo, la comida (ya sea comiendo fuera o pidiendo comida a domicilio) es la categoría más importante de la que se puede liberar dinero y redirigirla a algo que sea más importante. No es ningún misterio. Ésta es un área en la que la mayoría de nosotros estamos derrochando. ¿Cómo lo sé? Porque me lo decís vosotros. En toda mi vida no he oído a ni una sola persona decir: «Mi vida de abundancia consiste en pedir comida a domicilio de una cadena de comida mexicana».

Hay muchas razones por las cuales esos gastos en restaurantes parecen escurrírsenos entre los dedos. La comida supone una compra emocional: comprar la cena tiene algo más que ver que con el simple hecho de tener hambre. Consiste en comodidad, impulsividad, recompensa y más cosas (*véase* a Jennifer y Andrew, en el capítulo 7, apartado «Hablar (no pelear) sobre hacer recortes en vuestro PGC»).

Monitorizar los gastos en restaurantes y comida para llevar como pareja puede ser bastante complicado: quizás que uno de vosotros compre comida en el trabajo. Puede que el otro se vaya a cenar una vez al mes con los amigos. Vais a recoger una *pizza* con vuestros hijos y pagáis con el billete de veinte dólares que lleváis en el bolsillo de la chaqueta. Pilláis algo de camino a casa y no lleváis encima la tarjeta de crédito adecuada. Puede que vuestros hijos sean mayores y que les estéis transfiriendo dinero a una aplicación para hacer pagos, de modo que puedan pedir comida con sus amigos. Es un batiburrillo de cosas, y se os puede escapar de las manos fácilmente.

Lo comprendo. Ahora hablemos de cómo arreglarlo.

En cuanto a la monitorización, estad atentos y usad la misma tarjeta de crédito para cualquier cosa que cuente como comer fuera de casa. Eso será de ayuda. En segundo lugar, sed amables y respaldaos mutuamente, ya que cambiar los hábitos relativos a la comida puede ser difícil.

Cómo recuperaros cuando derrocháis

Mi esposa y yo descubrimos hace poco, en nuestra reunión mensual del dinero, que gastamos *mucho más* de lo que pensábamos en un viaje a Nueva York. Nos miramos el uno al otro sorprendidos, y luego empezamos a investigar para saber qué había pasado. Después de averiguarlo (gastamos más en alojamiento y comida de lo que habíamos planeado), lo arreglamos: adaptamos la cantidad que estamos apartando para nuestro siguiente viaje a Nueva York, y recortamos en comida para llevar y en un par de otras cosas que, con el tiempo, equilibrarán nuestras finanzas.

Vais a meteros en problemas: eso está garantizado. Sin embargo, si planificáis pensando en ello, esos problemas no serán existenciales. Se convertirán en algo que examinaréis juntos, como los científicos con un microscopio.

«Hemos incluido todos los costes fantasma?».

«¿Hemos dejado de monitorizar nuestras cifras clave?».

«¿Cómo podemos hacerlo mejor de modo que la próxima vez no nos pase?».

Los fallos se dan en cualquier sistema. Lo que es importante es abordarlos como un equipo y ponerles solución para que ese problema no vuelva a ocurrir.

Le pedí a mi comunidad que compartiera sus experiencias en cuanto a recortar gastos en comer fuera de casa/pedir comida a domicilio y en redirigir ese dinero:

Durante la pandemia, encontramos un carnicero que empezó a servir a domicilio, y hemos seguido haciéndole un pedido mensual. Congelamos lo que nos sirve, así que siempre disponemos de deliciosas piezas de carne para cocinar cada noche entre semana. Como ahora cenamos en casa entre semana, no nos preocupamos si comemos fuera los fines de semana.

Mary

Creo que la parte más dura de no comer fuera de casa es perdernos la atmósfera. Sigo imaginando cómo obtener la energía al estar en un restaurante abarrotado: eso es lo que más me gusta de comer fuera de casa. Uno de mis objetivos para la vida de abundancia consiste en organizar, con mis amigos, una fiesta consistente en una cena en la que cada invitado aporta un plato: es algo económicamente eficiente, la comida es más fresca y obtenemos toda la atmósfera social.

Lauren

Comíamos fuera de casa por lo menos cinco o seis días por semana. La única comida que hacíamos en casa era el desayuno. Ahora cocinamos cada miércoles y domingo y comemos sobras por lo menos una noche, lo que nos ahorra muchísimo dinero. Destino mi parte a amortizar a deuda de la tarjeta de crédito. Resulta duro cocinar después de un largo día de trabajo y limpiar después, pero ver cómo esa deuda se reduce es nuestra recompensa.

Rosana

Los grandes almacenes no son tu vida de abundancia

Os lo ruego: dejad de publicar en las redes sociales esos *memes* con un gasto excesivo en grandes almacenes. ¿Cuánto me costará dejar de verlos siempre que abra Instagram? ¿Tengo que cerrar mis cuentas? ¿Toda mi empresa? Simplemente dímelo. Haré lo que sea para que pare. Tú ya sabes de quién estoy hablando:

¡Ja, ja! He ido a unos grandes almacenes a comprar film plástico y he acabado comprando por valor de trescientos dólares. ¡Ni siquiera sé lo que he comprado! ¿A alguien más le ha pasado esto?

Digo esto con mucho cariño: Eres demasiado bueno para esto. Tu vida de abundancia no puede consistir en comprar productos de conveniencia en una tienda minorista y luego presumir de que ni siquiera sabes qué has comprado.

Oigo que demasiada gente bromea a medias sobre cuánto gasta, sin pensar, en los grandes almacenes, saliendo de ellos habiendo gastado trescientos, cuatrocientos o quinientos dólares en compras que no tenía intención de hacer. Y generalmente hay un segundo chiste sobre no contárselo a su cónyuge (mirada pícara con la mano tapando la boca. ¡Qué travieso!) o sobre una pelea importante cuando la compra compulsiva sale a la luz.

Una vida de abundancia no consiste en entrar en una tienda, comprar un montón de cosas que te hagan feliz durante una hora y luego irte a casa y olvidarte de ello. Eso no tiene ningún sentido. Lo sé porque cuando le pido a la gente que describa su vida de abundancia, nunca menciona los grandes almacenes. Ni siquiera la gente que gasta cientos de dólares ahí cada mes.

Escucha, comprendo lo de la conveniencia y la pura atracción. Yo crecí en los suburbios. Conozco cada pasillo de los grandes almacenes. ¡Han vendido mi libro! Sin embargo, encuentro algo oscuramente deprimente sobre estos chistes (que son compartidos casi exclusivamente por mujeres), ya que minimizan sus sueños, que son mucho mayores que ir de compras.

Lindsey, que apareció en el capítulo número 31 de mi pódcast, discutía con su marido por sus gastos en los grandes almacenes. Ella describía entrar en los grandes almacenes como entrar un casino: «Lo pierdo todo de vista. Podría ir y dejarme trescientos dólares si veo una buena oportunidad… Mi estrés por la escasez salta directamente por la ventana… ¡Puf!».

Resultó que ella consideraba los grandes almacenes como un lugar de alegría, porque así es como lo experimentaba cuando era una niña. Ahora ella está intentando replicar esa experiencia, y eso está provocando problemas económicos en su matrimonio.

Le pregunté:

—¿Quieres ir a los grandes almacenes a modo de tu actividad de ocio dentro de diez años?

—¡No! –contestó ella–. Tengo que romper ese patrón.

Tu vida de abundancia no puede consistir en las compras impulsivas en una tienda minorista aleatoria. Una vida de abundancia es mucho más grande e importante que eso.

Acordad una cifra para gastos libres de preocupaciones

Una mujer joven me envió un mensaje por las redes sociales, enfadada porque su marido se compraba un té helado cada mañana. Quería mi ayuda para convencerle de que estaba equivocado. «¡Eso son cinco dólares diarios! –decía ella–. Es un despilfarro de dinero». Mientras intercambiábamos mensajes, le pregunté cuánto ganaban. Nuestro intercambio quedó en silencio de inmediato. Al final me dijo: «No me siento cómoda compartiendo esa información».

Tenía que saberlo. Quiero decir, ésta es la razón por la cual me encanta mi trabajo. Le volví a preguntar («Una cifra aproximada está bien»), y esta vez me dio la cifra de los ingresos aproximados en su hogar: 600 000 dólares.

Fascinante. Me estaba escribiendo mensajes de texto por unos tés de cinco dólares cuando ganaban cientos de miles de dólares cada año. ¿Por qué? Porque el dinero no consiste sólo en números, sino en valores. Para ella, una inmigrante que fue criada sin comprar nunca bebidas, esto era un completo despilfarro. Para él, el dinero no tenía importancia: se trataba de un agradable capricho durante la comida.

Las parejas se pelean por problemas como éste todo el tiempo, con un miembro desaprobando los gastos del otro. Aquí es donde una cifra de gastos sin preocupaciones puede resolver muchos problemas. Para compras de menos de, digamos, veinte dólares (o cualquier cifra que acordéis) no será necesario debatir ni discutir. Siempre que los dos miembros de la pareja cumplan las normas, eso finalizará con estas insignificantes peleas de una vez por todas. Escoged una cifra y seguid adelante con vuestra vida. Tenéis una visión más grande que perseguir.

Recomprar vuestro tiempo: Una lección en gastar menos de lo previsto

A la gente le encanta el concepto de recomprar su tiempo, pero he aprendido que les encanta la *idea* mucho más que, de hecho, llevarla a cabo.

Pensad en ello: ¿cuáles son algunas de las cosas que no os gusta hacer? Las respuestas más comunes son la colada, la limpieza y la compra de comestibles. Sin embargo, cuando le pregunto a la gente por qué no ha gastado dinero para subcontratar estos servicios, me proporcionan una letanía de razones:

- *No pueden hacerlo tan bien como yo.* (Sí…, ésa es la razón por la que pruebas con varias personas y explicas exactamente cómo quieres que lo hagan).
- *Simplemente puedo hacerlo yo mismo.* (Yo también puedo cambiarle el aceite a mi coche, pero no quiero).
- *Me sentiría raro.* (Por lo menos esto es honesto: la mayoría de nosotros no creció viendo como nuestra familia pagaba por ayuda, así que siguiendo el ideal americano de «que no se te suban los humos a la cabeza», nos decimos que pagar para que nos traigan los comestibles a casa o que limpien nuestro hogar mensualmente sería «desperdiciar el dinero»).

Tal y como dice el dicho, si tienes un problema que el dinero pueda solucionar, entonces no tienes un problema. Ésa es la razón por la cual en mi vida de abundancia recorto costes despiadadamente en cosas que no me importan, como un coche genial, pero gasto profusamente en comodidades como que me lleven las cuentas, la recogida y entrega de mercancías y las labores domésticas. Me gusta liberar tiempo para pasarlo con mi familia, mis amigos y mi trabajo.

Y, sinceramente, también me gusta liberar tiempo para no hacer absolutamente nada. Me gusta ver la televisión o tener una mañana a un ritmo tranquilo. Lo más importante es que ese tiempo libre no consiste, simplemente, en ser perezoso: pese a que pueda parecer que no estoy haciendo nada, cuando me estoy relajando me estoy recuperando. Sé que cuando la vida me exija que trabaje intensamente estaré descansado y listo para llevar la tarea a cabo.

Mucha gente plantea este tipo de relajación como «ser malo». No creo que haya un valor moral asociado al ocio. Estoy recomprando mi tiempo y voy a pasármelo bien. Aquí tenemos un camino para que recompréis el vuestro:

1. *Elaborad una lista de todo lo que hacéis semanalmente.* Me gusta que sea semanal, porque os obliga a ser concretos con vuestros días laborables y los fines de semana. La colada, la compra de comestibles, cocinar, pasar la aspiradora, cortar el césped, recoger a los niños de la escuela, llevar mercancía que queréis devolver a un servicio de paquetería, limpiar el coche, regar las plantas, limpiar los canalones, llenar el depósito del coche…, todo ello. Es especialmente revelador hacer este ejercicio con tu pareja, porque ella señalará cosas en las que tú ni siquiera habías pensado, y viceversa. En la lista de cosas, rodead con un círculo cualquiera que no forme parte de vuestra vida de abundancia compartida.

Junto con tu pareja, clasificad vuestros tres ítems principales y, si las finanzas lo permiten, empezad a crear un plan para pagar para conseguir ayuda. (Empezad escogiendo un área. Esto no significa que tengáis que contratar a alguien hoy, pero sí que quiero que practiquéis la habilidad de *preparar un plan*). ¡Sed creativos! Si, por ejemplo, vivís en Austin (Texas), buscad en Internet «Lavado de coche en casa en Austin». Recordad este lema: «*Mi dinero es buen dinero*», lo que significa que hay gente que será feliz ayudándoos a resolver vuestros problemas si les pagáis bien.

2. *Aceptad que «pagar para desembarazarse del problema» es una habilidad.* La mayoría de la gente nunca contratan a nadie, por lo que cuando intentan usar dinero para resolver un proble-

ma en el hogar, fracasan estrepitosamente y llegan a la conclusión de que esto no funciona para ellos. ¡No! Lleva tiempo. Si intentáis contratar a alguien para las labores domésticas, es bastante posible que las cuatro primeras personas no den la talla. ¡Eso es normal! En cada una de las ocasiones, hablad de vuestras expectativas y documentad los resultados. Recuerda que tu pareja y tú estáis en el mismo equipo en esto. Probablemente aprendáis que pagar más os hace obtener unos resultados mucho mejores. Por último, la meta no es la perfección, sino que el trabajo se lleve a cabo por lo menos un 80 % tan bien como podríais hacerlo vosotros.

3. **Si vuestra vida de abundancia implica liberar tiempo, elaborad un plan con respecto a cómo vais a emplear ese tiempo.** Me he dado cuenta de que, al contrario que yo, a algunas personas no les gusta tumbarse en el sofá durante nueve horas seguidas, explorando recovecos de Internet en busca de algún drama sin sentido en las redes sociales. Aparentemente, la mayoría de la gente se pone muy nerviosa si está de brazos cruzados sin hacer nada. Esto es raro, pero si éste es tu caso, te recomiendo que reflexiones sobre lo que vas a hacer con tu nuevo tiempo libre. Acude a vuestra lista de la vida de abundancia y habla con tu pareja: «Si hacemos que nos traigan la compra a casa, eso nos ahorrará tres horas cada domingo. ¿Qué deberíamos hacer con ese tiempo? Podríamos ir al parque con los niños, ver a un amigo para comer con él, o incluso dormir hasta tarde». Es lo mismo que elaborar un plan para lo que vais a hacer con vuestro dinero extra una vez que acabéis de liquidar vuestras deudas: querréis sacar provecho de todo del trabajo que estáis llevando a cabo.

Lista de comprobación del capítulo 8

☐ Sed honestos con vuestros gastos invisibles y con el derroche. Empieza manteniendo una conversación franca con tu pareja: ¿en qué estáis gastando demasiado? ¿En qué podéis recortar?

☐ Averiguad la psicología tras vuestros gastos. ¿Gastáis porque estáis cansados? ¿Aburridos? ¿Porque no sentís que ostentéis el control? Tomaos un tiempo para averiguarlo y luego generad un plan para ceñiros al PGC y manteneros mutuamente en el buen camino. Mantened reuniones regulares para reconocer el progreso y corregir errores cuando se produzcan.

☐ Acordad, entre los dos, una cifra libre de preocupaciones por debajo de la cual cualquier gasto esté bien. Al igual que un paquete de chicles, esta cifra será ahora intrascendente para vosotros. Si no estáis seguros de cuál debería ser esta cifra, recomiendo que empecéis con veinte dólares.

☐ Si estáis en el buen camino con vuestro PGC, pensad en áreas en la cuales podríais recomprar vuestro tiempo. ¿Hay tareas que os desagraden y que podríais subcontratar? Si no podéis permitíroslo ahora, elaborad un plan para ahorrar para ello en el futuro.

9
Cómo organizar vuestras cuentas

Desarrollad un sistema de forma
que vuestro dinero fluya automáticamente

Mis fantasías más vívidas empiezan mientras estoy de pie en la fila del control de seguridad en el aeropuerto.

Eso es. Algunas personas fantasean con una tórrida aventura de una noche o con cómo se gastarían un millón de dólares. Yo sueño despierto en cómo mejoraría la eficiencia en la terminal de un aeropuerto. Empieza cuando estoy casi al frente en la fila del control de seguridad, en la que el tipo que hay delante de mí está hablando por el móvil, completamente ajeno a toda la gente a la que está haciendo retrasarse. Me empiezo a repetirme cosas a mí mismo. «¿Sólo tienes una tarea que hacer en este momento y no la estás haciendo?». Me aumenta la presión sanguínea. Cuando, al final, este tipo eleva la mirada y se acerca al agente, empieza a buscar su documento de identidad. Por supuesto, no tenía su cartera preparada.

Entonces llego a la puerta de embarque, donde surgen los peores comportamientos de la humanidad. Me siento y empiezo a planear cómo dirigiría el proceso de embarque en un avión. La compañía aérea Delta se preguntaría por qué su tiempo de gestión se reducía en un 40 % en esta puerta de embarque concreta en el aeropuerto de Los Ángeles. Gastaría doscientos cincuenta mil dólares en una investigación, lo que la llevaría hacia una persona: el agente de la puerta de embarque Sethi.

Muchas de mis fantasías implican sistemas. Mi esposa y yo tenemos sistemas sobre qué tarjeta de crédito usar, quién lleva nuestros pasaportes cuando viajamos al extranjero y quién carga y recoge el lavavajillas.

Estos sistemas implican que siempre sé que tenemos arándanos en la nevera, en qué cajón están las tijeras y hacia dónde está fluyendo nuestro dinero. Lo decidimos hace tiempo, y entonces creamos un sistema que nos libera para pensar en todo lo demás que nos importa.

Ésta es la razón por la cual me encantan los sistemas: implican que no tienes que regresar al mismo asunto una y otra vez. No tienes que pelearte por ello. Ni siquiera tienes que *pensar* en ello. La vida es más fluida y tranquila, y podéis concentraros en las cosas que os aportan alegría.

Al igual que es un tremendo alivio no preguntarse nunca si el lavavajillas está sucio o limpio, hay un gran consuelo en saber cuánto dinero tenéis y qué podéis permitiros. Pero esto puede ir mucho más allá de un simple sentimiento de alivio.

Con algunos retoques por parte del agente de la puerta de embarque Sethi, tus finanzas serán tranquilas, predecibles e incluso mágicas.

Cómo configurar cuentas bancarias como pareja

Cuando me fijo en las finanzas de las parejas, suelo ver unas configuraciones de las cuentas bancarias extremadamente confusas. El dinero se mueve anárquicamente. Un miembro de la pareja gasta con la tarjeta de crédito compartida y la otra usa su tarjeta de crédito personal. A veces sacan dinero de sus ahorros.

¡No!

Comprendo la confusión, ya que la mayoría de la gente aporta sus cuentas ya existentes a la relación y luego intentan actualizarlas juntos. Sin embargo, eso no funciona. Sería como si yo intentase combinar mi lista de reproducción de música de Boyz II Men, Celine Dion y Jon Secada con tu música. Menudo desastre.

Las parejas deben hablar de las cuentas bancarias al igual que necesitan hablar de finanzas en general: amable y abiertamente y con un espíritu de trabajo en equipo. Vuestras cuentas bancarias y tarjetas de crédito son la base de todo vuestro sistema financiero. Acertemos con ellas.

LA CONFIGURACIÓN SENCILLA DE LAS CUENTAS PARA PAREJAS DE RAMIT

Lo que necesitáis:

- *Una cuenta corriente conjunta.* Pensad en ella como en vuestra «bandeja de entrada del dinero». Los sueldos se depositan directamente en ella y luego son «procesados» de acuerdo con vuestras normas, fluyendo hacia vuestras cuentas de ahorro, inversiones, el pago de facturas, e incluso permitiéndoos a los dos gastos individuales libres de culpa.
- *Entre tres y cinco cuentas de ahorro conjuntas.* Cada cuenta de ahorro corresponde a un objetivo principal. Por ejemplo, tus tres cuentas podrían ser….

  - «Fondo para emergencias»
  - «Entrada para una vivienda o un coche»
  - «Vacaciones»

  El dinero se deposita automáticamente en cada una de estas cuentas desde vuestra cuenta corriente conjunta cada mes y rara vez sale de ellas. Recomiendo no tener más de cinco cuentas de ahorro.
- *Cuentas corrientes individuales.* Cada uno de vosotros tendrá su propia cuenta corriente, lo que os proporcionará la ca-

pacidad de calibrar vuestros gastos personales más cuidadosamente. Esto también es de utilidad si uno de vosotros tiende a derrochar: ahora podéis limitaros a emplear vuestro dinero individual.

- *Cuentas de ahorro individuales.* Se trata de cuentas en las que podéis ahorrar para cosas individuales más grandes, como un viaje con amigos o para pagar versiones premium de vuestros gastos compartidos. A modo de ejemplo, tenemos cómo pago por hoteles de calidad superior en nuestros viajes juntos (más adelante en este capítulo, apartado «Fusionar las finanzas cuando hay una gran disparidad de ingresos»). Las cuentas de ahorro individuales se ven automáticamente provistas de fondos a partir de vuestras cuentas corrientes individuales.

- *Tres tarjetas de crédito.* Una para gastos conjuntos, otra para vuestros gastos personales y otra para los de tu pareja. La tarjeta de crédito conjunta se usa para los gastos compartidos como los comestibles, los costes domésticos y las suscripciones. Las tarjetas de crédito individuales os proporcionan, a cada uno de vosotros, una tarjeta de crédito para gastos libres de culpa. Tener unas tarjetas de crédito distintas hace que sea más fácil monitorizar estos gastos.

- *Cuentas de inversión para la jubilación.* ¡Aquí es donde se genera la riqueza! Incluyen los planes de jubilación 401(k), las cuentas de jubilación personal, etc. Si vuestro patrón no hace esto todavía, configurad unas transferencias automáticas, de modo que el dinero quede depositado en estas cuentas cada mes y casi nunca salga de ellas hasta más adelante en la vida.

- *Cuenta de inversión personal conjunta (opcional).* Es adecuada para parejas con unos ingresos elevados que ya hayan maximizado sus aportes a sus cuentas individuales de inversión con ventajas fiscales como los planes de jubilación 401(k) y que sigan queriendo invertir en una cuenta sujeta a impuestos. Recibe sus fondos de vuestra cuenta corriente conjunta.

Cómo fluye el dinero

Vuestros salarios se depositan directamente en vuestra cuenta corriente conjunta (si hacéis contribuciones a una cuenta de jubilación sin gravamen fiscal, como una 401(k), ese dinero ya habrá sido descontado de vuestro sueldo). Después de esto, vuestras cuentas de ahorro conjuntas y vuestras cuentas corrientes individuales (y posiblemente una cuenta de inversión individual) «absorberán» automáticamente cantidades predeterminadas de dinero cada mes. Podéis configurar el momento, de modo que, si os pagan el primer día del mes, vuestras cuentas retiren fondos el quinto día del mes, asegurándoos así de que siempre dispongan de dinero. Es algo intencionado que el dinero fluya primero hacia vuestra cuenta corriente común y luego hacia el resto de las cuentas corrientes y de ahorro. Sois, en primer lugar, una pareja, y en segundo lugar personas individuales.

Vuestras cuentas de ahorros individuales reciben sus fondos, automáticamente, de vuestras cuentas corrientes individuales.

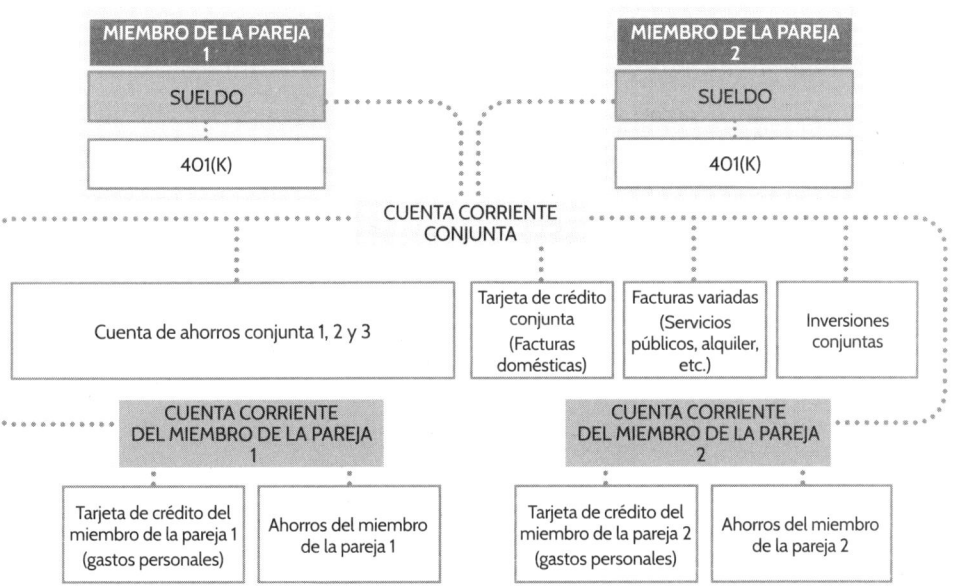

En cuanto a los gastos compartidos, usad la tarjeta de crédito conjunta. Las facturas de esa tarjeta se pagan completamente cada mes mediante vuestra cuenta corriente conjunta. Para vuestros gastos personales libres de culpa, cada uno de vosotros usará su tarjeta de crédito personal y pagará completamente las facturas con su cuenta corriente individual.

¡Eso es! Eso hace que estéis al 85 % del camino a recorrer. Si habéis implementado esto, podéis tomar vuestra visión de la vida de abundancia y hacer que suceda de forma automática. No más discusiones por diez dólares de gasto en comestibles. No más preguntas de por qué tu pareja y tú no estáis en la misma onda. Se trata de un sistema sencillo que se aplica tanto si ganáis 50 000 o 500 000 dólares anuales.

¡Configura esto ahora!

Quiero que creéis vuestro sistema de inmediato, mientras estáis emocionados al respecto, de modo que dentro de tres meses vuestro foco se encuentre en otro lugar y vuestro sistema automatizado cuide de vosotros, fluya maravillosamente y respalde vuestra vida de abundancia. Ésa es la idea central de configurar vuestras cuentas y automatizar el flujo el dinero. Pensad en ello una vez y cuidará de vosotros por siempre.

Podéis acceder a vuestras cuentas y conectarlas entre ellas (buscad las palabras *Transferir* o *Añadir Dinero*), cosa que os llevará unos (pocos) días. Una vez que las cuentas estén conectadas, podréis programar transferencias automáticas en cualquier fecha dada. Querréis, por ejemplo, acceder a vuestra tarjeta de crédito conjunta y configurar unos pagos automáticos procedentes de vuestra cuenta corriente conjunta.

Aquí tenemos otro ejemplo, esta vez con vuestras cuentas individuales: podríais transferir automáticamente doscientos dólares de vuestra cuenta corriente conjunta a vuestra cuenta corriente individual. Entonces podríais configurar una transferencia automática de cincuenta dólares de vuestra cuenta corriente individual a vuestra cuenta de ahorro individual, además de una amortización automática de la deuda vuestra tarjeta de crédito individual cada mes.

Qué cuenta paga qué

Vuestra cuenta corriente conjunta y vuestra tarjeta de crédito conjunta pagan:

- ▶ El alquiler o la hipoteca
- ▶ Los comestibles
- ▶ Las facturas domésticas
- ▶ Los costes de vuestros hijos
- ▶ Las comidas y bebidas familiares

- ▶ Las suscripciones y el plan de telefonía móvil compartidos
- ▶ El ocio y los viajes compartidos
- ▶ *Añadid vuestros conceptos propios.*

Vuestras cuentas individuales pagan:

- ▶ El ocio individual (salir con amigos)
- ▶ Los viajes individuales (viajes con amigos)
- ▶ Ropa
- ▶ Maquillaje, cortes de cabello y otros productos y servicios personales

- ▶ Aficiones
- ▶ Estado de forma personal
- ▶ Regalos
- ▶ *Añadid vuestros conceptos propios.*

Trabajar como un equipo significa que vuestras finanzas mejorarán incluso más rápidamente. Imaginad: si configuráis vuestras cuentas para ahorrar automáticamente quinientos dólares mensuales, al cabo de seis meses ya habréis ahorrado tres mil dólares. Si esa cifra sale directamente de vuestra cuenta corriente, no echaréis de menos este dinero, sino que estaréis desarrollando una riqueza importante.

Esa es la razón por la que tengo tanta prisa porque hagáis esto ahora.

CÓMO LA CONFIGURACIÓN DE VUESTRA CUENTA TRABAJA CON VUESTRO PGC

Quiero que veáis la relación entre vuestro plan de gasto consciente y vuestro sistema financiero. Cuando sigáis mi plan, vuestras cuentas traerán a la vida las cuatro categorías de vuestros PGC: costes fijos, ahorros, inversiones y gastos libres de culpa.

Los costes fijos se pagan con vuestra tarjeta de crédito conjunta, cuyos gastos se abonan a partir de vuestra cuenta corriente conjunta cada mes. A modo de recordatorio, os recomiendo que paguéis todas las facturas posibles con una tarjeta de crédito por la protección al consumidor que proporciona, por ventajas como el retorno del dinero o puntos para viajes y por la facilidad de monitorización. Pagad siempre por completo la factura de la tarjeta de crédito («estado de la cuenta») cada mes. Pagad los gastos que no puedan incluirse en la tarjeta de crédito (hipoteca, alquiler, servicios públicos) con vuestra cuenta corriente conjunta.

Los ahorros se transfieren automáticamente desde vuestra cuenta corriente conjunta a entre tres y cinco cuentas de ahorro conjuntas, que se corresponderán con vuestros objetivos, como la entrada de una vivienda, un coche o un fondo para las vacaciones. Una de vuestras cuentas corrientes conjuntas debería consistir en un fondo para emergencias. También disponéis de cuentas de ahorro individuales (a las que se aporta dinero procedente de vuestras cuentas corrientes individuales) para objetivos de ahorro personales.

Las inversiones se gestionan de un par de formas. Si eres asalariado, tu plan de jubilación (probablemente un 401[k]) se verá provisto de fondos incluso antes de que recibas tu nómina con un dinero «antes de impuestos». En otros casos, como los de una cuenta de jubilación individual (CJI) Roth con dinero «después de impuestos», éste procederá de tu cuenta corriente y se transferirá automáticamente a la CJI Roth, donde el dinero será entonces invertido. Nota importante: Recuerda que *dentro* de cada cuenta de inversión seguirás teniendo que invertir tu dinero (p. ej. en fondos indexados).

Los gastos libres de culpa son sencillos. Para unos gastos libres de culpa conjuntos como las citas o salir a comer fuera, emplead vuestras tarjetas de crédito individuales, lo que os ayudará a centralizar vuestros gastos individuales y a hacer que sean fáciles de monitorizar. La tarjeta de crédito conjunta se amortiza automáticamente con la cuenta corriente conjunta.

Las tarjetas de crédito individuales son amortizadas por sus respectivas cuentas corrientes.

POR QUÉ DEBERÍAIS TENER VARIAS CUENTAS DE AHORRO

Para la mayoría de la gente, los ahorros son una ocurrencia tardía. Literalmente, la gente llega a final de mes y dice: «Probablemente debería ahorrar algo». O cuando les pregunto por qué su tasa de ahorro es del 0 %, dicen: «Intentaré ahorrar, pero...».

Al igual que no «intentáis» cepillaros los dientes cada mañana, no deberíais «intentar» ahorrar. De hecho, es más fácil que cepillarse los dientes, porque podéis configurar unos ahorros automáticos.

Aquí es donde tener entre tres y cinco cuentas de ahorro resulta de utilidad. Sin ellas, simplemente meteréis todos vuestros ahorros en un único lugar (en esencia, sería como un cajón de trastos) y luego os olvidaréis de para qué es el dinero. Por mi experiencia, este dinero se acaba usando y acaba absorbido en los gastos aleatorios de la vida. Por otro lado, si creáis demasiadas cuentas de ahorro (más de cinco), las cosas se volverán difíciles de manejar. Y será difícil ahorrar para satisfacer diez objetivos distintos.

Para configurar múltiples cuentas, comprobad con vuestro banco para ver si ofrecen múltiples cuentas de ahorro bajo una cuenta corriente. En el momento de la escritura de este libro, los mejores bancos que permiten múltiples cuentas de ahorros son, en EE. UU., Ally y Capital One (encontrad las últimas recomendaciones en mi página web y mis redes sociales).

La clave consiste en escoger el nivel adecuado de ahorro. Pensad en ítems grandes que requieran de entre uno y cinco años de ahorro. Añadid una cuenta de ahorro para un viaje para vuestro quinto aniversario, pero no para una comida en el restaurante italiano de vuestro vecindario; o para unas reformas del hogar, o un coche, o unos asientos especiales en un concierto, pero no para un paquete de cuatro tazas de café nuevas.

Escoged nombres gráficos para vuestras cuentas de ahorro. Cuanto más concretos seáis, más inspirados os veréis. En lugar de «Vacaciones», podríais probar con «La Toscana en julio». En vez de «Acontecimientos especiales» quizás sea «Festín para el décimo aniversario». Incluso un «Fondo para emergencias» puede recibir el nombre de «El fondo ¡Ay, no!». Haced que estas cuentas sean *particularmente vuestras,* de modo que cada vez que os fijéis en ellas os emocionéis.

¿QUÉ PASA SI UNO DE VOSOTROS QUIERE COSAS MÁS BONITAS QUE EL OTRO?

Aquí tenemos un escenario bastante común: estáis buscando un coche para la familia. A uno de vosotros le satisface un sedán razonable sin extras y el otro quiere un todoterreno urbano de calidad superior. ¿Qué hacéis?

La primera respuesta consiste en decidir qué os podéis permitir, porque si no podéis permitiros el modelo más caro, pues bueno, ya tenéis la respuesta. En este caso os fijaréis en vuestro plan de gasto consciente y veréis si los pagos totales por ambos coches (incluyendo la gasolina, el seguro, el mantenimiento… ¡todo!) os permitirán mantener vuestros costes fijos por debajo del 60 % de vuestro sueldo neto.

Pero digamos que la asequibilidad no es el problema. Vuestro PGC os muestra que podéis permitiros ambos modelos, pero uno de vosotros quiere el coche de mayor calidad y el otro preferiría gastarse el dinero en restaurantes elegantes.

Éste es un problema común en todos los niveles de compras, pero voy a centrarme en las más onerosas como los coches y los viajes, ya que es ahí donde pueden surgir de verdad los conflictos. Aquí tenemos una solución que yo empleo: *la persona que quiera la compra de mayor calidad paga la diferencia.*

Funciona de la siguiente manera:

- Decidís conjuntamente en casa una cantidad «razonable» por un coche. Esta cifra probablemente será la de un automóvil de calidad media (podría ser nuevo o de segunda mano) que os permitiría, fácilmente, mantener vuestros costes fijos por debajo del 60 %. Podríais, por ejemplo, escoger un Honda Accord con unos costes mensuales totales de 650 dólares. (Otro ejemplo sería cuando mi mujer y yo hicimos esto en el caso de los hoteles y nuestra opción «razonable» fueron los Marriott).
- Vuestra cuenta conjunta abona 650 por mes por los pagos del coche.
- Sin embargo, de hecho, os compráis el coche más bonito, que tiene unos costes totales de 950 dólares. ¿Cómo?
- El miembro de la pareja que quiere el coche más bonito paga la diferencia (300 dólares mensuales) con su dinero personal.

Puede que haya gente a la que esto le parezca demasiado transaccional. Si es así, no uséis esta opción, pero recordad que, si empezáis a emplear este enfoque con demasiada frecuencia, desarrollaréis una desafortunada separación en vuestras finanzas. Sin embargo, para compras importantes ocasionales en las que un miembro de la pareja quiera de verdad una versión más cara y esté dispuesto a gastarse su dinero personal para pagarla ésta puede ser una excelente solución.

El sistema del dinero de Ramit y Cassandra

En un momento os mostraré cómo gestionamos nuestras finanzas, pero debo empezar con una confesión: cuando empecé a escribir este libro, nuestro sistema era más desordenado que la configuración esbozada anteriormente. Comparto esto porque quiero que sepáis que todas las parejas tienen una vida financiera imperfecta ¡Esto es algo normal!

No hay ninguna vida en la que nos despertemos, bebamos té de jazmín en una habitación minimalista revestida de madera de cedro blanco japonés, luego escribamos algo tranquilamente en un diario y nos demos un baño de tres horas, concluyendo con un desayuno perfectamente saludable y treinta minutos de trabajo. ¡Eso sólo pasa en las películas!

La vida real consiste en tener un plan de jubilación 401(k) de un antiguo empleo al que no has accedido en diez años, una tarjeta de crédito aleatoria que nunca usas y que está en el fondo de un cajón y un cargo de 31,20 dólares que nadie puede averiguar de dónde viene. Tus finanzas no son un reloj suizo, sino que forman parte de una vida real en la que también tenéis otras prioridades.

Ahora vamos a ver nuestro sistema financiero. Hasta hace poco estábamos usando una versión improvisada de la configuración descrita anteriormente. Tenemos unas necesidades específicas como propietarios de negocios, tenemos un acuerdo prenupcial con normas relativas a combinar fondos, y todavía no nos habíamos decidido a simplificar nuestro sistema por completo. Aquí tenemos cómo fue la cosa: nuestros salarios mensuales se depositaban directamente en nuestras cuentas corrientes personales. Al mismo tiempo, parte de nuestros ingresos se enviaban a nuestras cuentas de jubilación individuales. Entonces enviábamos de forma automática una cantidad predeterminada que fluía desde nuestra cuenta corriente personal a dos lugares: nuestra cuenta de ahorro personal y nuestra cuenta corriente conjunta, que se usaba para pagar las facturas y también para proveer de fondos a nuestras cuentas de ahorro conjuntas. Ah, y era proporcional, lo que se basaba en los ingresos de nuestros negocios, que cambian cada trimestre, lo que significaba que teníamos que recalcularlo todo cada cuatro meses.

Como podéis ver, todo esto era muy muy complicado. ¡Buenas noticias! Simplemente me llevó escribir un libro entero con editores, diseñadores y plazos para, finalmente, simplificar nuestro sistema. Ahora, todos nuestros ingresos procedentes de nuestras nóminas fluyen hacia nuestra cuenta corriente conjunta y el resto fluye como la sencilla configuración descrita anteriormente. Dios mío, qué bien sienta escribir eso.

En cuanto a los gastos, empleamos nuestra tarjeta conjunta para los gastos como cenas fuera de casa, los viajes y las cosas para el hogar, que se pagan automáticamente desde nuestra cuenta corriente conjunta cada mes.

Aquí tenemos las herramientas que usamos:

Tarjetas de crédito. En el momento de la escritura de este libro, usamos una tarjeta Chase Sapphire Reserve para nuestros gastos conjuntos, que nos hace ganar puntos de viaje. Por mi parte, personalmente, tengo una tarjeta de Fidelity con una devolución del 2 % de mis compras.

Aplicaciones. Ninguna. No hay necesidad de comprobar las cuentas a diario.

Cuentas bancarias online. Empleamos el banco Capital One para los ahorros y el banco Schwab para la cuenta corriente. (Hay muchas cuentas de ahorros que ofrecen un interés elevado. Puedes encontrar mis favoritas en mi página web).

Inversiones. Empleamos Vanguard, que incluye cuentas de inversión individuales y conjuntas, además de nuestros planes de jubilación 401(k) individuales.

En general, ahora todo es bastante claro. Recordad que Cassandra y yo tenemos nuestros propios negocios con unos ingresos variables que pueden oscilar ostensiblemente cada mes. Nuestra situación es bastante compleja, pero si nosotros podemos hacer que la configuración de nuestras cuentas sea así de sencilla, entonces sé que vosotros también podréis hacerlo.

Fusionar las finanzas cuando hay una gran disparidad de ingresos

Cuando nos conocimos, Cassandra y yo teníamos unos ingresos y un patrimonio neto muy distintos. A primera vista, esto no parece un gran problema: os vais a casar, así que simplemente lo juntáis todo, ¿verdad? Sin embargo, si vuestros ingresos son enormemente diferentes, es probable que os encontréis con algunos retos. Aquí tenemos cómo decidimos gestionarlo.

Cuando nos casamos, Cassandra y yo vivíamos en apartamentos alquilados. Ella se vino a vivir al mío, cuyo alquiler era más alto que el de ella. Cuando nos sentamos para hablar de nuestras finanzas, nos dimos cuenta de que si dividíamos la cosas a la mitad cada uno, su mitad para pagar el alquiler *seguiría* siendo más alta que lo que estaba pagando antes. Eso no era justo para ella.

Este mismo principio surgió cuando viajábamos. Uno de mis diales «sí» del dinero son los hoteles lujosos, así que cuando nos íbamos de casa, yo quería alojarme en hospedajes de alta calidad, pero si dividíamos los costes del hotel en mitades iguales, eso habría sobrepasado completamente sus gastos. Una vez más, esto no era justo para ella (además, los hoteles no son uno de sus diales del dinero como sí son uno de los míos).

Debido a mis ingresos, me había acostumbrado a gastar una cierta cantidad en viajes y alojamiento. Ciertamente, nos podríamos haber mudado a un apartamento más barato (y Cassandra estaba dispuesta a hacerlo), pero yo no quería eso. ¡Me gustaba el lugar en el que vivíamos!

La opción más fácil, por supuesto, era juntar los ingresos y compartir los gastos por igual, tal y como señalo en mi configuración sencilla de cuentas bancarias. Sin embargo, si hay ciertas restricciones, como que uno o los dos miembros de la pareja tengan negocios, unos activos premaritales en un acuerdo prenupcial, unos ingresos enormemente distintos u obligaciones premaritales como una pensión alimentaria o grandes préstamos estudiantiles, una estrategia de «juntarlo todo y repartirse los gastos a mitades iguales» puede que no funcione.

Ahí es donde quizás queráis pensar en el concepto de la proporcionalidad. Aquí tenemos cómo funcionó inicialmente para nosotros: Cassandra y yo contribuíamos proporcionalmente a nuestros gastos conjuntos, lo que significaba que, si ella ganaba 5000 dólares mensuales y yo ganaba 10000 dólares mensuales, yo aportaba el doble que ella. Eso es, obviamente, mucho más justo que unas aportaciones a partes iguales. Eso significa que, si yo quiero alojarme en un hotel de lujo, yo pagaré más, cosa que debería hacer, ya que yo gano más.

Honestamente, para la mayoría de la gente esto es una exageración. Si vuestros ingresos son relativamente similares, no necesitaréis dividir las cosas proporcionalmente: si uno de vosotros gana 65000 dólares anuales y el otro 75000, simplemente repartidlo a partes iguales.

Sin embargo, en nuestro caso la disparidad era mayor, así que optamos por la proporcionalidad. Primero calculamos cuánto ganábamos. (En el caso de los propietarios de un negocio con ingresos variables, esto puede resultar difícil. El truco consiste en tomar una cifra que puedas pagar con confianza. Si, por ejemplo, sabes que tu negocio puede proporcionarte entre 70000 y 100000 dólares anuales, escoge la cifra de 70000 dólares para jugar sobre seguro. Nosotros usamos eso como punto de referencia).

A continuación, calculamos la proporcionalidad juntando nuestros ingresos y luego dividiendo cada uno de ellos entre el total, como en estas cifras a modo de ejemplo:

- Ejemplo de los ingresos de Cassandra: 5000 dólares/mes (33 %)
- Ejemplo de los ingresos de Ramit: 10 000 dólares/mes (67 %)
- Ingresos totales: 15 000 dólares/mes

Hicimos aportaciones proporcionales a nuestras cuentas compartidas (cuenta corriente compartida y cuenta de ahorro compartida), y nuestro sistema se ocupó del resto. Revisábamos la proporción cada trimestre y luego reevaluábamos todo el sistema una vez al año, durante nuestra revisión anual de la vida de abundancia *(véase* el capítulo 10), y hacíamos adaptaciones en caso necesario. En verdad, durante los primeros años, siempre necesitó de ajustes. Recordad que los ingresos cambian y las situaciones varían, y que lo que antaño era «justo» puede que ya no lo sea.

¿Sabes qué? Al final dejamos de lado el sistema proporcional. Ahora aportamos todo nuestro sueldo a nuestra cuenta corriente conjunta. Pese a que el sistema proporcional funcionaba, era demasiado complicado y, además, generaba una sensación de «tú contra mí» en lugar de que el dinero fuera «nuestro».

Si estáis casados, querréis reestructurar vuestras finanzas de modo que sean sencillas y motiven las conductas adecuadas: sentirse conectados, trabajar en pro de objetivos comunes y que los dos tengáis implicación en esto.

Tuvimos que ocuparnos de nuestros retos psicológicos cuando se trató de juntar nuestro dinero. Cassandra llevó a cabo mucho trabajo personal por su cuenta, y yo también lo hice; y trabajamos con un terapeuta de modo que pudiéramos mejorar nuestra comunicación.

Compartiré algo que me sorprendió. Cuando dejamos de lado el sistema proporcional y simplemente juntamos nuestros ingresos, eso nos unió más *ese mismo mes.* Fue sorprendente ver cómo modificar la configuración cambió la forma en la que nos sentíamos. Las investigaciones muestran que combinar las finanzas da lugar a unos mejores resultados para las parejas casadas. Ésta es la razón por la cual siento tanta compasión por las parejas con unas finanzas desordenadas, porque yo también me he encontrado en esa situación. Puedo decir, a partir de mi experiencia personal, que vale la pena hacer el cambio juntos.

Vuestro futuro es juntos

En el caso de la mayoría de las parejas, una persona está más orientada hacia las cifras que la otra. Se trata de la persona a la que le gusta juguetear con calculadoras del interés compuesto, recalcular la fecha de liquidación de sus deudas y afinar el plan de gasto consciente. Esto puede ser bueno (hasta un cierto punto). Como alguien que es un optimizador, sé que mis propias tendencias pueden volverse demasiado centradas en los números.

Es de ayuda disponer de una frase que os recuerde la idea de la creación de vuestra vida de abundancia juntos. Repetidla conmigo: «Nuestro futuro es juntos».

Si vuestra vida tiene un titular de vuestro punto de referencia («Queremos vivir una vida de abundancia»), vuestra vida también tiene un subtítulo justo a su lado: «Nuestro futuro es juntos». Éstos serán vuestros cimientos cuando los desafíos surjan de la nada.

Habrá ocasiones en las no os pongáis de acuerdo. A veces, tu pareja querrá dedicar más dinero a ciertos objetivos. Puede que os sintáis molestos con esto: puede parecer como si uno de vosotros se estuviera llevando un dinero que el otro usa para sí mismo. *¿Por qué tendríamos que ahorrar más para nuestra jubilación? Yo quiero usar ese dinero para viajar ahora.* Si os centráis sólo en esa única decisión financiera, es fácil sentirse así, pero cuando usáis la lente de un futuro juntos, podéis ver que vuestras decisiones están orientando hacia dónde os dirigís los dos como equipo.

«Nuestro futuro es juntos». Decidlo en voz alta. Colocadlo en vuestra nevera, vuestro escritorio, en la parte superior de vuestro documento mensual de comprobación (*véase* el capítulo 10, apartado «La reunión mensual del dinero de una hora de duración»). Vais a hablar de dinero regular, proactiva y positivamente porque vuestro futuro es juntos.

¿QUÉ PASA SI UNO DE LOS MIEMBROS DE LA PAREJA NO TIENE INGRESOS?

Podéis adaptar mi configuración sencilla para parejas si uno de los miembros de la pareja no tiene ingresos. Puede que se trate de un amo o ama de casa, de un estudiante o que padezca una enfermedad, o puede que simplemente no trabaje porque no quiere.

En primer lugar, debéis saber que, si estáis casados, ambos miembros de la pareja compartís los ingresos del hogar. En general, si uno de los miembros está ahorrando o invirtiendo durante un matrimonio, ese dinero se considera propiedad conyugal. Para vuestra jubilación puede que queráis buscar y estudiar los aspectos concretos de una «cuenta de jubilación individual conyugal», que podría permitir que el miembro de la pareja que tenga ingresos aporte dinero a favor de la cuenta de jubilación personal del otro miembro sin ingresos para obtener beneficios fiscales. Todo es bastante sencillo.

Sin embargo, en las relaciones en las que un miembro de la pareja no trabaja, suelo encontrarme con discusiones acaloradas que van más allá de la configuración de las cuentas. El miembro que menos gana suele obsesionarse con la palabra *contribuir*, como, por ejemplo:

- «Quiero contribuir».
- «Quiero que mi pareja sepa que estoy contribuyendo».
- «Me siento incómodo por todo el trabajo que llevo a cabo, que no se muestra en una hoja de cálculo, por lo que no se toma tan en serio».

Recordad que las contribuciones o aportaciones tienen muchas formas, y las contribuciones no económicas son extremadamente importantes. Sin alguien que gestione la carga mental que implica gestionar el hogar, ocuparse de la logística y cuidar de los niños, ninguna relación duraría. *Algunas de las cosas más importantes de la vida nunca aparecerán en una hoja de cálculo.*

La conversación sobre las contribuciones es real, y vale la pena dedicarle tiempo. En mi opinión, el miembro de la pareja que más gana tiene la responsabilidad de mencionar este tema y reconocer lo importantes que son las contribuciones no económicas para una vida de abundancia. Si mantenéis estas conversaciones teniendo presente que sois mejores juntos, os veréis a vosotros mismos como un equipo. A veces, en un equipo, un miembro es mejor en una cierta posición. En otras ocasiones, alguien acaba lastimado. Los papeles cambian, pero si os identificáis como un equipo y habláis de ello regularmente, ambos os sentiréis valorados y escuchados.

Excepciones a mi sistema

Mi configuración sencilla de las cuentas para parejas simplificará vuestra vida y os permitirá ahorrar, invertir y gastar en las cosas que os encantan de forma automática; pero, francamente, no puede tomar en cuenta los millones de casos particulares y las circunstancias inusuales a las que se enfrentan las parejas. Ésta es la razón por la que quiero ser honesto con respecto a las excepciones especiales a mi sistema (e incluso en aquellos casos en los que pueda estar equivocado), de modo que sepáis en qué fijaros. Aquí tenemos unos escenarios concretos en los que quizás tengáis que adaptar la configuración.

Los dos sois trabajadores autónomos.
Vuestro(s) negocios(s) deberían gestionarse independientemente con una cuenta corriente empresarial, una cuenta de ahorros empresarial y una tarjeta de crédito empresarial aparte. El dinero debería enviarse de la cuenta empresarial a la personal y (a no ser que se trate de una emergencia) *nunca* de la cuenta personal a la empresarial. Deberíais pagaros un salario estable cada mes. Si los ingresos de vuestro negocio son variables, escoged una cifra que podáis pagaros con confianza y establecedla como vuestro sueldo para «simular» un salario estable cada mes. Podéis pagaros más trimestral o anualmente si vuestro negocio lo permite. Tened una cuenta de ahorros empresarial en la que reservéis dinero para los impuestos (recomiendo un 40 %). Por último, aseguraos de hablar con un contable sobre

maximizar todas las cuentas con beneficios fiscales, como un plan de pensiones simplificado para empleados/cuenta de jubilación individual o un plan de jubilación 401(k) individual.

Vais muy justos de dinero.

Mi sistema funciona mejor si disponéis de un colchón para gastos menores inesperados y podéis permitiros estimar vuestros gastos y luego revisar y corregir vuestras proyecciones con el tiempo. Sin embargo, no todos disponen de este lujo. Si vuestros gastos son extremadamente ajustados, no podréis confiar en que las cosas se resolverán de forma automática al final de cada mes. En lugar de ello tendréis que monitorizar los gastos cuidadosamente hasta que desarrolléis un colchón. Si éste es el caso, adaptad mi sistema. Monitorizad vuestros gastos cuidadosamente mientras os centráis en llevar a cabo tanto cambios como sea posible en vuestros ingresos y gastos para desarrollar un colchón financiero sustancioso.

Uno de vosotros tiene que pasar una pensión alimentaria.

Una de las razones por las cuales animo a las parejas a combinar sus finanzas es que aquellas que no lo hacen tienden a meterse en más problemas. Esto no *se debe,* simplemente, a las finanzas separadas, sino a que es menos probable que estas parejas hablen de dinero en general, por lo que, por defecto, mantienen sus finanzas separadas, generando una cultura de «mi dinero frente a tu dinero». Como nunca han hablado proactivamente de sus finanzas, carecen de práctica cuando algo va mal y *tienen* que hablar de ello. Sin embargo, en casos de una obligación económica importante y continua como una pensión alimentaria (o, digamos, los costes de los cuidados de un familiar enfermo), puedo ver la utilidad de mantener las cuentas separadas. Larry, un miembro de mi comunidad, me envió este mensaje:

> Mi esposa y yo llevamos juntos seis años y hace cuatro que vivimos juntos. Hemos mantenido nuestras finanzas separadas. Compartimos el alquiler, de forma proporcional a nuestros ingresos, y vamos a mitades iguales con los comestibles y las

comidas fuera de casa. Ella suele venirse de vacaciones conmigo y mi hijo, y yo lo pago todo, incluidos sus vuelos. Cuando ella y yo nos vamos de vacaciones juntos, solemos hacerlo aportando de forma proporcional a nuestros ingresos. Cada uno de nosotros puede alcanzar sus niveles de ahorro generales y sus niveles de ahorro para la jubilación. Combinar nuestros ingresos parece como si supusiera más trabajo del necesario: no parece más de un puñado extra de papeleo. ¿Hay alguna razón en la que puedas pensar para combinar nuestros ingresos?

Suena a como si Larry y su mujer hablaran sobre el dinero y tomasen decisiones conscientes. Si tiene una visión conjunta sobre tener cuentas separadas, y ambos comprenden las ramificaciones, pueden ceñirse a lo que esté funcionando siempre que se reúnan mensualmente para hablar del dinero y prioricen su revisión anual de la vida de abundancia (veremos esto en el capítulo 10).

Os vais a vivir juntos, pero no estáis casados.
Recomiendo una versión «junior» de mi sistema para parejas: abrid una cuenta corriente conjunta para los gastos compartidos como el alquiler, las cenas fuera de casa y los viajes y (asumiendo que vuestros ingresos no sean enormemente disparejos) aportad por igual a esa cuenta conjunta. (Si vuestros salarios son dispares, digamos en una proporción de 60/40 o mayor, contribuid de forma proporcional). Obtened una tarjeta de crédito para los gastos compartidos y pagad su saldo desde la cuenta compartida. Mantened vuestros ahorros e inversiones separados por ahora.

«¿Cómo monitorizamos nuestros gastos con este sistema?»

No tengo aplicaciones financieras en mi teléfono móvil. No accedo a la página web de mi tarjeta de crédito cada día, y tú tampoco deberías hacerlo. Cuando configures tu sistema adecuadamente, sólo tendrás que monitorizar dos o tres ítems en tu plan de gasto consciente.

¡Es un verdadero caos monitorizar cada gasto! Además, no tiene sentido, porque en un sistema financiero que funcione bien, la mayoría de los días son básicamente iguales y la mayoría de los meses son prácticamente idénticos.

Empecemos con los comestibles, que la mayoría de la gente cree que son variables, pero normalmente son predecibles. Si tu gasto mensual en comestibles tiende a oscilar entre los seiscientos y los setecientos dólares, ingresad setecientos dólares en vuestro PGC (usad siempre la estimación superior). Como la mayoría de las semanas son básicamente iguales, con contadas excepciones, intentad mantener vuestros gastos en la misma cantidad, y si viene gente a vuestra casa a cenar y gastáis un poco más, recortad un poco el mes siguiente. ¡Hecho! Ya no tenemos que hablar más de los comestibles.

No estoy intentando ser superficial. Comprendo que vuestros gastos en comestibles pueden fluctuar, pero la mayoría de nosotros nunca hemos intentado, realmente, calcular una media de nuestros gastos mensuales en comida y luego nos hemos ido a hacer la compra con esa cifra concreta en mente. Definid una posición, comprometeos con una cifra y no os pongáis nerviosos por cincuenta dólares aquí o allá (cosa que no modificará vuestra vida financiera, de todos modos).

Ahora hablemos de los gastos que de verdad *tenéis* que monitorizar. Pensad en gastos variables que sean importantes para vuestro plan de gasto consciente, como…

- Comer fuera de casa
- Viajar
- Actividades de los niños
- Autocuidados
- Ropa

Cuando concretemos, nos daremos cuenta de que sólo algunos gastos clave son variables e importantes (lo suficientemente significativos como para suponer una diferencia financiera). Recuerda que no tienes por qué monitorizarlos todos tú mismo. Tienes una pareja en esto: si dividís el trabajo, será mucho más manejable.

Identificad esos gastos variables, elegid una cifra (proporcionándoos un colchón sustancioso) y decidid quién monitorizará cada categoría. Si estás al cargo de pedir comida para llevar para tu familia, asume esa monitorización. A partir de ahora, eres responsable de eso. Y una vez al mes, cuando celebréis vuestra reunión mensual del dinero, podrás informar sobre cómo estás monitorizando para alcanzar vuestro objetivo. Tu pareja hará lo mismo con las áreas que ella controle. Con el tiempo podéis simplificarlo e incluso pasar a una monitorización trimestral o anual.

Recordad que la idea de este libro no es monitorizar gastos, sino vivir una vida de abundancia juntos.

Mis recomendaciones para hacer que la monitorización sea más fácil:

- Los dos deberíais monitorizar por lo menos una cifra, de modo que ambos tengáis una implicación en esto. Si la monitorización parece agobiante, pedíos ayuda mutuamente.
- Tratad este proceso como si estuvierais aprendiendo una nueva habilidad. Al principio, la monitorización puede ser irritante, pero daos algunas semanas y tened paciencia con vosotros mismos. Se volverá más fácil. Os lo prometo.
- Al principio, preparaos para ganar generando un colchón sustancioso en vuestro plan de gasto consciente. Si, por ejemplo, vuestro gasto medio en comestibles es de entre seiscientos y setecientos dólares mensuales, os recomiendo que os proporcionéis ochocientos dólares para la compra los dos primeros meses. Si emplear la cifra más alta significa que vuestro PGC no funciona, entonces tendréis que recortar en otra área. (El PGC es muy bueno para hacer que vuestras decisiones sean muy claras).

- Si os encontráis con que vuestras cifras, mes a mes, son enormemente distintas (por ejemplo, una factura de trescientos dólares frente a una de mil, o meses con cero dólares por viajes frente a cinco mil dólares otro mes), lo que suele suceder es que vuestro patrón de gasto es puntiagudo o serrado. Puede que estéis comprando a granel. Quizás vuestros viajes se concentren alrededor de las vacaciones. La solución consiste en hacer una media de las cifras a lo largo de un período de tiempo más largo. Empezad con una media mensual, luego trimestral y al final ascended hasta monitorizar anualmente.
- La forma más fácil de hacer esto consiste en que descarguéis las transacciones de vuestra tarjeta de crédito conjunta y que luego las importéis a una hoja de cálculo. Esto os proporcionará un gran control, es relativamente sencillo y es gratis.
- Si queréis usar una herramienta que os ayude, os recomiendo You Need a Budget (YNAB.com), que se traduciría en castellano como «Necesitas (o necesitáis) un presupuesto». Sí, sé que es irónico que os diga, literalmente: «No necesitáis un presupuesto» y que luego os recomiende YNAB, pero para la gente que siente que no ostenta el control con sus gastos, este *software* tiene un buen enfoque en el que «cada dólar tiene un trabajo». Si necesitáis una mano al principio, podéis usarla durante tres o cuatro meses para desarrollar vuestra intuición y luego decidir si queréis continuar con ella.
- Recordad que este libro no tiene que ver con obsesionarse por cada gasto. Monitorizad un par de cifras clave, pero no os obcequéis.
- En el nivel avanzado no tendréis que monitorizar con un nivel de detalle diario o semanal. Mi mujer y yo monitorizamos trimestralmente, y en el caso de algunos ítems grandes incluso anualmente. Esto requiere de tiempo, habilidad y un colchón sustancioso, pero simplemente debéis saber que si vuestra vida de abundancia consiste en algo más que en monitorizar gastos habrá un futuro en el que no tendréis que hacer esto frecuentemente.

¡Nada de cuentas bancarias secretas!

Cuando hablo con las parejas, frecuentemente oigo cómo una madre o una tía susurró en una ocasión una pequeña advertencia: «Guarda siempre tu dinero por si acaso». Quiero agradecer la historia que hay detrás de esto, que oigo exclusivamente de la boca de mujeres.

Muchas de nuestras abuelas no podían, legalmente, abrir su propia cuenta en un banco o ni siquiera trabajar fuera de casa sin el permiso de un hombre. Muchas de nuestras madres tampoco podían. No fue hasta finales de la década de 1960 y en la de 1970 cuando las mujeres pudieron abrir sus propias cuentas bancarias y tener tarjetas de crédito.

Eso deja unos efectos duraderos en la forma en la que gestionamos el dinero. Incluso hoy, más mujeres son económicamente dependientes de los hombres que no al revés, por lo que, si has oído algún relato admonitorio sobre un miembro de la pareja que huye de repente o fallece sin previo aviso, podrás comprender la necesidad de tener algo de dinero reservado.

Aunque coincido con la idea de tener siempre suficiente en caso de que algo vaya mal (*véase* el capítulo 7 para conocer mis ideas sobre un fondo para emergencias), debo discrepar sobre tener una cuenta bancaria secreta. Sí, deberías protegerte, y no sólo de la preocupación de que tu pareja fallezca, sino también de la posibilidad muy real de los maltratos financieros o físicos. Ésta es la razón por la cual en mi configuración de cuentas para parejas recomiendo abrirse una cuenta corriente individual a la que sólo tú tengas acceso, pero se trata de cuentas de cuya existencia tu pareja es plenamente consciente.

Cuando desarrolláis una visión compartida de la vida de abundancia, debéis ponerlo todo sobre la mesa: todo lo que queréis, todo lo que teméis y sí, todas vuestras cuentas. Si quieres tener tu propio dinero, deberías tenerlo, pero sé sincero al respecto. Si no te sientes cómodo siendo honesto sobre una cuenta separada a la que sólo tú tengas acceso, eso supone un problema más grande y serio que te conmino de verdad a estudiar.

Así que sí a tener una cuenta individual a tu nombre, pero no a mantenerla en secreto.

«¿Podemos, simplemente, tener nuestras finanzas separadas si los dos estamos de acuerdo con eso?»

Ciertamente, podéis configurar vuestras cuentas de la forma que queráis. ¡Es vuestro dinero! Sin embargo, si me estáis preguntando, a no ser que os encontréis en una situación especial (p. ej. un segundo matrimonio), os recomendaría encarecidamente que juntéis vuestras cuentas.

Vuestro futuro es juntos, y cuando combinéis vuestro dinero obtendréis unos beneficios poderosos: unir vuestras finanzas os proporcionará más poder adquisitivo (podéis dividir fácilmente los costes de todo, desde el dentífrico hasta el alojamiento). Y una mayor simplicidad (no más centrarse en preguntas de tres dólares, como quién gastó qué y transferir fondos de un lado a otro). Además, unas cuentas compartidas implican que os habéis organizado estructuralmente para pensar en vuestra vida *juntos.*

También hay estudios geniales que muestran que las cuentas conjuntas son buenas para la relación. En un estudio de 2023, los investigadores universitarios Jenny Olson, Scott Rick, Deborah Small y Eli Finkel pusieron a prueba qué sucedería si asignaban a ciertos recién casados tener cuentas separadas y a otros combinar sus finanzas. Vieron que las parejas con sus finanzas conjuntas estaban más satisfechas con el dinero en su relación. También averiguaron que las parejas con sus finanzas combinadas estaban en mayor sintonía con respecto a los objetivos y eran más transparentes con sus finanzas, y hablaban del dinero más frecuentemente.

Por mi experiencia, las parejas tienden a tener unas finanzas separadas porque ya tienen sus propias cuentas bancarias cuando se casan, y entonces no hay una razón acuciante para cambiar. Nunca mantienen una serie de conversaciones «formales» sobre el dinero. En otras palabras, muchos de nosotros simplemente no nos «complicamos» y mantenemos nuestras cuentas separadas sin tomar una decisión consciente. (De hecho, en ese estudio de 2023, los investigadores incluyeron un grupo de control que no recibió instrucciones sobre si combinar sus finanzas o no. El resultado: ¡el

72 % de ellos no juntó sus finanzas! Puedes ver lo fácil que es no hacerlo nunca).

Lamentablemente, estas parejas carecen de práctica cuando, inevitablemente, algo sale mal y *necesitan* hablar de dinero. ¿Qué sucede si uno de vosotros pierde su trabajo? ¿Qué pasa si uno de los dos enferma? ¿Qué sucede si recibís una herencia inesperada? Cuando las parejas se sientan y hablan de sus finanzas, es común que acaben combinando su dinero, lo que hace que su sistema de cuentas sea más fácil de implementar y de gestionar y, en último término, incrementa sus sensaciones de estar trabajando juntos como un equipo.

Lista de comprobación del capítulo 9

- ❏ Acierta con tus cuentas corrientes y de ahorro usando mi configuración sencilla para parejas. Abrir unas cuentas corrientes y de ahorro puede sonar complicado, pero los bancos lo hacen fácil.
- ❏ Reducid el número de tarjetas de crédito a tres o cuatro, incluyendo una tarjeta conjunta para los gastos del hogar. Cancelad las demás. Decide, con tu pareja, qué tarjetas usaréis para qué gastos.
- ❏ Automatizad las transferencias hacia vuestras cuentas de ahorro y de inversión. Aseguraos de tener entre tres y cinco cuentas de ahorro conjuntas (una de las cuales se dedique a un fondo para emergencias), cada una de ellas con un objetivo concreto.
- ❏ Decide, con tu pareja qué categorías de gastos queréis monitorizar (comestibles, comer fuera de casa, actividades de vuestros hijos...) y quién será el responsable de cada categoría.
- ❏ Después de que hayáis hecho todo esto, fijaos en cómo os hace sentir. El objetivo no es, únicamente, el de simplificar y automatizar vuestro sistema financiero, sino que os sintáis más conectados, más como un equipo.

10
Vivir vuestra vida
de abundancia juntos

Estableced unas rutinas alegres
con respecto al dinero que aguanten
de verdad

Por nuestro primer aniversario de boda, mi mujer y yo nos fuimos a una cena especial de *sushi* en Nueva York. Hicimos las reservas con meses de antelación, nos pusimos elegantes y nos sentamos para tomar una comida *omakase* (a elección del chef) de muchos platos. Todo estaba delicioso, pero lo que de verdad recuerdo fue la experiencia. En un cierto momento, el chef acabó de usar su cuchillo y lo pasó, por detrás y sin mirar, porque *sabía* que justo ahí habría alguien para cogerlo. Piensa en la larguísima formación, la profunda confianza y la total atención al detalle implicada en hacer que esa acción sucediera. Como persona a la que le encantan los sistemas, me quedé boquiabierto.

Me siento atraído por el trabajo en equipo perfecto como éste. Algunas personas lo buscan en el fútbol. Algunos lo ven en un concierto. Todo lo que sé es que, desde que era niño, me corre un escalofrío por la espalda cuando veo la excelencia sucediendo delante de mis ojos.

Imagina tener ese tipo de relación con tu pareja. Imagina el consuelo de saber que tú le cubres las espaldas y ella a ti, por lo que, si sucede algo en la vida, ni siquiera tendrás que mirar para saber que estará a tu lado para ayudarte.

Para mí, ésta es una de las partes más hermosas de una relación amorosa. Apuesto a que ya tienes este tipo de magia con tu pareja en ciertos aspectos de vuestra vida, y ahora que habéis implementado vuestra vida de abundancia juntos, demos el pulido final para desarrollar esa preciosa confianza en lo tocante al dinero.

Hacia el final de este capítulo sabréis cómo hablar del dinero cada mes, cómo actualizar vuestra visión de la vida de abundancia una vez al año y cómo gestionar los pequeños desacuerdos que surgirán, inevitablemente. Empecemos ahora con la reunión mensual del dinero.

La reunión mensual del dinero de una hora de duración

Os prometí, cuando pusisteis vuestro sistema en funcionamiento, que podríais hacer un mantenimiento de vuestras finanzas en sesenta minutos por mes. Aquí es donde entra en escena vuestra reunión mensual de dinero.

Esta sesión, que aparece en el calendario y es sacrosanta, os proporciona el tiempo y el espacio para hablar de vuestras finanzas. A lo largo del mes, si tenéis pequeñas cosas que queréis retocar, dejadlas caer en vuestro orden del día, sabiendo que ya hay un momento programado para hablar de ellas tranquilamente. Mi mujer y yo usamos un sencillo documento de Google Docs.

Me he dado cuenta de que, cuando empleo palabras como *reunión* y *agenda u orden del día,* algunas parejas piensan que se trata de algo extrañamente formal. ¿Lo es?: quizás. ¿Me importa?: no. Preferiría que siguierais mi sistema estructurado que no que lo mantuvierais «relajado» (es decir, inexistente) durante los próximos cuarenta años mientras os peleáis por el precio de la cecina.

Orden del día de muestra para vuestra reunión mensual del dinero

1. *Agradecimientos el uno al otro*
- «¡Un trabajo genial rastreando ese gasto de cincuenta dólares el mes pasado!».
- «Me encantó el lugar que elegiste para salir una noche de cita romántica el jueves pasado».

2. *Actualizaciones del miembro de la pareja número 1*
- Meta con los comestibles: 800 dólares. Resultados reales: ¡789 dólares! «¡BRAVO!».
- «¿Sabes de dónde viene este cargo de 45,26 dólares del 20 de febrero?».
- Actualización de ahorros: ¡6500 dólares!

3. *Actualizaciones del miembro de la pareja número 2*
- «Necesito llamar a la empresa de fondos de inversión Vanguard contigo para comprobar que la configuración de nuestra cuenta es correcta. ¿Estás libre este viernes a la hora de la comida?».
- Actualización de las inversiones: ¡22 700 dólares!

4. *Actualizaciones conjuntas*
- «Hemos cerrado la cuenta en el banco Wells Fargo» (porque es uno de los peores bancos depredadores del mundo).
- «¿Cuánto tiempo pasará hasta que necesitemos un lavavajillas? ¿Tenemos que ahorrar para comprarlo?».

5. *Revisar nuestros números*
- Revisión del PGC.
- Revisión de la cuenta de ahorro.

6. *Cuestiones sin resolver*
- Miembro de la pareja número 1: «Averiguaré si tenemos cobertura suficiente en el seguro».

- Miembro de la pareja número 2: «¿Tenemos que usar un fondo de fecha objetivo distinto en las diferentes cuentas de jubilación? Voy a leer *Te enseñaré a ser rico: sin sentimiento de culpabilidad, sin excusas, sin tonterías. Simplemente un programa de seis semanas de duración que funciona*, de Ramit para averiguarlo». (Nota de Ramit: No, no necesitas uno).
- Planificación de la vida de abundancia: «¿Quién organiza la noche de cita romántica este mes? El mes que viene empecemos a planificar nuestro viaje de vacaciones».

7. *Cierre*
- Por qué te quiero.

Recursos
- Mantened una lista de enlaces en esta parte de la agenda, incluyendo vuestro documento de la vida de abundancia.

El tono de la reunión debería ser alegre e incluso divertido. Puede que esto lleve tiempo: cuando pregunto a las parejas la primera vez: «¿Cuándo fue la última vez que os divertisteis hablando de dinero?», el 90 % se me queda mirando y uno de ellos me dice: «Nunca». No os preocupéis. Pronto estaréis saltando de alegría cuando veáis lo mucho que estáis ahorrando e invirtiendo automáticamente cada mes. Hablando más en serio, os daréis cuenta de que se vuelve mucho más fácil conversar sobre el dinero cuando vuestro plan esté en marcha.

Haced que la reunión sea divertida estructurándola de la forma adecuada. Al igual que las fiestas de cumpleaños de los niños tienen regalos, luego *pizza*, después pastel y al final salís pitando de allí antes de que todos se pongan a llorar, vuestra reunión mensual del dinero está estructurada para que podáis conectar de forma positiva y acabar de forma provechosa. Empezaréis dándoos las gracias el uno al otro por algo de lo que os hayáis dado cuenta (os proporcionaré unos guiones, palabra por palabra, más adelante). Entonces podréis ajustar lo que no esté funcionando, abordar cualquier cuestión no resuelta, declarar la victoria y seguir con vuestros asuntos.

LA REUNIÓN ES IMPORTANTE. TRATADLA COMO TAL

Debo hacer otra confesión: mientras estaba escribiendo este libro, mi mujer y yo nos saltamos nuestra reunión mensual del dinero algunas veces. Cuando al final nos sentamos para hablar, estaba avergonzado por cómo había permitido que esto sucediera. Yo soy el que se ocupa de las reuniones (la persona que acordamos que organizaría la agenda), y no había cumplido con mi parte, por lo que empecé la reunión reconociendo eso. Entonces le dije a mi mujer cómo iba a arreglarlo:

- Ya había reservado tiempo en mi calendario el día después de cada reunión para estudiar cualquier cosa por hacer.
- También había reservado treinta minutos dos días antes de la reunión para finalizar cualquier cosa por hacer por mi parte. Siempre envío un *email* con un enlace a la agenda para facilitarle las cosas a Cassandra. (Nuestra agenda es un documento Google Docs activo con ítems de la última reunión en la parte superior, lo que nos permite buscar en agendas pasadas si necesitamos encontrar un asunto antiguo). El enlace debería enviarse por lo menos veinticuatro horas antes de la reunión, por lo que enviándolo dos días antes me estaba dando a mí mismo un cierto colchón por si acaso algo salía mal.
- Añadí un bloque de quince minutos el día antes de la reunión por si algo pasaba inadvertido. Esto se trata de mí mismo reconociendo que no siempre llego a todo en mi calendario, pero que creo una solución alternativa para asegurarme de estar preparado.

Un acrónimo útil

Me gusta el acrónimo CRAF para las reuniones sobre el dinero porque os ayuda a recordar las partes que es más probable que olvidéis.

Cumplido: Elogia a tu pareja y hablad de las cosas que están yendo bien.

Responsabilidad: Fijaos en vuestros gastos del mes comparándolos con vuestro PGC y hablad de cualquier gasto venidero y de decisiones relativas al dinero que requieran de atención.

Momento de la vida de Abundancia: Haced una reserva o un plan, o simplemente buscad en Google un lugar que queráis visitar.

Final: Finalizad la reunión con un «Te quiero».

Lo más importante es que fui honesto por no estar al corriente de esto. Me disculpé y compartí mi plan. Entonces seguimos adelante. (Le doy las gracias a Cassandra por aceptar mis disculpas y avanzar también). Sucederán errores. Reconocedlos y seguid avanzando, sabiendo que disponéis de toda una vida de posibilidades para hablar de vuestra vida de abundancia juntos.

Una de las cosas que me encanta de la reunión mensual del dinero es que os proporciona tiempo para reconocer el progreso que estáis haciendo. Como un videojuego en el que ganáis puntos, podéis ver vuestros ahorros y vuestras inversiones automáticos aumentar, e incluso en qué os vais a gastar el dinero el próximo mes. Hacedlo así: «De acuerdo. En enero decidimos llevarnos a los niños de vacaciones a California. Miremos nuestros ahorros… ¡Sí! [¡Choca esos cinco!]. ¡Ya llevamos el 20 % de ese camino y estamos en la senda correcta para ir este verano!».

Esto ayuda a conectar el dinero con la alegría mientras os fijáis en todo el trabajo que habéis llevado a cabo juntos (diseñando una hermosa visión de la vida de abundancia, configurando vuestras cuentas, automatizando vuestras finanzas) y dándoos cuenta de que todo empieza a encajar. Ahora podéis empezar a compartir artículos sobre el lugar al que vais a ir y a emocionaros por la meta. (*¡Deberíamos llevar a los niños al parque acuático! Fíjate en las vistas en este restaurante…*). Para cuando lleguéis, de verdad, a ese destino, ya habréis experimentado enormes cantidades de alegría. Ésta es una forma poderosa de vivir vuestra vida de abundancia fuera de la hoja de cálculo.

CÓMO ESTRUCTURAR VUESTRA REUNIÓN DEL DINERO

Ampliemos la agenda de muestra a partir de «Nuestra increíble primera reunión relativa al dinero» (capítulo 1). Escoged un entorno tranquilo y minimizad las distracciones. Poned en marcha un temporizador para que la reunión no dure más de sesenta minutos, y entonces poneos a ello. Aquí tenemos un borrador para una reunión mensual del dinero genial, con unos guiones de muestra.

Empezad con un cumplido.
«Agradezco de verdad que…
>   … prepararas esa maravillosa cena la semana pasada por mi cumpleaños».
>   … me hagas sentirme seguro cuando hablamos de finanzas».
>   … te hicieras cargo de las compras de la vuelta al colegio».
>   … me persuadieras para salir a correr contigo esta mañana».

A continuación, estudiad cualquier asunto pendiente del mes pasado.
«Iba a configurar las transferencias de nuestra cuenta corriente conjunta a nuestra cuenta de ahorros conjunta. Eso ya está hecho».
«¿Recuerdas que dije que me ocuparía de qué tipo de colchón deberíamos comprar? Aquí está lo que he encontrado».
«Sé que iba a intentar reducir cien dólares nuestros gastos en comestibles, pero no lo he conseguido. Aquí está lo que voy a hacer el próximo mes…».

Luego revisad vuestro PGC. *(Recordad que estáis monitorizando sólo algunas cifras clave. Para más detalles, véase capítulo 7, apartado «¿Qué es un plan de gasto consciente?»).*

«¿Cómo nos está yendo?».

«¿Tenemos que retocar algo?».

«¿Estamos ciñéndonos al plan?».

«Sé que me he pasado con los gastos libres de culpa este mes. Fueron esas rebajas de Nike…».

Fijaos en vuestra cuenta de ahorro «X».

«¡Vaya! ¡Ya hemos alcanzado el 30 % de nuestro objetivo!».

«Me pregunto si podemos ahorrar más en nuestro fondo para la cocina nueva. ¿Qué crees?».

«Acabo de enterarme de que la matricula del campamento está subiendo de precio. Debemos aumentar nuestra contribución a esa cuenta».

Hablad sobre cualquier otra cosa incluida en vuestra agenda compartida.

«El mecánico ha dicho que el coche necesita una reparación que cuesta 1200 dólares en algún momento en los próximos 3 meses… Echemos una ojeada al PGC y averigüemos cómo gestionarlo».

«¿Qué son estos doscientos dólares transferidos a la cuenta corriente? No puedo averiguar de qué se trata».

«Oye, acabaremos liquidando la deuda de nuestra tarjeta de crédito en seis meses. ¿Cómo deberíamos redistribuir ese pago mensual?».

«¿Vamos a alquilar una cabaña para la reunión?».

Asignad tareas por su nombre. Dividid y venceréis. *(Sed concretos: quién es el responsable, cuál es el siguiente paso y cuál es la fecha límite).*

«Estudiaré lo de la cabaña. ¿Puedes llevar el coche para que lo reparen el próximo sábado?».

«Claro. También buscaré un restaurante para la cena por el cumpleaños de tu padre para el miércoles».

«Deberíamos vincular nuestras cuentas conjuntas e individuales juntos. ¿Puedes hacerlo mañana por la noche después del trabajo?».

Por último, daos un momento de la vida de abundancia que esperar con ilusión.
«Oye, tendríamos que ir a esa nueva marisquería el viernes con Cam y Nikki. Haré la reserva ahora».
«¿Hay algo que te gustaría hacer en nuestras vacaciones que nunca hayas hecho?».
«¿Has visto ese hotel de casas en los árboles que te he enviado? ¡Quizás podríamos irse el año que viene!».

Y acabad siempre con un cumplido. *(Un buen cumplido tiene que ver con la reunión y puede incluir lo bien que te ha hecho sentir tu pareja, algo de lo que te hayas dado cuenta, e incluso el hecho de que haya estado presente durante la reunión. Acabad con un «Te quiero»).*
«Gracias por hacer esto tan fácil, incluso cuando me pongo nervioso fijándome en nuestras inversiones».
«Eso ha sido duro, pero lo hemos hecho. El mes que viene va a ser incluso mejor».
«Estoy tan contento de que estemos haciendo esto juntos. Me hace sentir bien que seamos un equipo».

Si las cosas se ponen desafiantes, aquí tenemos vuestras opciones de elección:
«Echemos un vistazo al plan…».
«Si debiéramos abordar esto usando nuestra visión de la vida de abundancia, ¿qué haríamos?».
«¿Qué haría [elegid a un ser querido: un hermano o un progenitor] en una situación así?».
«Dejemos esto en mente para más tarde y volvamos a ello la próxima vez».
«¿Podemos dar un paso atrás un momento? Te quiero y sé que los dos queremos elaborar un plan que nos haga sentir bien. ¿Podemos tomarnos una pausa de cinco minutos y volver a ello juntos?».

Podéis encontrar una plantilla para vuestra reunión mensual del dinero buscando, en Internet «Plantilla de Ramit para la reunión del dinero» («Ramit money meeting template»).

CONSEJOS PARA TRIUNFAR CON VUESTRA REUNIÓN MENSUAL DEL DINERO

Cada miembro de la pareja debería aportar por lo menos un tema a cada reunión.

Esto es un trabajo en equipo, por lo que los dos deberíais añadir preguntas y actualizaciones a la agenda. Recomiendo acordar que todas las actualizaciones se incluyan en el documento para las 21:00 h la noche antes de la reunión. Esto eliminará la frustración de que un miembro de la pareja tenga que estar esperando para ver cualquier actualización (que, inevitablemente, entran en escena justo antes de que empiece la reunión). Esto también os proporcionará tiempo para prepararos, de modo que cualquier tema no os pille por sorpresa.

¡No todo tiene por qué ser perfecto!

Como propietario de un negocio, he tenido que aprender que partes de mi empresa son caóticas (enlaces que no funcionan, errores tipográficos, etc.) y que no puedo arreglarlo todo. Como soy un perfeccionista, esto me pone muy nervioso. Sin embargo, también tengo que aceptar que *no todos los problemas merecen mi atención*. Debo permanecer concentrado en los factores importantes.

Empezad a pensar así en cuanto a vuestro dinero. Ciertas cosas estarán fastidiadas en vuestro sistema financiero, pero si no son críticas, probablemente valga la pena pasarlas por alto hasta más adelante, o incluso aceptarlas como algo que quizás nunca se arregle. Puede que, por ejemplo, tengáis una antigua cuenta con setenta y cinco dólares en ella, pero que para obtener ese dinero tengáis que hacer una llamada que dure dos horas y en la que no queréis ni pensar. Sinceramente, dejadlo estar.

En nuestra agenda de la reunión del dinero, tenemos una categoría llamada Asuntos Pendientes, que consiste en esas cosas que no se resuelven rápidamente o a las que no podemos llegar. Añadid este tipo de asuntos a vuestra agenda. Puede que os lleve seis meses llegar a ellos, o puede que nunca tengáis que abordarlos, pero por lo menos estarán en una lista. En vuestra reunión, si las cosas están yendo bien, id al apartado de Asuntos Pendientes y elegid el más importante. Puede que tengáis que desglosar los asuntos más voluminosos («Solucionar las cuentas de jubilación») en subasuntos menores para poder avanzar.

Desarrollad vuestro propio estilo.
Adaptad mi borrador para crear vuestra reunión única y personal. Puede que queráis rotar quien dirige la reunión cada mes (os animo a hacer esto, para que así los dos podáis comprometeros). Quizás también queráis adaptar la agenda. Por ejemplo, mi mujer y yo estamos probando constantemente con distintas cuestiones para iniciar nuestras reuniones. Aquí tenemos algunas que nos encantan en este preciso instante:

- «¿Qué te gustaría hacer, con el tiempo, con tu dinero?».
- «¿Cómo podemos ser más generosos?».
- «¿Qué recuerdos de infancia tienes del dinero? ¿Buenos o malos?».

¡Pasad tiempo hablando de vuestras victorias!
Uno de mis amigos, que es director ejecutivo, me proporcionó un consejo inolvidable cuando me estaba preparando para la evaluación del desempeño de un empleado. Me preguntó: «¿Cómo lo está haciendo esta persona?». Le dije que lo estaba haciendo bien, como con un 90 % de valoración positiva. Me contestó: «De acuerdo, en tu revisión, ¿cuánto tiempo pasarás hablando de los aspectos positivos y cuanto de los negativos?». Eso me hizo detenerme en seco. *Incluso aunque esa persona lo estaba haciendo genial, estaba planeando pasar el 90 % de mi tiempo hablando de las cosas que necesitaba para*

mejorar. La nueva solución: si lo estaba haciendo el 90 % genial, pasa el 90 % del tiempo hablando de lo positivo. Lo mismo se aplica en el caso de vuestra reunión del dinero. Pensad, de antemano, en la proporción de intercambios positivos que pretendéis tener.

Pensar en pequeño frente a pensar en grande

Podéis cambiar vuestra mentalidad relativa al dinero en cualquier momento.

Pensar en pequeño

- ▶ «Gestionar el dinero» significa pagar las facturas a tiempo.
- ▶ «La cantidad de dinero que tenemos es la que hay en nuestra cuenta corriente».
- ▶ «No esperábamos que esa reparación fuera tan cara».
- ▶ Intentar ahorrar «cuando podáis».
- ▶ Pensar en vuestros gastos con una regularidad mensual.
- ▶ Preocuparse por el coste de una comida en un restaurante.
- ▶ Sentirse bien por ver un saldo elevado en la cuenta corriente.
- ▶ Pensar en términos de dólares.
- ▶ Estresarse por el precio de los cafés con leche.

Pensar en grande

- ▶ «Gestionar dinero» significa centrarse en áreas de elevado impacto como diseñar vuestra vida de abundancia, vuestra tasa de ahorro, la distribución de vuestro patrimonio y un sistema que fluya sin contratiempos.
- ▶ «Comprendemos la diferencia entre lo que hay en las cuentas corrientes, las de ahorro y las de inversión, y sabemos exactamente qué podemos permitirnos».
- ▶ «Planificamos los gastos inesperados reservando dinero *antes* de necesitarlo».
- ▶ Tener una tasa de ahorro concreta (por ejemplo, el 10 % de los ingresos netos) y crear una norma para incrementar esa cifra en un 1 % cada año.

- ▶ Planificar vuestras finanzas con una regularidad anual, como mínimo: «¿Cuánto ganaremos?». «¿Cuánto gastamos en nuestra vivienda?». «¿Qué viajes podríamos querer hacer?».
- ▶ Comprender los gastos fantasma: desde el coste real de salir a comer fuera de casa hasta el coste real de ser propietarios de una vivienda.
- ▶ Comprender cómo vuestras inversiones aprovechan el interés compuesto y cuándo tendréis cincuenta mil dólares más y luego quinientos mil dólares más.
- ▶ Pensar en términos de porcentajes.
- ▶ Gastar *profusamente* en las cosas que os gustan, y tener la confianza de saber que os las podéis permitir, ya que habéis recortado gastos inmisericordemente en las cosas que no os importan.

En algún momento tendréis que profundizar en los números.
En el caso de muchas parejas, uno de los miembros quiere centrarse en los números mientras que el otro quiere hablar de sentimientos. Sí, es totalmente fundamental que habléis de vuestra visión y que os preguntéis cómo os sentís. Sin embargo, esta reunión no tiene que ver sólo con los sentimientos. *Estáis gestionando el negocio de vuestro hogar.* Eso significa echar una mirada honesta a las cifras y hablar de ellas en detalle. Deberíais sentiros con la tranquilidad para hablar de vuestras preocupaciones: objetivos, cifras y responsabilidades. Si tenéis que tomaros una pausa de cinco minutos, sentíos libres de hacerlo. Después regresad y ocupaos de las cifras.

«¿Qué pensará la gente?»

Cuando tu pareja y tú mencionéis por primera vez la idea de una «vida de abundancia» puede que a vuestros amigos les cause una ligera gracia, pero dentro de un año, cuando hayáis conseguido unos cambios notables en vuestra vida, no os sorprendáis si la gente que hay a vuestro alrededor dice: «¿Por qué estáis tan obsesionados con el dinero? ¿No podéis, por lo menos, divertiros un poco?».

Todos funcionamos con guiones invisibles sobre aquello en lo que consiste el «éxito». Para la mayoría de nosotros, el éxito implica un cierto tipo de vivienda, un cierto coche y un cierto estilo de vida.

Por lo tanto, cuando una pareja escoge conscientemente un camino distinto, las personas de su alrededor se dan cuenta y suelen pensar: *«Espera… ¿Lo estoy haciendo yo mal?».* Eso les hace sentirse mal, por lo que cambian a un: *No… ELLOS lo deben estar haciendo mal.*

Estoy compartiendo esto porque no quiero que os pillen con la guardia baja con reacciones que cuestionen las decisiones de vuestra vida de abundancia. Estas preguntas son normales y esperables.

Empezarán con unas bromas amistosas: «¿Cuándo os vais a comprar un coche nuevo? ¿Vais a conducir esa tartana hasta el día de vuestra muerte?». (Traducción: *«Creo que la gente siempre debería tener un coche nuevo. ¿No os podéis permitir algo más bonito? ¿Por qué no ibais a querer un coche como el mío?»).*

Entonces intensificarán su discurso hasta llegar a la preocupación: «Estáis seguros de que todo va bien?» *(«¿Queréis que la gente piense que las cosas os están yendo mal? Porque eso es lo que pienso cuando veo vuestro coche»).*

Y por último el enfado: «¿Por qué querríais vivir así? ¿Quién hace eso?».

Curiosamente, a la gente no le importan mucho vuestras decisiones financieras si no pueden verlas. Por ejemplo, nunca oirás a nadie criticando la distribución de vuestro patrimonio a no ser que seáis unos enormes memos financieros. Sin embargo, se muestran extremadamente molestos por cualquier decisión visible que toméis, especialmente las que impliquen vuestra vivienda, vuestro coche, vuestra comida o vuestros hijos, cosa que son, casualmente, los marcadores tradicionales del «éxito» en EE. UU.

Podrías obtener unas reacciones extrañas si…

- «bajáis de nivel» pasando de vivir en una casa a hacerlo en un apartamento.

- pasáis a vuestros hijos de un colegio privado a uno público.
- os mudáis de una ciudad grande a una pequeña.
- dejáis de compraros ropa durante un año.
- os compráis una bicicleta carísima o un bolso de marca.
- viajáis durante dos meses al año.
- tomáis clases de vuelo.

Mientras estoy escribiendo esta lista, estoy salivando ante el drama. (Simplemente para que me divierta, probad con una de estas opciones. Enviadme un *email* y explicadme las reacciones que recibís. Vivo para esto).

Con el tiempo aprenderéis a centraros más en vuestra propia visión que en lo que digan los demás. En este momento en mi vida, tengo mucha práctica tomándome a risa los comentarios de la gente sobre mis elecciones. Mientras escribo esto, hay un hilo hilarante *online* sobre mi opción de vivir de alquiler en lugar de comprarme una casa. Mucha gente me ha acusado de ser un propietario en secreto porque, ¡¿por qué iba a decir que alquilar está bien?!

Confiad en mí: no tengo ningún interés en pasar quince horas semanales cambiando bombillas como propietario de una casa unifamiliar que genera un flujo de caja de 125 dólares mensuales. Sé de dónde proceden estas acusaciones salvajes. Proceden de personas a las que se les ha dicho que comprar siempre es una mejor decisión que alquilar. Ahora esa gente ve a alguien que, obviamente, sabe de dinero y que toma una decisión distinta. Durante una fracción de segundo, esto les hace cuestionarse su sistema de creencias: *¿cometí un error por comprar?*

Sin embargo, cuestionarnos nuestras convicciones profundas es doloroso, por lo que rápidamente (e inconscientemente) llegan a la conclusión de que debo estar sacando provecho como propietario que actúa como fontanero y soldador. Cuando tienes confianza en tus decisiones, no tienes por qué discutir por ellas o defenderlas. Podrás sacudirte de encima las acusaciones divertidas que en algún momento se cruzarán en tu camino.

Pagar por la calidad

Creo que cuando alcanzas un cierto nivel, económicamente hablando, tienes la obligación de comprar cosas bien hechas. Hace poco leí que el mercado de alfombras persas estaba pasándolo mal porque mucha gente estaba comprando alfombras baratas por Internet. Piensa en las habilidades artesanales aprendidas concienzudamente, a lo largo de generaciones, para crear una alfombra que hace que quedes boquiabierto. Eso es lo que mi dinero puede respaldar, y estoy agradecido por poder pagarlo.

La gente rica debería estar encantada, además, de poder pagar el precio, sin descuento, por las experiencias, porque eso significa que otros pueden experimentar lo mismo de forma más asequible. Cuando pagas la tarifa completa para visitar un museo, estás permitiendo que familias con bajos ingresos puedan acceder gratis. Cuando compras un billete de primera clase, estás subsidiando los billetes de clase económica. Y cuando pagas tus impuestos, estás permitiendo que la gente conduzca por carreteras seguras hacia parques nacionales mientras respira aire puro y bebe agua también pura.

En mis redes sociales, he publicado algunas imágenes entre bambalinas de cómo me hacen ropa a medida para mi programa en Netflix. La gente es curiosa, por lo que algunas personas indagaron y miraron cuánto costaban las prendas. Entonces empecé a recibir comentarios sobre lo «obscenos» que eran los precios. Pero para mí no eran obscenos: pagué esa cantidad porque me encanta recibir un servicio excelente y un diseño fabuloso, y puedo permitírmelo, y quiero que a la gente que trabaja en esa empresa la traten bien. (De hecho, visité la fábrica en Italia). Agradezco poder gastar más en bienes artesanales, porque sostienen esa práctica para las generaciones venideras.

Independientemente del lugar en el que os encontréis en vuestro viaje financiero, podéis practicar vuestra versión de ser espléndidos y generosos. Esto podría implicar configurar una donación mensual automática a una causa local que apoyes, o que creéis una norma familiar de dejar siempre una propina del 30 % de la cuenta, o que incluso os deis el capricho de comprar café con un único origen, que es un poco más caro, pero sabe genial. Se trata, simplemente, de otra forma de disfrutar gastándoos vuestro dinero, empezando en este preciso momento.

Quiero que tú y tu pareja os sintáis seguros con vuestra visión y vuestras elecciones, de modo que podáis, sencillamente, sonreír frente a cualquier reacción con la que os encontréis. Tendréis una visión y estaréis centrados en vuestra vida de abundancia, juntos. Eso es lo que importa.

¿Cuánto dinero es *suficiente* dinero?

¿De verdad queréis una cifra? De acuerdo, aquí la tenéis: 1,8 millones de dólares. Ésa es la cantidad que tu pareja y tú necesitáis para jubilaros sin preocupaciones.

Permitidme que os lo explique.

Edad de jubilación. Digamos que os jubiláis con 65 años.

Cuánto viviréis. En el momento de la escritura de este libro, las mujeres estadounidenses viven, de media, catorce años más después de los sesenta y cinco, y los hombres viven ocho años más después de los sesenta y cinco: hasta los 79 y los 73 años, respectivamente. (Ahora podéis ver por qué quiero que viváis vuestra vida de abundancia *ahora).*

Ingresos. Asumid que tenéis los ingresos medianos en el hogar (en EE. UU.) de 70 784 dólares y que queréis seguir con vuestro estilo de vida durante vuestra jubilación.

Necesitáis. 1,8 millones de dólares (1 770 100 dólares, para ser exactos).

Esa cifra no es aleatoria. Se basa en «la regla del 4 %» del asesor financiero Bill Bengen, que dice que podéis retirar, sin problemas, el 4 % de vuestra cartera de valores cada año de vuestra jubilación (incluyendo el incremento de vuestras retiradas de fondos basadas en la inflación) y no quedaros sin dinero durante treinta años. (Para simplificar la ciencia actuarial, usamos la cifra de treinta años porque querréis protegeros de quedaros sin dinero antes de fallecer). Algunos tontos afirman que podéis retirar sin problemas un 8 % anual (y ganar «fácilmente» un 12 % en el mercado), pero la cifra del 4 % es mucho más realista. Me ocupo de esto en mayor detalle en *Te enseñaré a ser rico: sin sentimiento de culpabilidad, sin excusas, sin tonterías. Simplemente un programa de seis semanas de duración que funciona.*

Si tenéis 1,8 millones de dólares en vuestra cartera de valores, podéis retirar sin peligro 72 000 dólares anuales, lo que, en este ejemplo, representa exactamente los ingresos actuales con los que estáis viviendo. Queríais saber la cifra, así que ya la tenéis.

Para mucha gente, eso es completamente aterrador. Por lo tanto, quiero añadir algunos matices. Esa cifra asume que seguiréis gastando la misma cantidad cuando os jubiléis, lo que no tiene por qué ser así. Podéis gastar mucho menos, por ejemplo, porque ya no tendréis que desplazaros al trabajo o porque habréis hecho recortes.

¿Planeáis viajar mucho? ¡Quizás gastéis más! ¿Qué sucede si uno de vosotros enferma? Puede que, de repente, no viajéis en absoluto (pero que tengáis unas facturas médicas enormes).

Si habéis pagado vuestra vivienda, no necesitaréis gastar tanto. Si habéis invertido en cuentas con ventajas fiscales, pagaréis menos en impuestos.

La magia que cambia la vida de la expectativa del fracaso

Cuando tenía veintiún años, le pregunté a mis padres, que estaban perfectamente sanos, si tenían un albacea testamentario. La mesa se quedó en silencio. ¿Qué? ¿No todos los muchachos de veintiún años confirman que los asuntos económicos de sus padres están en orden en caso de que fallezcan?

Tengo una voz rara en mi cabeza que se fija en todas las formas en las que las cosas pueden torcerse. Si eres una persona normal, esto suena horrendo. Si, sin embargo, eres un abogado o un asesor, estarás asintiendo con la cabeza, diciendo: «Este tipo lo está captando».

Sé que pasamos mucho tiempo pensando en todas las cosas que pueden ir genial (una nueva casa, un nuevo coche, unos nuevos hijos), pero evitamos, instintivamente, pensar en las cosas malas como la muerte, la enfermedad y los despidos. Yo llamo al planificar estas cosas expectativa del fracaso. Aquí tenemos mi enfoque: aunque espero que las cosas salgan bien, *anticipo* que puedan fracasar y diseño pasos muy concretos para ese escenario. Es como la lista de comprobación de un piloto sobre cómo gestionar el fallo de un motor.

Cuando se trata de dinero, la expectativa del fracaso os proporciona una verdadera ventaja. Digamos que estáis planeando compraros una casa de 600 000 dólares dentro de 3 años. Sabéis que queréis pagar un adelanto del 10 % (60 000 dólares). Teniendo en cuenta vuestra tasa de ahorro del 7 % y vuestro plan para mantener los costes totales de vuestra vivienda por debajo del 28 % de vuestros ingresos, vuestros cuidadosos cálculos os dicen que lográis vuestro objetivo a 3 años y que vais sobrados.

Ahora llega la expectativa del fracaso. Preguntaos: *¿Qué pasa si los precios de las propiedades inmobiliarias alcanzan un máximo? ¿Qué sucede si los tipos de interés de las hipotecas aumentan? ¿Qué pasa si uno de nosotros pierde su trabajo?*

¡Nadie hace esto! Simplemente decimos: «Queremos comprarnos una casa». Como estáis hablando de esto ahora (empleando la técnica de la expectativa del fracaso antes de que se dé el fracaso), podéis permanecer tranquilos e imparciales a la hora de concebir un plan sobre cómo responder.

Hablad sobre las opciones: podéis seguir viviendo de alquiler un año más. Podéis hacer cesiones con vuestro límite del 28 % en costes destinados a vuestro hogar y estirarlo hasta el 30 %. Independientemente de lo que decidáis, *dejadlo por escrito*. Ahora disponéis de un plan B preparado por si acaso.

Esto es materia avanzada. La mayoría de la gente ni siquiera elabora un plan A. Generar una cultura sobre pensar en qué puede ir bien y qué puede ir mal es genial para las parejas. Os une como equipo (sois dos frente al problema) y previene la tensión y los reproches que puedan darse cuando os sintáis pillados por sorpresa por una mala situación.

Y hay incluso más factores en los que no hemos pensado. No hemos tenido en cuenta vuestros beneficios del seguro social, cualquier pensión que podáis tener, la distribución de vuestro patrimonio, o los aspectos más técnicos de la «flexibilidad en el gasto» (como recortar gastos si el mercado de valores tiene un mal desempeño).

Lo que de verdad quiero que comprendáis es que «¿Cuánto es suficiente?» es una pregunta inadecuada. La pregunta correcta es: «¿Qué te dice una calculadora de ingresos para la jubilación sobre *tu situación concreta?*».

Si pudiera ver mi deseo cumplido, tu pareja y tú iríais a mi calculadora (buscad en Internet «Calculadora de Ramit Sethi» [«Ramit Sethi calculator»]) y usad la cifra que obtengáis como punto de partida para hablar de vuestra vida de abundancia hoy y de vuestra vida de incluso más abundancia mañana.

Haceos estas preguntas el uno al otro:

- ¿Qué tipo de vida queremos llevar ahora? ¿Y en los próximos diez años?
- ¿Qué tipo de vida queremos llevar cuando nos jubilemos? (No pasa nada si desconocéis todos los detalles, pero intentad dar algunas pinceladas: ¿queréis viajar trescientos días por año, mudaros a una granja o vivir cerca de vuestros nietos?).
- ¿Cuánto dinero necesitaríamos para ese tipo de estilo de vida?
- ¿Estamos en el buen camino? ¿Podemos vivir una mayor cantidad de esa visión antes?
- Si no estamos en el buen camino, ¿qué cambios podemos llevar a cabo? Seguimos teniendo tiempo para hacer ajustes, pero tenemos que hacerlo juntos.

Jugáis con ventaja simplemente por el hecho de que habéis abierto este libro.

Cambiar vuestro viejo relato sobre el dinero

El *coach* de ejecutivos Marshall Goldsmith trabaja con gente inteligente que llega a una meseta en algún momento de su trayectoria profesional. Una de sus especialidades consiste en identificar ciertos comportamientos que funcionaron para sus clientes en su veintena y treintena, pero que ya no funcionan. Uno de sus clientes supo que era demasiado brusco cuando proporcionaba *feedback,* y decía: «Pero debo ser honesto. Así es como soy».

Goldsmith llama a esto «la necesidad excesiva de ser yo». Eso hace referencia a reproducir un argumento una y otra vez, incluso cuando ya no te resulta de utilidad. Muchos de nosotros continuamos siguiendo los mismos argumentos con los que crecimos, incluso pese a que nuestras realidades financieras hayan cambiado. Por ejemplo:

«No somos el tipo de gente que…

… va a restaurantes elegantes

… o se aloja en hoteles caros

… o lleva ropa lujosa

… o tiene unos muebles bonitos».

Vi esto en acción en el caso de los enfermeros de cuidados intensivos Jenee y Dan (del episodio número 75 de mi pódcast), que durante la pandemia se mudaron a donde eran más necesarios, trabajando en lo más profundo de las entrañas de la epidemia de la COVID. Como la demanda de enfermeros itinerantes era elevada, tanto Jenee como Dan ganaron hasta cuatro veces más de su salario normal. Tomaron esos ingresos extra y liquidaron la deuda pendiente con sus coches, apartaron cincuenta mil dólares para ahorros e incluso amortizaron la hipoteca de su casa.

A pesar de haber trabajado en condiciones difíciles para conseguir sus ganancias, Jenee experimentó un tremendo estrés en relación con su nueva riqueza. Cuando Dan mencionó el asunto de comprar algo de la lista de su vida de abundancia (un coche caro con el que había soñado desde que era un estudiante de Enfermería que trabajaba por las noches en unos grandes almacenes) Jenee simplemente se cerró en banda.

—Sencillamente perdí la cabeza –dijo–. Tuvimos que finalizar la conversación porque no podía soportar seguir avanzando… Hemos estado tan centrados en ahorrar que la simple idea de gastarnos 150 000 dólares en un coche me lleva al límite de las náuseas. Es simplemente difícil para mí entender el querer gastarse tanto dinero en un coche.

Le pregunté si había una cifra que estaría bien para ella. Dijo:

—Probablemente no.

Un coche de 150 000 dólares *es* caro. Pero ¿qué pasa si puedes permitírtelo sin problemas? Estas preguntas llegan al corazón del dinero y la psicología. Os recomiendo que reviséis periódicamente las historias que os contáis a vosotros mismos, como durante vuestra revisión de la vida de abundancia a final de año, que aparece en la siguiente sección.

¿Os preocupa que si os desprendéis de vuestra percepción como personas frugales perderéis la esencia de quiénes sois? ¿Os encontráis con que no hacéis o compráis cosas que os podéis permitir o que demonizáis a otros por gastarse dinero en ciertas cosas como unos pasajes de avión en clase ejecutiva o unos asientos en primera fila en un concierto?

¿No sería interesante averiguar *por qué* algunas personas gastan dinero en unos buenos asientos para un concierto, en lugar de despreciarlos? ¿No sería agradable sentir curiosidad sobre por qué alguien pagaría más por un billete de avión, un jersey o un colchón? Llamo a esto el principio del M a la C: del menosprecio a la curiosidad. Es mucho más divertido sentir curiosidad que quedarse atascado en un viejo relato.

Decirte a ti mismo que «no eres el tipo de persona que come en restaurantes elegantes» supone ser un aguafiestas con *todos* los restaurantes para ti y para tus seres queridos, y eso crea un nubarrón sobre potenciales acontecimientos generadores de recuerdos como cumpleaños, aniversarios y graduaciones. Lo peor de todo es que tus historias pueden convertirse en una limitación para tu pareja, evitando que explore nuevas áreas. Puede que no te encante especialmente una comida de tres platos en un restaurante elegante, pero puede que a tu pareja sí. Si tu historia te limita, también limita a la gente que tienes a tu alrededor.

Las historias antiguas vienen acompañadas de un sentido del orgullo, frecuentemente porque nuestra frugalidad es lo que nos ha ayudado a llegar a este nivel en la vida. También tenemos la culpabilidad relacionada con el cambio: «¿Qué pensará la gente si nos damos un capricho así?». Sin embargo, mereces pasar de página y escribir el siguiente capítulo maravilloso de vuestra vida de abundancia.

«No quiero ser un imbécil rico»

Rachel y Jack (del episodio número 40) se encuentran a mitad de su cincuentena. Rachel creció siendo de clase obrera y siempre ha sido frugal. Ahora, mediante una dedicación al ahorro y a las inversiones, Jack y ella tienen un patrimonio neto de unos 5 millones de dólares, pero Rachel casi canceló un viaje porque Jack reservó una elegante habitación de hotel que costaba doscientos dólares más de lo que ella quería gastar. Ella no admitirá que es rica, ni siquiera a sí misma. Aquí tenemos parte de nuestra conversación:

Ramit: Rachel, ¿reconoces que eres una multimillonaria?
Rachel: No. No me gusta la gente que presume de tener mucho dinero o que lleva un estilo de vida muy ostentoso, por lo que cuando veo esa cifra, me asusta un poco. No quiero ser así.
Ramit: Dime si mi afirmación no es cierta. ¿Creciste sin que te gustaran «los ricos»?
Rachel: Sí.
Ramit: Y ahora que tú te has *convertido en parte de los ricos*, ¿qué significa eso?
Rachel: No quiero ser una imbécil.

En Estados Unidos nos encanta la gente rica, pero también nos encanta odiarla. Los seguimos en Instagram, pero los consideramos egoístas y malvados. ¿Comprarnos un Tesla y publicarlo en las redes?: eso está bien. ¿Comprarse un Ferrari?: Menudo imbécil. Yo mismo odio a algunos de estos cretinos ricos. Ver a multimillonarios y milmillonarios decir las cosas más atroces y como si creyeran tener ciertos derechos y privilegios me hace darme cuenta de una sencilla cosa: a parte de tener una moral horrible, puede que sean algo estúpidos.

Sin embargo, si has tenido éxito, no hay ningún honor en pretender no ser rico. No te hace más virtuoso. De hecho, es una tragedia vivir una vida más pequeña que la que es necesario que vivas, y además es hipócrita. He visto a incontables personas publicar en foros de inversión diciendo cosas como: «No es que seamos ricos, sino que vivimos cómodamente. Ganamos 290 000 dólares anuales y tenemos una pequeña cartera de inversión de 2,3 millones de dólares». Oíd, tengo noticias para vosotros: ¡sois ricos!

Aquí tenemos dos problemas. El primero es que estáis viviendo sin asumir riesgos ni problemas rehusando reconocer la verdad; y el segundo es que esto es increíblemente insultante para la gente que no llega, ni de lejos, a tener lo que tenéis vosotros. Si sois ricos, reconocedlo. Yo soy rico. He trabajado duro, he recibido mucha ayuda y he tenido mucha suerte; y como siempre he dicho, una vez conseguido, voy a subir a todos a mi barco. Ahora hago eso.

En lugar de seguir enamorado de un relato obsoleto sobre el dinero, enamórate de lo que de verdad importa: tu visión de la vida de abundancia, la que puedes generar con tu pareja.

Rara vez hace falta gran cosa para llevar a cabo un cambio. ¿Gastar dinero en algo que no hubieras imaginado antes? ¿Comprar un bonito par de pantalones, o fruta fresca en el mercado de los agricultores, o incluso un coche que cueste el doble de lo que crees que es razonable? Mientras os lo podáis permitir, ¿qué es lo peor que puede suceder? ¿Que mejoréis vuestra vida y que hagáis feliz a vuestra pareja? ¿Empiezas a sentirte atraído por otras cosas bonitas? ¡Bien! Tu historia podría evolucionar constantemente.

Vuestra revisión anual de la vida de abundancia

Años antes de nuestra luna de miel, Cassandra y yo hablamos del viaje que queríamos hacer. Trabajamos duro y ahorramos de forma automatizada en una cuenta de ahorro destinada para ello, añadiendo un buen colchón para que, una vez que estuviéramos en el extranjero, no tuviéramos que preocuparnos por una comida o una excusión extra. Durante el viaje, pudimos relajarnos por completo porque habíamos hecho planes con antelación. Esto era para lo que habíamos ahorrado: para no tener siquiera que *pensar* en el dinero durante una experiencia única en la vida. Eso es lo que quiero para vosotros.

Lo que hace posible un viaje así es diseñar una visión de la vida de abundancia juntos, ligándola a vuestros objetivos económicos y reuniéndoos mensualmente para permanecer en el buen camino. Si podéis hacer estas tres cosas, os prometo que podréis vivir una vida de mayor abundancia juntos que la que nunca hubierais creído posible.

La última pieza del puzle (vuestra revisión anual de la vida de abundancia) es el elemento final de este sistema. Ése es un evento enormemente importante para pensar en la imagen general y para planificar a largo plazo. Es una celebración de vuestro éxito, un momento para trazar estrategias sobre lo que ha ido bien y mal, y una oportunidad para mirar adelante, con planes concretos para el año siguiente y más allá. Por supuesto, con el tiempo, los ingresos, las necesidades y las circunstancias cambian, por lo que cuando llevéis a cabo esta revisión anual, tendréis la oportunidad de actualizar vuestro sistema financiero general y planificar a uno, cinco o incluso diez años vista.

Vuestra revisión de la vida de abundancia debería producirse en una ubicación física distinta, no en casa. Personalmente, prefiero algún lugar especial que os ayude a pensar más en grande, pero haced lo que os haga sentir cómodos.

Mi esposa y yo tendemos a llevar a cabo nuestra revisión mientras viajamos al extranjero cada año. Parte de esto es simplemente intuitivo: nos encontramos hablando del año que hay por delante mientras estamos paseando al aire libre o tomando una comida excelente. Nos preguntamos: «¿Cuáles son nuestros sueños para el año que viene?». Entonces, en algún momento, nos sentamos juntos y, a lo largo de varios días, recorremos gradualmente la lista que aparece más abajo. No hay prisa ninguna. Nos proporcionamos, el uno al otro, el placer de un ritmo pausado.

Tanto si viajáis para mantener vuestra revisión de la vida de abundancia como si simplemente os sentáis a tomar café con leche en una preciosa cafetería, quiero que os desconectéis de la vida cotidiana y que le deis a esta conversación el respeto que merece. Esto es importante. Se encuentra en vuestro calendario y es algo que nunca pasáis por alto. Quiero que esto sea algo que esperéis con ilusión y que disfrutéis. Para la mayoría de la gente, el dinero es una obligación, porque es reactivo: es una cosa más que *tenéis* que hacer. Sin embargo, una vez que asumís el control, jugáis al ataque juntos y lo dejáis atrás, es, de hecho, divertido. Vuestra revisión de la vida de abundancia es una oportunidad de la que disponéis cada año para avivar ese sentimiento.

LA AGENDA DE VUESTRA REVISIÓN DE LA VIDA DE ABUNDANCIA

Aquí tenemos una visión general rápida sobre de qué ocuparse y cómo hablar sobre ello.

Preparación. Fijaos en vuestros gastos durante los últimos doce meses y desglosad qué es lo que ha funcionado, lo que no y lo que creéis que tiene que cambiar. Por ejemplo…

- ¿Habéis dado en el clavo con vuestras cuatro cifras clave (costes fijos, ahorros, inversiones y gastos libres de culpa)?

- ¿Qué tal lo habéis hecho proyectando vuestros gastos? Sed detallados hasta el nivel de los comestibles, viajes, hijos, etc. Después actualizad vuestro plan de gasto consciente para el próximo año.
- Revisad vuestros diales del dinero y cualquier norma relativa al dinero que hayáis creado (capítulo «Las normas de Ramit para todo»). Descartad o cambiad cualquiera de ellos que ya no parezca adecuado y añadid unos nuevos si es que tenéis alguno.
- Pensad en lo que se avecina el año que viene: ¿algún cambio en los ingresos?; ¿gastos adicionales?; ¿escenarios para los que queráis empezar a hacer planes ahora?

Agradecimientos. Tu pareja y tú podéis iniciar la reunión compartiendo algunos momentos concretos de los últimos doce meses en los que realmente os valorasteis el uno al otro. Refrescad los recuerdos echando un vistazo a vuestro calendario. Puede que incluso queráis mostrar algunas fotos de vuestros recuerdos favoritos. Los ítems o las ideas pueden ser pequeños y grandes. Ejemplos:

- «Cuando nuestro hijo pilló una rabieta en Disneylandia, estabas preparado con un zumo y su juguete. Me encanta saber que eres mi pareja y que siempre estás pendiente de nosotros».
- «Nos empujaste a configurar unos ahorros automatizados en marzo y yo me resistí. Tenías razón. ¡No puedo creerme que ya tengamos tres mil dólares en esa cuenta! Me doy cuenta de que estaba aferrándome al control, pero necesito estar dispuesto a compartir más de nuestra planificación juntos».
- «Sugeriste que llevásemos a nuestros padres a una cena especial el día después de que se mudaran, y era justo lo que necesitaban. Estaba demasiado sobrepasado para pensar en ello, pero me cubriste las espaldas».

Qué ha ido bien. Hablad de victorias compartidas, de celebraciones de cumpleaños, de enseñar al niño a usar el baño…, de lo que sea. Incluid por lo menos una victoria financiera. Ejemplos:

- «Hemos liquidado esa factura de la tarjeta Visa, lo que supone una sensación liberadora».
- «Averiguamos de dónde procedía la fuga que había en el sótano».
- «Tenemos dos hijos a los que les encantan sus profesores».
- «Estamos hablando del dinero cada mes».

Qué cambiaríais. Mantened las cosas positivas, pero sed honestos. Ejemplos:

- «Nos pasamos saliendo a comer fuera. Tengo que prepararme una fiambrera por la mañana».
- «Quiero que pasemos un fin de semana fuera de casa cada pocos meses».
- «Ese crucero no fue tan mágico, después de todo. Podemos bajar ese dial».
- «Sé que esto te ha pillado por sorpresa, pero el hotel que reservaste estaba muy por encima de nuestro presupuesto. Quiero hablar sobre cómo podemos evitar eso».
- «El coche nos ha dejado tirados».
- «Quiero poder jugar al golf de vez en cuando con mis amigos».

¿Qué haría que el año que viene fuese mágico? Hablad sobre cómo viviréis vuestra vida de abundancia los próximos doce meses. ¿Qué haría que fuesen geniales? Ejemplos:

- «Apuntémonos a esas clases de salsa».
- «Podemos planificar un viaje familiar genial aprovechando la boda de mi primo en Florida».
- «Bueno, siempre hemos hablado de empezar a cultivar un huerto. ¡Hagámoslo!».
- «Tengamos una noche romántica regularmente cada dos semanas».

¿Hacia dónde queremos ir?

- «Quiero hacer un viaje para pasar la noche fuera. Sólo tú y yo».
- «Quiero que pasemos las vacaciones con mi familia. Y quedémonos unos pocos días extra».
- «¿Qué hay de Grecia? Siempre he querido visitar Santorini».

¿Qué cosas queremos hacer más y cómo queremos hacerlo?

Qué: Ver a nuestros amigos de nuestra localidad.
Cómo: Planificar una noche de juegos mensual.

Qué: Dar con una forma para que los niños pasen más tiempo con sus abuelos.
Cómo: Reservar dinero para pagar los vuelos a los abuelos para que vengan a vernos o enviar a nuestros hijos mayores a su casa.

Qué: Viajar con menos estrés.
Cómo: Pagar un poco más por un hotel con actividades para los niños. Empezar a preparar el equipaje tres días antes.

¿Qué cosas queremos hacer menos y cómo queremos hacerlo?

Qué: Salir a comer fuera de casa.
Cómo: Preparar comidas los domingos por la tarde y los miércoles por la noche.

Qué: Sorprenderse por las reparaciones del coche.
Cómo: Fijarse en los costes del año anterior y reservar dinero para reparaciones previstas.

Qué: Derrochar en salidas nocturnas con amigos.
Cómo: Tomar la iniciativa para sugerir un restaurante o una actividad.

¿Dónde nos encontramos hoy?

- ¿Cuál es nuestro patrimonio neto? Celebradlo/analizadlo.
- ¿Cómo se compara nuestro PGC con nuestros gastos reales?

- ¿En qué hemos gastado demasiado o excesivamente poco? ¿Cómo deberíamos corregir eso? (Aquí es donde, generalmente, la gente se encuentra con que ha subestimado/sobreestimado sumamente en ciertas cosas. ¡Eso está bien! Mientras llevéis a cabo esta revisión de la vida de abundancia, ajustaréis vuestro PGC cada año. Por ahora, simplemente modificad las cifras de las categorías para el año venidero. Por ejemplo, si habéis acordado gastar quinientos dólares mensuales en comestibles y habéis gastado una media de setecientos dólares, cambiad esa cifra por la de setecientos dólares, o sed honestos sobre por qué habéis gastado en exceso y qué haréis en concreto para bajar a quinientos dólares).

¿Qué viene a continuación? Podéis hablar sobre el embarazo, un ascenso, un negocio paralelo que está empezando a despegar, un aumento del precio del alquiler, cambios en los cuidados de los niños, tener que sustituir vuestro coche, que los niños empiecen a ir a un campamento de verano este año, o alguna otra cosa. (Recordad que no tenéis por qué resolver todos y cada uno de los asuntos que mencionéis. La idea es iniciar conversaciones que continuaréis a lo largo del año).

- ¿Cómo queremos abordar/pensar en cada uno de ellos?
- Haced vuestra mejor aproximación y adaptad vuestro PGC de acuerdo con ello.

Los próximos pasos. Querréis documentar detalladamente cuales son los siguientes pasos, porque pronto, el brillo de la revisión de la vida de abundancia se desvanecerá y estaréis de vuelta a la rutina diaria. Ahí es donde vuestro sistema es de ayuda.

- «En seis meses, comprobemos nuestro gasto en comida para llevar. Aspiramos a recortarlo en un 40 % para entonces. Configuraré un recordatorio en el calendario y lo añadiré a la parte superior de nuestra reunión mensual».

- «Has mencionado que sabrás algo sobre tu ascenso en el trabajo en marzo. ¿Puedes añadir eso a la agenda de marzo? Si consigues el ascenso, eso cambiará la cantidad que podemos ahorrar y gastar».
- «Honestamente, no tengo ni idea de qué está pasando con mi plan de jubilación 401(k). Estoy muy liado en enero, pero en febrero lo averiguaré y nos mantendré actualizados. Lo estoy añadiendo a la agenda ahora».

¡Fantástico trabajo! Habéis rememorado vuestro año, habéis analizado vuestras cifras y habéis trazado una visión para los próximos doce meses. Ésta es una forma excelente de empezar el nuevo año.

¿Qué pasaría si fueras a morir pronto?

Cuando conocí a Julie y Tom, ambos optimizadores frugales a punto de cumplir cincuenta años, Julie se había recuperado, hacía poco, de un doble trasplante de pulmón. Estaba sana, pero su pronóstico era aciago: no era probable que viviera más de cinco o diez años. Julie y Tom eran multimillonarios gracias a unas inversiones sencillas de bajo coste a largo plazo. Sus hijas, que tenían doce y nueve años cuando hablamos, estaban recibiendo su educación a distancia debido a la pandemia. Esa familia podía ir, literalmente, a cualquier lugar de la tierra, compartiendo experiencias y creando recuerdos, y seguiría teniendo suficientes ingresos a partir de sus intereses como para que les duraran toda una vida.

Sin embargo, la mentalidad del optimizador es difícil de cambiar, incluso aunque la muerte esté en el horizonte. Julie lo pasaba mal gastando dinero, y le costaba asumir la idea de dejar su trabajo para viajar.

—Me estoy comportando como cuando pensaba que podría vivir hasta los noventa años, y prácticamente no hay posibilidades de que viva hasta esa edad –dijo.

El miedo de Tom era:

—En algún momento, echaremos la vista atrás y diremos: «¿Por qué no hicimos las cosas que pudimos cuando podíamos, que es ahora?»

Al final, Julie y Tom dieron el salto y planificaron una estancia prolongada para la familia en Arizona, escapando del invierno del Medio Oeste de EE. UU. Ella y Tom emplearon el dinero para proporcionarse felicidad, comodidad, alegría y tiempo de calidad con sus hijas en un entorno hermoso. Sin embargo, si escuchas el episodio número 60 de mi pódcast, oirás lo difícil que fue, incluso con el tiempo agotándose.

Todos tenemos el mismo reloj marcando las horas, pero ninguno de nosotros sabemos cuándo se detendrá. Ojalá pudiera llegar más allá de este libro y darle una buena sacudida a cada optimizador y sufridor: Sí, ahorrad, y si, invertid, pero recordad que una vida de abundancia se vive fuera de la hoja de cálculo.

El test del portapapeles de Ramit: ¿Qué vería en vuestro hogar?

Muy atrás, en la introducción de este libro, hablé sobre entrar en vuestra casa como antropólogo y tomar notas de lo que veía. Ahora que habéis llegado al capítulo 10, ¿qué vería si caminara por vuestra cocina con una bata de laboratorio y un portapapeles?

Echad un vistazo a esta lista y apuntad qué comportamientos podría observar. Marcad todos los que se apliquen. Luego convertíos en antropólogos y analizad los resultados.

Durante nuestra conversación sobre el dinero más reciente, hemos...

- ❑ empezado con un cumplido
- ❑ sonreído
- ❑ reído
- ❑ nos hemos acariciado
- ❑ chocado esos cinco
- ❑ participado los dos
- ❑ elevado la voz
- ❑ nos hemos avergonzado mutuamente
- ❑ nos hemos enfadado y no hemos aflojado
- ❑ nos hemos enfadado y nos hemos ido enojados
- ❑ nos hemos acusado el uno al otro
- ❑ celebrado una victoria

¿Cuál de los siguientes ítems describe mejor vuestro enfoque con respecto al dinero como pareja?

- ❑ no existente
- ❑ desequilibrado (una persona soporta toda la carga)
- ❑ caótico
- ❑ tranquilo
- ❑ quirúrgico
- ❑ tenso
- ❑ perdidos en los pequeños detalles
- ❑ mejorando

Siempre/a veces/nunca...

- hablamos proactivamente sobre el dinero   *siempre   a veces   nunca*
- ignoramos los problemas relativos al dinero hasta que estallan   *siempre   a veces   nunca*
- enseñamos activamente a nuestros hijos acerca del dinero   *siempre   a veces   nunca*
- hablamos sobre en quién podemos fijarnos como modelo financiero a seguir   *siempre   a veces   nunca*
- relacionamos el dinero con el estrés   *siempre   a veces   nunca*
- revisamos nuestros gastos mensuales   *siempre   a veces   nunca*
- permitimos que nuestras experiencias infantiles dominen la forma en las que nos sentimos con respecto al dinero   *siempre   a veces   nunca*
- hacemos planes a corto y largo plazo para nuestro dinero   *siempre   a veces   nunca*
- automatizamos nuestras finanzas   *siempre   a veces   nunca*

Tres cosas relacionadas con el dinero por las que estoy agradecido a mi pareja (ya sea a corto o a largo plazo):

1. _____.
2. _____.
3. _____.

Tres preocupaciones relativas al dinero que me mantienen desvelado por la noche:

1. _____.
2. _____.
3. _____.

¿Cuál de los siguientes ítems se aplica a vuestras conversaciones relativas al dinero?

☐ indiferencia
☐ unidad
☐ evitación
☐ incomodidad
☐ ira
☐ frustración
☐ alegría
☐ trabajo en equipo
☐ entusiasmo
☐ miedo
☐ emoción
☐ toma de decisiones
☐ no llegar nunca a una decisión

☐ dar vueltas, hablar sobre cosas aleatorias
☐ interrupciones (por ejemplo, uno de nosotros está enviando mensajes de texto u ocupándose de los niños)
☐ gratitud
☐ logro
☐ confusión
☐ alivio
☐ tensión

Tres deseos para la comunicación futura relativa al dinero:

Espero poder hacerlo mejor en cuanto a _____ _____.

Espero que mi pareja pueda hacerlo mejor en cuanto a _____ _____.

Espero que los dos podamos hacerlo mejor en cuanto a _____ _____.

Al leer mis respuestas anteriores, me doy cuenta de lo siguiente:

_____

_____

_____

_____

_____

_____   _____

_____.

Cómo ceñirse al plan

En las películas, me encanta una buena escena de lloros con música *in crescendo* y un giro radical de los personajes, pero la vida real no funciona así. Aquí tenemos la verdad: los cambios son difíciles, y los acuerdos a los que habéis llegado el uno con el otro son lo que determinará vuestro éxito (y esa automatización fría y robótica).

Sí, conlleva disciplina, pero la disciplina es pasajera. La razón más común por la cual la gente se sale del buen camino es que «la vida se interpone». Soy tan culpable como cualquier otro. Mi esposa y yo tenemos un ritual de agradecimientos diarios que nuestro terapeuta nos enseñó. Cada noche nos decimos las cosas que agradecemos el uno del otro, pero hemos visto que, cuando viajamos, solemos olvidar seguir con esta práctica. Lo peor de todo es que no nos damos cuenta hasta días (a veces semanas) después.

Si los humanos nos basáramos únicamente en la disciplina, no llegaríamos muy lejos. Ésa es la razón por la cual, a lo largo de este libro, habéis pasado tanto tiempo desarrollando una visión de la vida de abundancia y un plan para alinear vuestro dinero. El plan no consiste simplemente en un folio.

Permitidme que redefina esto: este plan *es* la vida. Este plan es lo que os permite vivir la vida que queréis llevar juntos, ser las personas que queréis ser, visitar los lugares que deseéis y criar y educar a vuestros hijos de la forma que queráis.

Todo lo que necesitaréis lo tenéis ahora.

Cuando las cosas se pongan difíciles, entonces regresaréis a vuestra visión concreta y gráfica de vuestra vida de abundancia; porque cuando vuestros sueños compartidos son nítidos y claros *(Queremos tomarnos de la mano, tomarnos Aperol Sprtizs, ver una puesta de Sol en Italia en una noche agradable de septiembre),* recordaréis por qué estáis monitorizando gastos variables en vuestro plan de gasto consciente. El «por qué» os mantiene motivados, fuertes y remando en la misma dirección.

Si tu pareja está haciendo, digamos, un 70 % de lo que esperabais, tómate eso como un principio. No tenéis por qué pasar del 0 al 100 % de inmediato. Lo importante es que estáis entrando en este plan juntos. La conexión es vuestra arma secreta.

Notaréis cambios rápidamente. Os prometo que en cuanto veáis aparecer quinientos dólares en esa cuenta de ahorro (automáticamente), los dos os daréis cuenta de que: *¡Vaya, esto funciona de verdad!* Apuntaos el tanto juntos y redoblad la apuesta con ese empuje.

Tenéis las herramientas.

Habéis desarrollado vuestro plan de gasto consciente.

Sabéis cómo hablar de dinero cada mes.

Y lo mejor de todo es que estáis haciéndolo juntos.

Estáis viviendo una vida de abundancia hoy, y estáis en el buen camino para vivir una vida de todavía mayor abundancia mañana.

Lista de comprobación del capítulo 10

❏ Programad vuestra primera reunión mensual del dinero. Preparad una agenda compartida con antelación, aseguraos de que cada uno le añada por lo menos un ítem. Reservad un cuarto de hora de tiempo ininterrumpido en un lugar tranquilo y repasad cómo os está yendo con vuestro PGC. Recordad empezar y acabar con un cumplido.

❏ Habla con tu pareja sobre cómo gestionaréis la oposición por parte de vuestra familia y amigos acerca de vuestras nuevas actitudes relativas al dinero. ¿Qué diréis si alguien os pone pegas?

❏ Hablad de los grandes rasgos sobre cómo os gustaría vivir cuando os jubiléis, y luego usad mi calculadora para la jubilación (buscad, en Internet, «calculadora de Ranit Sethi» [«Ramit Sethi calculator»]) y obtened algunos números sobre cuánto necesitáis ahorrar. Si las cifras parecen imposibles, no os asustéis. Tenéis tiempo para hace ajustes en vuestro PGC *juntos*.

❏ Mirando hacia delante con vuestra revisión de la vida de abundancia, organizaos de forma que sea fácil captar las cifras que necesitáis. (Esto probablemente sucederá de forma natural si celebráis reuniones mensuales del dinero de forma regular).

PARTE 2

Respuestas intantáneas sobre el dinero si estáis...

Saliendo de debajo de una montaña de deudas

¡Cread un plan! Hay luz a final del túnel

La deuda puede hacernos sentir como un peso agobiante sobre el pecho. La gente con deudas suele decirme que es la primera cosa en la que piensan por la mañana y la última cosa que ponderan por la noche. La mayoría de la gente intenta realizar pagos, pero llegado un cierto momento, muchos simplemente aceptan que vivirán con esta deuda por siempre.

Buenas noticias: casi siempre hay una forma de librarse de las deudas, y frecuentemente con mucha más rapidez de lo que creéis.

Noticias incluso mejores: podéis vivir una vida de abundancia incluso con deudas. Podéis configurar un plan de amortización de la deuda, automatizarlo y *aun así* disfrutar de las cosas ahora.

Sin embargo, esto va a conllevar que seáis honestos con vuestros números y que toméis algunas decisiones en este preciso momento. He visto que el 90 % de la gente con deudas ni siquiera sabe cuánto debe de verdad, y el 95 % ni siquiera ha llevado a cabo un cálculo de amortización de la deuda. Vamos a cambiar eso y a crear un plan para eliminar esa deuda.

Tres pasos para liquidar vuestra deuda

1. *Recopilad todas vuestras deudas y sus tipos de interés.* Por ejemplo, si debéis 13 500 dólares de vuestras tarjetas de crédito, 27 000 dólares del préstamo para un coche y 42 000 dólares de créditos estudiantiles, anotadlo. Incluid también los índices de interés. Hacedlo así:

	SALDO	ÍNDICE DE INTERÉS
Tarjeta de crédito	13 500 dólares	26 %
Préstamo para el coche	27 000 dólares	6,3 %
Préstamo estudiantil	42 000 dólares	5 %
Hipoteca	425 000 dólares	5 %

2. *Introducid cada una de vuestras cifras en una calculadora de amortización/liquidación de la deuda* (buscad, en Internet, «calculadoras de Ramit Sethi» [«Ramit Sethi calculators»]). Empecemos, simplemente, con la deuda de la tarjeta de crédito a modo de ejemplo:

Saldo: 13 500 dólares
Índice de interés: 26 %
Pago mensual mínimo: 405 dólares (encontrad esto en el extracto de vuestra tarjeta de crédito)

Introducid estas cifras en la calculadora de amortización/liquidación de la deuda y veréis que os llevará cinco años liquidar ese saldo de 13 500 dólares. También habréis pagado más de 10 000 dólares en intereses. ¿Pero qué pasaría si incrementaseis vuestros pagos de 405 dólares mensuales a 505? De repente, reduciríais los pagos de 5 años a unos 3,5 años y, además, os ahorraríais unos 3000 dólares en intereses.

Fijémonos en otro ejemplo, en esta ocasión con una hipoteca:

Saldo: 425 000 dólares
Índice de interés: 5 %
Pago mensual: 2281 dólares

Si pagáis esa cifra durante 30 años, habréis pagado más de 821 000 dólares, incluyendo los intereses. Sin embargo, si pagáis 100 dólares extra por mes, os ahorraréis casi 3 años de pagos y 42 000 dólares en intereses. Y si añadís 250 dólares mensuales, os ahorraréis casi 90 000 dólares y prácticamente 6 años de pagos.

¡Esto es impactante!

Introduciendo vuestras cifras podéis asumir, finalmente, el control. Sabréis, exactamente, en qué mes y qué año liquidaréis vuestras deudas. Y ahora podéis ver que, pagando más o menos para amortizar vuestras deudas, podréis tener una gran influencia sobre ellas.

Ahora vuestras conversaciones pueden girar en torno a si compráis esa baratija aleatoria o si incrementáis la cantidad destinada a la amortización automática de vuestras deudas.

(Nota: Si decidís pagar más para amortizar vuestro préstamo estudiantil o vuestra hipoteca, llamad a vuestro prestamista y preguntadle si vuestros pagos extra pueden aplicarse al principal o capital prestado, lo que liquidará vuestra deuda más rápidamente. Además, aseguraos de calcular si es mejor amortizar la deuda o invertir, cosa de la que me ocuparé en la siguiente sección).

3. *Configurad una amortización automática de la deuda.* Éste es el paso más importante de todos: tratad vuestra deuda como cualquier otro gasto que hayáis automatizado, empleando el sistema expuesto en el capítulo 9. La deuda no debería ser algo que «intentéis» amortizar. Haced los cálculos, elaborad un plan, automatizadlo (eligiendo la cantidad que vais a pagar y luego configurando un pago automático a través de vuestro prestamista) y revisadlo una vez al año.

Una advertencia: algunas personas (especialmente los soñadores) tienden a jugar con las deudas. Se trata de personas que abren otra tarjeta de crédito más para ahorrarse un 10 % de una compra en unos grandes almacenes o en unos almacenes dedicados al hogar, la ferretería y el bricolaje, que se emocionan con una transferencia de saldo con un 0 % de interés durante doce meses, y que planean ganar a la lotería o cerrar un «trato» enorme para liquidar su deuda. *Harán lo que sea excepto un plan automático para amortizar su deuda.* Saltaos los trucos. Implementad vuestro sistema y luego seguid adelante.

Vuestros sentimientos importan, pero los números también importan

Algunas personas simplemente y de verdad odian las deudas. Se trata de la gente que se atormenta por lo que debe y quiere pagarlo tan rápidamente como sea posible. Comprendo que no queráis que las deudas os acechen, pero cuando alguien me dice que su primer objetivo financiero es estar libre de deudas, desconfío. (¿Eso es todo? ¿Simplemente no tener deudas? Ciertamente, tu vida de abundancia implicará algo más que el mero hecho de no tener deudas).

Por mi experiencia, me encuentro con que la gente que de verdad odia las deudas rara vez hace los cálculos. Simplemente sienten que «deuda = malo» y quieren que ese dolor desaparezca. Lamentable y frecuentemente toman decisiones que les cuestan cientos de miles de dólares, como meter todo lo que pueden en la amortización/liquidación de la deuda sin hacer los cálculos para determinar qué es lo que tiene más sentido económico.

Lo peor de todo es que se sienten mal por tener deudas, siguen sintiéndose mal mientras amortizan las deudas y todavía se sienten mal una vez que la deuda ha desaparecido. Esta obsesión fanática con la amortización de la deuda también puede someter a una relación a una tensión tremenda.

Si de verdad odiáis las deudas, respeto vuestros sentimientos. Sin embargo, debéis hacer los cálculos y comparar los índices de interés antes de llevar a cabo un plan para la amortización de las deudas. Eso se debe a que, matemáticamente hablando, a veces no tiene sentido amortizar una deuda pronto. Debemos, por lo menos, reconocer y separar los dos componentes: las emociones y las matemáticas. *De acuerdo, así es como me siento, y esto es lo que dicen los números. Pues bien: ¿qué es lo que queremos hacer?*

Aquí tenemos los aspectos fundamentales: si tengo un préstamo con un bajo interés, como un préstamo estudiantil o una hipoteca al 4%, entonces amortizar la deuda es el peor movimiento. Eso se debe a que sé que puedo, conservadoramente, conseguir una media de un 7% anual invirtiendo en fondos diversificados de bajo coste, lo que significa que, si pago la cantidad mínima mensual de la deuda, puedo invertir el resto y ganar alrededor de un 3% anual más (7% menos 4%). A lo largo de varios años, eso es *mucho* dinero. Por lo tanto, si tengo una deuda con un tipo de interés bajo, lo que defino como cualquier cifra por debajo del 5%), entonces, teóricamente, debería pagar el mínimo mensual de la deuda e invertir el resto.

(¿Qué sucede si el índice de interés es del 6 o el 7%? La respuesta es que es como lanzar una moneda al aire. Personalmente, tomaría cualquier dinero extra y dedicaría parte de él a amortizar la deuda y parte de él a invertir).

Aquí tenemos un ejemplo: tenéis una hipoteca de 750 000 dólares al 5% de interés. Si la amortizáis al cabo de 30 años, os costará unos 4000 dólares mensuales. Pero vosotros odiáis las deudas.

Echáis un vistazo cuidadoso a vuestros gastos y os dais cuenta de que podéis disponer de doscientos dólares extra cada mes. Como odiáis las deudas, dedicáis ese dinero a vuestra hipoteca.

- Las buenas noticias: os habéis ahorrado unos 3 años de vuestra hipoteca y unos 82 000 dólares de intereses. ¡Increíble!
- Las malas noticias: Si hubieseis invertido esos 200 dólares mensuales en lugar de liquidar una hipoteca con un bajo interés más rápidamente, habríais ganado 240 000 dólares.

¡Esto es sorprendente! Amortizar esta deuda os habría ahorrado más de 80 000 dólares, pero invertir vuestro dinero extra os habría hecho ganar 240 000 dólares. Ésa es una cifra de dinero que cambia la vida.

¿Veis lo que ha sucedido? Amortizar la deuda os hacía sentir mejor, pero en el frenesí de simplemente liquidar esa hipoteca lo antes posible, probablemente pasasteis por alto las cifras, y eso os costó más que la suma de todos los cafés y las vacaciones a lo largo de toda vuestra vida.

Comprendo que puede que algunas personas hagan los cálculos y decidan que, *pese a ello,* quieren amortizar su deuda. Si comprendéis cuánto os está costando y tomáis esa decisión conscientemente, entonces estoy totalmente de acuerdo. Es vuestro dinero, y vuestra vida de abundancia es vuestra.

Mucha gente me pregunta qué haría yo. Personalmente, si el índice de interés de la deuda es bajo (inferior al 5 %), pagaría el mínimo e invertiría la diferencia. Pero aquí tenemos la parte importante: *yo configuraría unos pagos y unas inversiones automáticos.* El problema es que la mayoría de la gente no invierte la diferencia, sino que simplemente se la gasta. Ésta es, exactamente, la razón por la cual insisto en el uso de mi sistema automático para el dinero, para que así, en lugar de que se te escurra entre los dedos, te asegures de que vaya a donde tú quieres que vaya.

Por último, evitad pensar en blanco o negro. ¿Qué pasaría si en lugar de pagar doscientos dólares mensuales extra para amortizar vuestra hipoteca con un bajo interés decidierais pagar cien euros extra e invertir cien euros extra? Liquidarías vuestra deuda más rápidamente *y* obtendríais más dinero gracias a vuestros años invirtiendo. Lo que quiero que recordéis es que cuando se trata de amortizar deuda, aseguraos de tener en cuenta vuestros sentimientos *y* las cifras para tomar la mejor decisión para vosotros.

Qué hacer cuando estéis prácticamente libres de deudas

Tener deudas puede haceros sentir agobiados y confusos, de forma muy parecida a cuando miro a través de los ventanales de un restaurante de cocina mexicana mediocre y veo cómo, de hecho, la gente disfruta con su comida. Sin embargo, aquí tenemos la verdadera sorpresa: cuando hablo con gente que por fin ha liquidado sus deudas, gran parte de ella *sigue* sintiéndose estresada. La deuda se ha convertido en una parte tan importante de su identidad que no pueden desprenderse de la forma en la que les hace sentirse. Quiero mostraros un enfoque que os permitirá, mentalmente, «pasar página» con respecto a vuestras finanzas una vez que la deuda haya desaparecido, para que así podáis sentiros bien en cuanto al dinero.

Seis meses antes de que vuestra deuda se haya liquidado, elaborad un plan de lo que haréis con el dinero extra del que pronto dispondréis. Preguntaos: «¿Qué conseguiremos cuando estemos libres de deudas? Solíamos dedicar todo este dinero cada mes a la deuda de nuestra tarjeta de crédito, pero quedará liquidada en junio. ¿Y entonces qué?». La mayoría de nosotros no adoptamos esa mirada general, por lo que una vez que se ha liquidado la deuda, el dinero simplemente queda absorbido por gastos aleatorios, y seguimos sintiendo como si no tuviéramos suficiente.

La respuesta consiste en disponer de una visión proactiva y emocionante para esos nuevos fondos recién liberados.

Digamos que estáis pagando setecientos dólares mensuales por el préstamo de un coche. Forma parte de vuestro plan de gasto consciente. Cuando ese coche ya esté pagado, dispondréis de setecientos dólares mensuales más que emplear para vuestra vida de abundancia. Quiero que juguéis al ataque elaborando un plan para ese dinero. ¿A dónde irá?

Si fuera yo, así es como lo gestionaría:

- 490 dólares mensuales (70 %) se destinarían a inversiones. Como norma general, siempre dedico por lo menos un 70 % del dinero inesperado a inversiones, porque ahí es donde se genera la verdadera riqueza. Si os encontráis en el envidiable escenario de invertir 500 dólares mensuales extra, lanzaos de cabeza. (Ésta es una razón por la cual deberíais conservar vuestro coche ya pagado tanto tiempo como sea posible: unos pagos menores dedicados al coche significan más dinero que podréis invertir, ahorrar o gastar en otras cosas).
- 140 dólares (20 %) se dedicarían a gastos libres de culpa para una cita romántica mensual.
- 70 dólares (10 %) se destinarían a una cuenta de ahorro llamada «Próximo coche», ya que con el tiempo acabaréis necesitando uno.

Al cabo de 3 años habría invertido más de 17 500 dólares y ahorrado 2500 para la compara de un coche nuevo, y podríamos haber disfrutado de 36 citas románticas sin culpa. Podéis usar este enfoque proactivo siempre que estéis a punto de liquidar préstamos de los coches, deudas de las tarjetas de crédito, préstamos estudiantiles e incluso costes temporales como la educación preescolar. Adaptad las cifras a vuestras necesidades y planead por adelantado.

Ésa es la forma inteligente de pensar en la amortización de las deudas.

Pensando en casaros y en un acuerdo prenupcial

Hablad sin rodeos sobre un tema tabú

La mayoría de la gente no necesita un acuerdo prenupcial, pero algunas personas sí. Mi esposa Cassandra y yo firmamos uno y aprendimos mucho el uno del otro durante el proceso.

Al igual que mucha gente, yo no sabía lo que era un acuerdo prenupcial. De hecho, si le preguntas a una persona aleatoria qué piensa de los acuerdos prenupciales, empezará a despotricar de inmediato sobre lo injustos que son, que están diseñados para imbéciles ricos para fastidiar a su pareja mientras llevan un sombrero de copa y meten una pila de documentos por la ventanilla de una limusina.

Sí, la gente realmente basa toda su visión de los acuerdos prenupciales en un episodio de *Niño rico*.

No es de extrañar que estas convicciones erróneas prevalezcan, ya que la información de los acuerdos prenupciales suele estar oculta tras las puertas cerradas de los abogados y los asesores financieros. ¡Mi esposa y yo queremos cambiar eso! Ésa es la razón por la cual somos tan abiertos en cuanto a arrojar luz sobre vuestra senda con el acuerdo prenupcial.

Analicemos lo que debéis saber.

- La mayoría de la gente no necesita un acuerdo prenupcial, porque la mayoría de la gente no llega al matrimonio con unos activos premaritales (es decir, los activos obtenidos antes de casarse) sustancialmente distintos.
- En la mayoría de los estados y los escenarios, lo que ganaréis mientras estéis casados será «un activo marital», y no estará sujeto al acuerdo prenupcial. Un acuerdo prenupcial se basa principalmente en los activos *premaritales.*
- Si llegáis a un matrimonio con una cantidad de riqueza desproporcionadamente distinta, una casa, un negocio u otros activos como una herencia familiar, entonces probablemente deberíais firmar un acuerdo prenupcial.
- Si decidís firmar un acuerdo prenupcial, cada membro de la pareja debería disponer de un abogado independiente. Si un miembro no puede permitírselo, el otro pagará por ambos abogados.
- No se escribe nada sobre todo esto públicamente en detalle. De hecho, hay muy malos consejos en Internet. Evitad a las personas de veinticuatro años que escriben en Reddit que se hacen pasar por abogados de familia y acudid a un profesional que haga esto a diario. Estáis buscando a un abogado que se especialice en el derecho de familia o en fideicomisos y patrimonio.

Arrojando luz sobre algunas preocupaciones prenupciales comunes

Permitidme responder a algunas preguntas que me han hecho llegar lectores:

PREGUNTA: «No tengo mucho, pero tengo la sensación de que mi pareja sí. ¿Cómo averiguo si quiere firmar un acuerdo prenupcial?».

RESPUESTA: Puedes, simplemente, ser directo y preguntar: «¿Crees que querrás hablar de un acuerdo prenupcial?». Esto es algo muy inesperado y original. Por supuesto, es de ayuda si habéis mantenido algunas conversaciones sobre el dinero de antemano, de modo que te hagas una idea de su situación. Pero incluso aunque no lo hayas hecho, siéntete con la total libertad de preguntar. ¡Ésta es la persona con la que vas a pasar el resto de tu vida!

PREGUNTA: «¿**Cuándo se pide un contrato prenupcial? ¿Cuál es el momento adecuado?**».

RESPUESTA: Ésta es una buena pregunta, porque en realidad no se explica con todo lujo de detalle en ningún lugar. La mayoría de la gente saca a colación un acuerdo prenupcial cuando las cosas se están poniendo serias, pero antes de comprometerse. Eso es lo que hice yo. Empezamos a mantener unas conversaciones crecientemente serias sobre cosas como el matrimonio y los hijos. Era un momento natural para hablar de un acuerdo prenupcial. Lleva meses cerrar uno, por lo que cuanto antes podáis empezar a hablar de ello, mejor. Éste es un proceso que no puede acelerarse.

PREGUNTA: «¿**Cómo lo sacas a colación? He oído a gente que dice: "Échale la culpa a tu abogado", pero mi pareja pondría los ojos en blanco con eso**».

RESPUESTA: No le eches la culpa a tus padres ni a tu abogado. Responsabilízate. Esto es algo que es importante para ti, y está perfectamente bien que expongas tus necesidades. Aquí tenemos exactamente qué dije yo:

Hay algo de lo que quiero hablar contigo. Me pone nervioso hablar de esto, pero es importante que lo saque a colación.

Sabes que fundé mi negocio hace quince años. Debido al trabajo duro y mucha suerte, creció más de lo que hubiera podido pensar. Lo mismo ha sucedido con mis inversiones.

Ahora que estamos hablando de casarnos, es importante para mí que hablemos de firmar un acuerdo prenupcial. Podemos entrar en los detalles más adelante, pero por ahora sólo quería ser honesto y sacar esto a colación para que podamos hablar de ello.

Resumiendo:

- Dile a tu pareja cómo te estás sintiendo.
- Sé claro con respecto a que quieres firmar un acuerdo prenupcial.
- Deja tiempo para el siguiente paso, ya que los dos aprenderéis más al respecto por vuestra cuenta.

Cassandra respondió de la mejor forma que yo podría haber esperado: «¡Vaya, de acuerdo! No me esperaba eso, pero estaría dispuesta a saber más sobre los acuerdos prenupciales».

PREGUNTA: «**¿Es el proceso difícil?**».

RESPUESTA: Para nosotros empezó bien. Encontramos unos abogados y empezamos a negociar; pero entonces las cosas se pusieron verdaderamente difíciles. Estábamos batallando por cifras que me parecían astronómicas y me sentí resentido. Ella no se sentía comprendida y también se sintió resentida. En un cierto momento, dijo:

—Tenemos que ir a ver a un terapeuta, porque este proceso no está funcionando.

Tenía toda la razón.

Nuestra terapeuta fue fantástica ayudándonos a salir de la dinámica de «tú contra mí» en la que habíamos estado. Todavía recuerdo una pregunta que nos hizo:

—¿Qué os inspira el dinero?

Para mí, la respuesta era obvia:

—Crecimiento –dije. Podía ver, literalmente, cifras y cuentas flotando frente a mi rostro: *Cartera de inversión 90/10. Regla del 72. Cuentas con ventajas fiscales.*

Luego Cassandra contestó:

—Seguridad.

Eso supuso un gran avance para nosotros: el inicio del poder conectar con la forma tan diferente en la que considerábamos el dinero.

El proceso del acuerdo prenupcial siempre es desafiante debido a la configuración inherentemente antagonista. Sin embargo, cada pareja que conozco que ha firmado uno dice que nunca habría hablado tan profundamente del dinero si no hubiera pasado por la experiencia (también dicen que nunca querrían volver a pasar por eso).

PREGUNTA: «Mi pareja está muy enfadada conmigo por querer un acuerdo prenupcial. Dice que es como si estuviera apostando a que nos divorciaremos. ¿Qué debería decir?».

RESPUESTA: Yo diría: «Te quiero. Espero que nunca tengamos que usar este acuerdo prenupcial, pero si sucede lo peor y nos separamos un día, sabremos que disponemos de un plan que los dos acordamos cuando estábamos en nuestro mejor momento, cuando estábamos tranquilos y teníamos tiempo para pensar».

PREGUNTA: «¿Cuánto costará hacer un contrato prenupcial?».

RESPUESTA: Como cifra aproximada, asumid entre cinco mil y treinta mil dólares. La cifra real depende de muchas cosas, incluyendo los abogados que hayáis elegido y lo comunicativos que seáis a lo largo del camino.

Un consejo para controlar los costes: *tú diriges a tus abogados. Ellos no te dirigen a ti.* La mayoría de la gente nunca ha dirigido a nadie, y especialmente no a un abogado. El trabajo del abogado consiste en buscar cada posible contingencia, independientemente lo improbable que sea. Tu trabajo (y el de tu futuro cónyuge) es el de encontrar un conjunto de términos aceptables que vuestros abogados os ayuden a verificar, pulir y cerrar.

PREGUNTA: «¿Podríamos redactar nuestro propio contrato juntos y luego notarizarlo?».

RESPUESTA: No. No hagáis esto. Al igual que no querríais construir vuestro propio puente colgante y luego conducir sobre él con vuestro cónyuge en el asiento del copiloto, no intentéis redactar vuestro propio acuerdo prenupcial. El «hágalo usted mismo» con un acuerdo prenupcial simplemente no tiene sentido. Si tenéis activos que vale la pena proteger, entonces tenéis dinero para contratar a un abogado competente.

PREGUNTA: «Tengo hijos de mi primer matrimonio y quiero asegurarme de que estén protegidos. Estoy en mi segundo matrimonio y me doy cuenta de que tendría que haber firmado un acuerdo prenupcial. ¿Y ahora qué?».

RESPUESTA: Podéis firmar un acuerdo posnupcial. Cualquier abogado experimentado en derecho de familia o en fideicomisos y patrimonio podrá asesoraros.

PREGUNTA: «Los progenitores de mi pareja y los míos están divorciados. Es difícil pensar en combinar nuestro dinero sin pensar en lo difícil que sería separarlo si en algún momento tuviéramos necesidad de hacerlo. ¿Deberíamos firmar un acuerdo prenupcial pese a que nuestras finanzas sean muy sencillas?».

RESPUESTA: Un acuerdo prenupcial es simplemente una herramienta que tenéis a vuestra disposición. Si vuestros activos no son considerables, pensad en la asesoría premarital (de hecho, todo el mundo debería tener en cuenta el asesoramiento premarital). Hay algunos terapeutas fantásticos que podrán ayudaros a comprender vuestro pasado y a crear un futuro nuevo juntos. Las conversaciones que mi esposa y yo mantuvimos durante nuestro proceso del acuerdo prenupcial tuvieron un valor incalculable, y nunca hubiéramos profundizado tanto sin la necesidad de un acuerdo prenupcial. Esas conversaciones también nos mostraron lo valioso que puede ser un terapeuta. Si estáis interesados, echad un vistazo a la página web del Gottman Institute, donde podréis encontrar una lista de grandes terapeutas para vuestra relación.

Pensando en una compra importante

Cómo hacer las cuentas con las vacaciones, los coches, la universidad y una casa

¿Cómo sabéis si podéis permitiros un colchón de dos mil dólares? Ésta es la pregunta que me empujó a mi reciente obsesión, que empezó en el episodio número 112 de mi pódcast, en el que conocí a una pareja que se endeudó para comprar un colchón de 2400 dólares. Al cabo de unas pocas semanas me encontré con exactamente la misma situación en el episodio número 124 con un colchón de 2200 dólares.

De repente, me quedé intrigado.

Empecé a preguntarme cómo saber si puedes adquirir un objeto caro como un colchón de alta calidad. ¿Y qué hay de un coche, una casa o unas vacaciones?

Las respuestas fueron, honestamente, chocantes. En el caso del colchón, la mayoría de la gente decía algo así como:

- «Un sueño reparador forma parte de mi vida de abundancia».
- «Vale la pena evitar el dolor de espalda».
- «¡Pasamos el 33 % de nuestra vida durmiendo!».

293

Si de verdad estás intentando tomar una buena decisión financiera, ninguna de ellas son respuestas aceptables. Cuanto más le pido a la gente que desarrolle sus razones para hacer sus compras más importantes, más veo que la mayoría de la gente simplemente decide que quiere comprar algo, se inventa un conjunto de razones para justificarlo («¡Me duele la espalda!») y luego compra esa cosa. Sin embargo, para saber si de verdad te puedes permitir algo, *tu respuesta debe implicar números.*

La lista de comprobación de una gran compra

Podéis permitíroslo si podéis marcar todos estos ítems:

- ❑ Estáis alcanzando estas cifras: costes fijos (os encontráis dentro del 3 % de la norma del 50-60 % de vuestro salario neto), inversiones (5-10 %), ahorros (5-10 %), gastos sin culpa (25-30 %).
- ❑ Si tenéis deudas, sabéis el mes y el año exacto en el que se liquidarán.
- ❑ Disponéis de un fondo para emergencias. Si no está completamente provisto de fondos, lo estará dentro de cuatro años.
- ❑ Conocéis el coste total de la propiedad (CTP) de la compra. Habéis incluido el mantenimiento, los impuestos, los costes de oportunidad (como, por ejemplo, cuánto podríais ganar usando este dinero en otro lugar, como invirtiéndolo) y otros gastos fantasma.

Recordad que tendemos a atormentarnos por preguntas o cuestiones de tres dólares (como el precio de un postre) y nos fijamos poquísimo en las cuestiones de tres mil dólares, como los coches, las vacaciones y las casas. Si acertáis con las diez mayores decisiones financieras en vuestra vida, nunca tendréis que preocuparos por el precio de vuestro café matutino. *Así pues, de verdad vale la pena acertar con las grandes decisiones.*

Éste es un concepto tan importante que voy a cubrirlo en detalle para algunas de las grandes decisiones de compras a las que os enfrentaréis.

Cómo saber si podéis permitiros unas vacaciones

Es sencillo: si ya habéis ahorrado suficiente dinero como para pagar todo el precio del viaje más un 50 % más, entonces podéis permitíroslo. Este 50 % extra cubre todos los gastos de los que podáis olvidaros, incluyendo el transporte, las propinas, los impuestos, etc.

Para calcular los costes de vuestras vacaciones, centraos en los gastos clave:

- *Viaje:* Billetes de avión (incluyendo impuestos), taxis a y desde el aeropuerto, comida y bebidas en el bar de aeropuerto…, todo ello.
- *Alojamiento:* Precio de cada noche de hotel, impuestos, propinas y cualquier imprevisto.
- *Comida y excursiones:* Pensad en cuántas veces comeréis fuera cada día, además de en cualquier excursión que haréis o las atracciones que veréis. Sed realistas con esto. No querréis estar de vacaciones preocupándoos por el precio de un cóctel de gambas. Ponedlo todo sobre la mesa y, si no estáis seguros, sobrestimad.

Ahora tomad la cantidad total que veáis para vuestro viaje y añadid ese 50 %. Aunque hayáis incluido los gastos clave anteriores, seguiréis necesitando tener en cuenta otros gastos fantasma o gastos inesperados, que el 50 % cubrirá de sobra. (En mi propia planificación, tiendo a subestimar el precio del viaje en un 30 %, y eso es después de años de monitorización. El 50 % es una cifra más segura con la que empezar). Para escuchar un ejemplo sobre cómo se hace esto, echadle un vistazo al episodio número 148 de mi pódcast con Callie y Travis.

Si tenéis esa cantidad ahorrada: ¡felicidades: Os lo podéis permitir! Si no es así, pensad en vuestras opciones: podéis retrasar vuestro viaje hasta que tengáis suficiente dinero ahorrado. Podéis reducir la duración de vuestro viaje (un maravilloso viaje de cuatro días puede ser tan memorable como uno de siete días). También podéis recortar vuestros gastos encontrando vuelos y alojamientos más baratos o incluso cambiando la época del año en la que viajéis.

Cómo saber si podéis permitiros un vehículo nuevo

Lo sé, lo sé. La gente *necesita* un todoterreno urbano de ochenta mil dólares «para los niños» y la camioneta de setenta y cinco mil dólares que le acompaña para así poder remolcar su barco dos veces al año. Entonces, años después, se pregunta: «¿A dónde se está yendo todo mi dinero?».

Demasiada gente se pregunta por qué parece que no puede salir adelante, y cuando le echo una ojeada, durante quince segundos, a su plan de gasto consciente, se me salen los ojos de las órbitas. Si no se trata de su vivienda, son los pagos del coche, que el amistoso vendedor de vehículos de su barrio les aseguró que podrían permitirse sin problemas. Comprar vuestro coche, camioneta o todoterreno urbano es una de las adquisiciones más caras que haréis, por lo que quiero que acertéis. Aquí tenemos lo que tenéis que hacer:

Conoced el CTP (coste total de la propiedad), y no simplemente los pagos mensuales. Eso incluye todo sumado durante la vida total del vehículo. Por ejemplo, un coche de cincuenta mil dólares costará mucho más si le sumamos todos los gastos, incluyendo la gasolina, el seguro, el aparcamiento, el permiso de circulación y el mantenimiento.

Planificad por el doble del pago mensual y aseguraos de que vuestros costes fijos sigan siendo de menos del 60 % de vuestro salario neto. Si, por ejemplo, a letra de vuestro coche es de cuatrocientos dólares mensuales, introducid ochocientos dólares en vuestro plan de gasto consciente. (Recuerdo que la letra de mi coche era de trescientos cincuenta dólares, pero al incluir todos los gastos, pagaba más de mil dólares mensuales). Una vez que hayáis introducido las cifras, ¿queda el total de vuestros costes fijos por debajo del 60 %? Si no es así, estáis gastando demasiado en vuestro coche.

Conservad el vehículo por lo menos siete años. Una de las peores cosas que podéis hacer es compraros un vehículo caro y luego desprenderos de él para compraros otro al poco tiempo. Eso se debe a que empezáis, de verdad, a ver ahorros tras completar el pago de vuestro coche, lo que en el caso de la mayoría de la gente sucede al cabo de cinco años. Pensad en los años sin pagos por el coche como algunos de los mejor años, económicamente hablando, de vuestra vida: podréis ahorrar, invertir e incluso gastar más.

Tener vuestra deuda total dentro de la norma 28/36. Una buena directriz para la deuda consiste en mantener la deuda total por vuestra vivienda por debajo del 28 % de vuestros ingresos brutos, y todas vuestras deudas (incluyendo los préstamos estudiantiles, los créditos para coches, etc.) por debajo del 36 % de vuestro salario bruto. Si, por ejemplo, tenéis unos ingresos anuales de 75 000 dólares brutos, o de 6250 dólares brutos mensuales, eso significa que, idealmente no deberíais pagar más de 1750 dólares mensuales por vuestra vivienda y 500 dólares por vuestros vehículos en *total*. En el caso de vuestra vivienda, eso incluye las facturas del agua, los muebles, la electricidad, las reparaciones (¡todo!), y en el de vuestro vehículo, eso incluye la gasolina, las reparaciones, el impuesto de circulación e incluso las multas de aparcamiento. Podéis ver lo sorprendente que es esto, porque estas cifras se encuentran muy por debajo de lo que gasta casi toda la gente en su vivienda y su coche y, en el mercado actual, son, frecuentemente, imposibles. No es de extrañar que la gente esté tan estresada por el dinero (ésta es la razón por la cual apoyo los movimientos que buscan darle solución a problemas habitacionales en ciudades con precios prohibitivos, y defiendo la construcción de más vivienda, de modo que todos puedan beneficiarse de un alojamiento asequible. El dinero es político, así que votad en vuestras elecciones locales).

En general, una vez que comprendáis estas cifras, os encontraréis con que podéis permitiros, cómodamente, un vehículo bastante más barato de lo que pensabais. ¡Eso es! Puede que os parezca frustrante, pero tomando buenas decisiones al principio os daréis las gracias más adelante, una vez que hayáis ahorrado e invertido mucho y podáis respirar tranquilos con vuestros gastos mensuales.

Por cierto, si os encontráis con que estáis gastando demasiado en vuestro coche, vuestras opciones son limitadas. Podéis venderlo y compraros uno más pequeño (lo que puede beneficiaros si os ahorráis cientos de dólares mensuales), pero debéis calcular cuidadosamente qué cantidad de dinero acabaréis pagando. En la mayoría de los casos, me encuentro con que la gente que ha gastado demasiado en un vehículo simplemente tiene que seguir pagando y luego se compromete a no comprar otro coche durante muchos años. Esto les proporcionará por lo menos cinco años (idealmente más) de no tener que pagar las letras de un coche, tiempo durante el cual podrán dotar de fondos a sus ahorros e inversiones.

Cómo comprar esa camioneta o cochazo hoy afecta a tu vida para siempre

De algún modo, tengo la reputación de ser un tipo que aborrece las camionetas. Lo que de hecho odio es la *lógica* que emplea la gente para comprarse una cuando no puede permitírsela. Hay muchos compradores de camionetas que insisten, constantemente, en que «necesitan» una para llevar cargas pesadas, cuando pasan el 98 % del tiempo conduciendo exclusivamente sobre carreteras asfaltadas llevando cuatro bolsas de comestibles y, muy de vez en cuando, un saco de mantillo. Seamos realistas. Además, una vez que incluyas la gasolina, el mantenimiento y los intereses, las camionetas son extremadamente caras. Así que sí, tengo un problema con muchas compras de camionetas.

Voy a representar esto para mostraros lo que podéis hacer ahora para cambiar vuestro futuro.

▶ En el concesionario, el vendedor de camionetas os pregunta: «¿Cuánto queréis pagar por mes?». Elegís una cifra arbitraria que suena razonable.

¡Nunca jamás toméis grandes decisiones basándoos solamente en los pagos mensuales! A los vendedores les encanta esto porque pueden venderos un vehículo todavía más caro, estirando los pagos durante un período más largo, y ganar todavía más en intereses. En lugar de fijaros simplemente en los pagos mensuales, centraos en el coste total de la propiedad, incluyendo el mantenimiento, la gasolina, los intereses y el seguro.

▶ Pagáis un pequeño adelanto y financiáis el resto a través del concesionario.

A los vendedores de coches les encanta cuando os financiáis a través de ellos, porque frecuentemente pueden ganar más con las letras de vuestro préstamo para el vehículo que con su venta al contado. Vale la pena estudiar todas vuestras opciones de financiación, incluyendo las que os ofrezca vuestro banco o vuestras cooperativas de crédito locales.

▶ Seis meses después, vais justos de dinero, pero no podéis averiguar por qué. Abrís la factura del préstamo de vuestro coche y (al combinar esa cifra con la gasolina, el seguro y todo el resto de los gastos ocultos) os dais cuenta de cuánto estáis pagando en realidad.

Cuando, finalmente, sumáis el coste de la propiedad (cosa que deberíais haber hecho antes de ir al concesionario), descubrís que estáis gastando el doble de lo que habíais previsto por mes. ¡Y tenéis que hacer esto durante por lo menos cinco años!

▶ Habéis pensado en vender, pero no podéis desprenderos de esta camioneta porque perderéis mucho dinero con el trato. Además, se ha convertido en parte de quienes sois.

La gente encuentra incomprensible desprenderse de las compras que están ligadas a su identidad.

Otras formas en las que podría transcurrir:

Opción 1: Antes de ir a un concesionario, haced los cálculos cuidadosa y realistamente. Decidís quedaros con vuestro coche actual dos años más y ahorraros automáticamente los miles de dólares que habríais gastado en una cuenta llamada «Fondo para la camioneta nueva». Este colchón alivia el dolor de las mayores letras mensuales cuando al final hagáis la compra.

Opción 2: Después de hacer los cálculos, decidís esperar un año y luego comprar una camioneta de segunda mano. Esta decisión os ahorra trescientos dólares mensuales, de los cuales decidís invertir doscientos al mes e incrementar vuestros gastos libres de culpa cien dólares al mes.

Opción 3: Decidís seguir conduciendo vuestro vehículo actual indefinidamente porque sigue funcionando bien. Hacéis planes para ahorrar lo suficiente (cubriendo los gastos) para una camioneta nueva dentro de siete años. Cuando acabéis de llenar vuestro «Fondo para una camioneta nueva», pasaréis a invertir ese dinero.

Independientemente de la opción que escojáis, cuando acabéis comprándoos una camioneta nueva estaréis preparados.

La gran lección: id más despacio y tomad decisiones metódicas con respecto a cualquier objeto caro, ya que una vez que toméis la decisión, será muy difícil dar marcha atrás. Una mala decisión puede provocar el caos en vuestras finanzas durante mucho tiempo, pero una buena decisión puede proporcionaros miles de dólares de dinero extra para ahorrar, invertir y gastar.

Cómo saber si podéis permitiros la universidad para vuestros hijos

Cada semana me llegan mensajes de padres de niños pequeños que preguntan, atacadamente, qué tipo de cuenta de ahorros deberían organizar para sus hijos. Los padres suelen tener entre treinta y ocho y cuarenta y dos años. Siempre hago que vayan más despacio y les pregunto: «Antes que hablemos de ellos, permitidme preguntaros sobre vuestras finanzas. ¿Cómo os está yendo?».

Casi siempre dicen algo parecido a esto: «No fenomenalmente. Sólo he empezado a prestar atención al dinero desde hace un par de años».

Comprendo que queráis tener cubiertas las necesidades de vuestros hijos. Tener hijos es uno de los pocos momentos trascendentales en los que la gente, de repente, entra en acción con sus finanzas.

Aquí tenemos la verdad: *vuestros hijos tienen tiempo, pero tú y tu pareja tenéis mucho menos.* Ésa es la razón por la cual es tan importante que os centréis en vosotros primero y cumpláis con vuestras cifras de ahorro e inversión *antes* de centraros en el futuro de vuestros hijos.

En el mejor de los casos, dispondréis de más que suficiente dinero para ayudarles económicamente si deciden ir a la universidad. En el segundo mejor de los casos, obtendrán un préstamo estudiantil y trabajarán mientras estén estudiando. No es gran cosa. Sin embargo, el verdadero peor caso es que no ahorréis lo suficiente para vosotros, paguéis por la educación universitaria de vuestros hijos y luego acabéis más adelante en la vida sin una cantidad suficiente ahorrada. No hay ningún préstamo estudiantil para la jubilación.

Sabréis que podéis permitiros ahorrar la para educación de vuestros hijos si estáis en el buen camino para la jubilación y tenéis dinero de sobra. Para empezar, esto significa que estáis invirtiendo por lo menos el 10 % de vuestro salario neto. (Si hacéis esto empezando en vuestra veintena, hay grandes probabilidades de que tengáis más dinero del que nunca hubierais pensado, pero la mayoría de la gente no empieza a invertir en serio hasta mucho después).

Ésa es la razón por la cual tenemos que ir más allá y calcular cuánto dinero tendréis cuando os jubiléis, cosa que podéis hacer usando una calculadora del interés compuesto. Introducid la cantidad que ya habéis invertido, la cifra que estáis invirtiendo cada año (sugiero que optéis por fondos indexados de bajo coste), asumid una tasa de rentabilidad conservadora del 7 % y luego introducid los años que faltan hasta que os jubiléis. Eso os mostrará aproximadamente de cuánto dinero dispondréis. Como cálculo rápido sencillo, podéis retirar el 4% de esa cantidad por año y no quedaros sin dinero en una jubilación normal. ¿Tendréis suficiente? (Si, por ejemplo, tenéis una cartera de inversión con un millón de dólares a los sesenta y cinco años, podréis retirar, sin problemas, unos cuarenta mil dólares anuales).

Por supuesto, no estamos calculando vuestros beneficios del seguro social, posiblemente unos gastos propios de un estilo de vida más sencillo, unos mayores gastos médicos y muchas cosas más. Sin embargo, podéis haceros una idea de si tendréis suficiente ahora o si (lo más probable) deberíais jugar de forma más agresiva en cuanto a invertir para vosotros en lugar de destinar decenas de miles de dólares para la educación de vuestros hijos.

Recordad esto: pagar por la universidad de vuestros hijos es un lujo. Espero, de corazón, que podáis hacerlo, pero priorizar vuestra propia situación financiera va primero.

Cómo saber si podéis permitiros comprar una casa

En la gran mayoría de casos en los que la gente se siente, económicamente, estresada, puedo atribuirlo a una simple cosa: lo que está pagando por su vivienda.

La vivienda es, de lejos, la mayor compra que hace la mayoría de la gente. También está llena de gastos fantasma y envuelta en una mitología prácticamente religiosa. Mucha gente se considera fracasada si no tiene una casa. Mi mensaje clave para vosotros es: antes de hacer la mayor compra de vuestra vida, debéis hacer los cálculos. (Para encontrar material más detallado sobre comprar frente a alquilar, buscad en Internet «Ramit Sethi comprar frente a alquilar» [«Ramit Sethi buy vs. rent»]).

A veces, comprar puede ser una buena decisión financiera. En ocasiones, alquilar puede ser incluso mejor. Sin embargo, cuando se trata de sopesar vuestras opciones, las matemáticas son muy contrarias a la lógica y complicadas. Así es exactamente cómo quiere que os sintáis el sector inmobiliario, de modo que os sintáis presionados a comprar, con lo que, por supuesto, esta gente gana una comisión.

Podría escribir un libro entero sobre la toma de esta decisión, pero voy a proporcionaros la clave aquí. Podríais estar preparados para comprar una casa si…

Viviréis en la misma casa por lo menos diez años. La mayoría de la gente no sabe que, en los diez primeros años, la mayor parte de los pagos van directos a los intereses. Pongamos, por ejemplo, que os compráis una casa de 500 000 dólares. Pagáis una entrada del 20 % (es decir, 100 000 dólares). Sobre esa hipoteca de 400 000 dólares, en vuestro primer año pagaréis unos 4000 dólares para el principal o capital prestado y casi 24 000 dólares en intereses. De hecho, pasaran 19 años hasta que paguéis más de principal que de intereses. Ni siquiera estoy mencionando cómo los enormes costes de la transacción de la compra y la venta requieren de muchos años para «amortizarse» o distribuirse. Ésa es la razón por la cual una casa es, verdaderamente, una compra a largo plazo. A modo de guía sencilla, añado un 50 % al coste de la hipoteca para tener en cuenta todos los gastos fantasma, de modo que una hipoteca de 3000 dólares mensuales en realidad me costaría 4500 dólares con el plan de gasto consciente.

Vuestro coste total para la vivienda es inferior al 28 % de vuestros ingresos brutos. Cuando hablo del total, me refiero a *todo*: los intereses, los costes de la transacción, los impuestos, el seguro, los aspersores, las reformas, el mantenimiento (incluyendo esa inesperada reparación de 15 000 dólares dentro de 7 años de la que todavía no sois conscientes). Pues bien, es difícil estar dentro de ese 28 %, especialmente en ciudades con un elevado coste de la vida. Podéis estirar esa cifra hasta el 30, el 32 o incluso el 33 %, pero más allá de ahí estaréis incurriendo en un gran riesgo: ¿qué pasa si tenéis una factura médica por una urgencia? ¿Qué sucede si perdéis el trabajo? ¿O qué pasa si, simplemente, os sentís estresados todo el tiempo?

Habéis ahorrado un 20 % para la entrada. Hay dos razones para esto: la primera es que siempre soy conservador con mis suposiciones, y ahorrar un 20 % os proporciona un menor pago mensual, además de una mayor estabilidad si el precio de la vivienda baja. En segundo lugar, e incluso más importante, ahorrar una cantidad importante para una entrada demuestra que podéis desarrollar la disciplina y los sistemas para ahorrar una cantidad considerable de dinero a lo largo del tiempo. Esto es algo que será de increíble utilidad una vez que seáis propietarios de una casa, que es algo que muchos describen como un «pozo de gastos sin fondo», o una fuente de costes interminables para los que deberéis prepararos cuidadosamente. Nótese que no tenéis por qué adelantar un 20 % (esa decisión dependerá de los índices de interés y de otros factores). Sin embargo, deberíais haber sido capaces de ahorrar esa cifra (manteniéndola en una cuenta de ahorro que os proporcione un interés elevado) hasta que decidáis comprar.

Habéis llevado a cabo un cálculo detallado de la compra frente al alquiler. La mayoría de la gente cree que la riqueza se genera comprándose una casa, amortizando su hipoteca, y luego, ¡abracadabra!: eres rico. Debemos ir más allá de eso. A veces, comprar puede ser la decisión financiera adecuada, mientras que en otras ocasiones alquilar puede suponer la mejor decisión. Por supuesto, también hay otras razones para pensar en comprar o alquilar, como los hijos, la estabilidad, la ubicación, etc. Para comprender la parte financiera de la decisión debéis, total y absolutamente, hacer unos cálculos de la compra frente al alquiler, lo que quizás os sorprenda. En vuestros cálculos os encontraréis con que podéis asumir que los precios del alquiler subirán, pero también os encontraréis con que los costes de ser los propietarios de una vivienda son abrumadores: mucho mayores de lo que pensabais al principio. Cuando incluyáis los intereses, los impuestos, el mantenimiento e incluso el coste de oportunidad de la inversión de vuestra entrada o anticipo, frecuentemente os quedaréis sorprendidos con los resultados del cálculo.

Por ejemplo, en la ciudad de Nueva York, me di cuenta en una ocasión de que había un apartamento del mismo tamaño, con el mismo número de habitaciones, las mismas vistas: básicamente era igual que donde vivía. ¡Me habría costado 2,2 veces más ser propietario que alquilar! Con un alquiler de 3000 dólares mensuales, me habría costado 6600 ser el propietario de la misma vivienda. Tomé la diferencia entre ser propietario y alquilar (en este ejemplo, 3600 dólares) y la invertí cada mes. Eso me hizo ganar más dinero viviendo de alquiler del que hubiera ganado siendo propietario (y con menos dolores de cabeza por el mantenimiento). Aseguraos de hacer estos cálculos antes de comprar.

¡Estáis emocionados por comprar! ¡Deberíais sentiros eufóricos por la mayor compra de vuestra vida! Si de verdad os encanta la idea de ser propietarios del lugar en el que vivís, decorarlo, poder reformarlo y vivir en esa casa durante diez o más años…, entonces quizás estéis preparados para ser propietarios de una vivienda. Si no es así, no deberíais sentiros presionados para adquirir una casa. Vuestra vida de abundancia es vuestra, y hay muchas formas de vivir una vida de gran abundancia sin ser el propietario de una vivienda.

Los costes secretos de un «buen» vecindario

Echar raíces en un vecindario exclusivo debido a sus escuelas muy bien valoradas, su seguridad o su belleza puede que sea una decisión que toméis con la mejor de las intenciones, pero que tenga unas consecuencias no previstas. Quizás podáis permitiros la hipoteca y los impuestos en una cierta zona, ¿pero podréis permitiros el estilo de vida durante los próximos veinte o más años? Esto implica ser honestos con el efecto de la presión social, que es muy real y (especialmente si no tenéis una visión clara de vuestra vida de abundancia) muy caro.

¿Qué cuesta de verdad vivir en vuestra comunidad? Id más allá de los gastos obvios. ¿Cuando tengáis que cambiaros de coche os compraréis uno más grande y mejor porque ésa es la norma en el lugar en el que vivís? ¿Contrataréis un servicio de paisajismo para vuestro jardín delantero porque todos vuestros vecinos lo hacen? ¿Qué otros costes pueden estar normalizados en el vecindario en el que estáis pensando?

Tomaos esto en serio. Preguntaos: «¿Es este lugar una buena opción para vuestros valores y finanzas? ¿Es realista pensar que no gastaremos dinero en paisajismo/coches/reformas/socializar cuando mucha gente en esa zona lo hace? ¿Qué pasaría si compráramos un apartamento (o viviéramos de alquiler) en lugar de comprar una casa? ¿Vamos a sentirnos como si estuviéramos, constantemente, un paso por detrás?».

El lugar en el que viváis supone una decisión importantísima que afectará a todas las partes de vuestra vida financiera durante décadas. Sed realistas y determinad cuánto más costará este vecindario en cuanto a gasolina, seguros, mantenimiento, guarderías y comida.

Estas cifras aportarán luz a la decisión que estáis sopesando. Dependiendo de lo que descubráis, sed flexibles. Obligaos a pensar en lo que es correcto para vuestra vida de abundancia compartida, y no simplemente en lo que parece «lo mejor». Una vez que toméis las decisiones correctas para vuestra familia, tendréis la confianza de saber que lo hicisteis teniéndolo todo en cuenta.

Educando a vuestros hijos acerca del dinero

Ayudad a vuestros hijos a desarrollar una relación sana con el dinero

Llegados a este punto en el libro, conocéis el profundo impacto que tiene nuestra crianza y educación en la forma en la que vemos el dinero, incluso décadas más tarde. Nuestros padres tienen una enorme influencia en cómo tratamos el dinero, y si no hacemos un esfuerzo intencionado por comprender y cambiar esos mensajes, les transmitiremos lo mismos a nuestros hijos.

Así pues, ¿cómo enseñar a vuestros hijos a tener una relación sana con el dinero?

Esto implica mucho más que decidir si deberíais darles una paga, o incluso si deberíais pagar sus estudios universitarios. Consiste en conoceros a vosotros mismos y vuestros valores con respecto al dinero *primero,* y luego aprovechar cada oportunidad para mostrarles cómo funciona el dinero de verdad.

Las buenas noticias son que, si estáis lo suficientemente interesados como para leer este libro, tenéis unas muy buenas probabilidades de generar un entorno sano en lo relativo al dinero para vuestros hijos.

Diez conversaciones sobre el dinero que tener con vuestros hijos

En los negocios decimos: «Lo que se mide se gestiona». En las familias podríamos decir: «Las cosas importantes se hablan». La capacidad de hablar del dinero abierta y regularmente es esencial. Cuando le pregunto a la gente que se encuentra en problemas económicos qué recuerdan haber aprendido del dinero cuando eran niños, su abrumadora respuesta es «Nada». Sus padres nunca les hablaron del dinero, por lo que cuando llegaron a la edad adulta, quedaron indefensos, dejados a su suerte para intentar encontrarle sentido a compañías como bancos y empresas de servicios financieros, además de a estafadores que ofrecen seguros de vida entera que escriben sobre sus pizarras blancas en TikTok.

Si ves los deportes con tus hijos y debates sobre un partido de fútbol americano, estás mostrando que a tu familia le importan los deportes. Si habláis sobre a dónde queréis que vaya vuestro dinero (a los ahorros, las inversiones, la educación, la vivienda, viajar para ver a los abuelos), estaréis mostrando que el dinero es importante para vuestra familia.

Para generar una relación sana con el dinero en vuestra familia, arrojad luz sobre el tema: hablad sobre lo que hacéis con vuestro dinero cada mes, e incluso reconoced vuestros errores con él. Invitad a vuestros hijos a implicarse.

Aquí tenemos diez conversaciones informales sobre el dinero que podéis mantener con vuestra familia. Algunas están pensadas para implicar a niños pequeños, y otras harán que los niños mayores se pongan a pensar. No son más que frases para iniciar una conversación para hacer que el dinero forme parte de la cultura de vuestra familia. Añadid las vuestras propias.

1. ¿Cómo decidimos si podemos permitirnos salir a comer fuera este fin de semana?
2. ¿Cómo deberíamos gastarnos cien dólares en el supermercado?

3. ¿Cuál es la forma correcta de usar una tarjeta de crédito? ¿Cuál es la forma incorrecta?
4. ¿Cuánto cuesta la gasolina?
5. ¿Por qué no nos compramos un coche nuevo cada año?
6. Tenemos doscientos dólares que donar a una buena causa. ¿Cómo deberíamos elegirla?
7. ¿Sabes cómo pagamos esta casa?
8. Mi mayor error con el dinero fue…
9. ¿Vale la pena? ¿Cómo decides? (Ejemplos: unos vaqueros bonitos, una batidora extra, un televisor nuevo, un viaje al Gran Cañón del Colorado).
10. Si pudiera ahorrar para una cosa grande, sería…

Lecciones relativas al dinero para los niños

Los niños nos proporcionan millones de oportunidades para enseñarles sobre el dinero. Hacen preguntas como éstas:

- «¿Puedo comprarme ese caramelo?».
- «¿Por qué no vivimos en una casa más grande?».
- «Puedo tener este juguete extremadamente molesto que reproduce una canción a 431 decibelios y que tiene unas pilas que duran once años?».

Si oyes esa última pregunta, diles que el tío Ramit dice que la respuesta es «No» (los indios ponemos nuestro nombre en primer lugar, no en el último).

La mayoría de los padres responden a las preguntas relativas al dinero tal y como van surgiendo, pero eso es como jugar a un juego inútil. Después de leeros este libro, es de esperar que os deis cuenta de la importancia de una filosofía cohesiva: ¡una visión! Pese a ello, la razón de que no tengamos una visión para los niños es que no hemos tenido una visión para nosotros mismos. Ésa es la razón por la cual, con el tiempo, tendemos a dar repuestas crecientemente simplistas a las preguntas de los niños sobre el dinero:

- «No es asunto tuyo».
- «Porque lo digo yo».
- «Deja de preguntar. No podemos permitirnos eso».

Lo que podéis decir en lugar de «No podemos permitírnoslo»

▶ «Eso no es en lo que vamos a gastarnos el dinero hoy».

▶ «Eso no forma parte de nuestro plan de gasto consciente». (Mostraos entusiasmados al explicarle el concepto del PGC cuando parezca el momento adecuado).

▶ «No es así como elegimos gastar nuestro dinero».

▶ «Hemos decidido que es más importante gastar dinero en "X" que en esto».

▶ «No». (Me encanta un buen *No*. Estoy pensando en crear un servicio para ayudar a los padres a los que les cuesta decir «No» a sus hijos. Lo llamaré RDC («Ramit dice No»), y simplemente tendréis que enviarme un mensaje de texto con copia para vuestros hijos. Contestaré a todos con una única palabra: «No»).

Sé que es fácil para mí escribir esto. Tú eres el progenitor, el que tendrá que soportar las rabietas, los lloros y los enfurruñamientos; pero tenéis un punto de referencia: enseñar a vuestros hijos a desarrollar una relación sana con el dinero.

No es ninguna sorpresa que la mayoría de los niños crezcan sin comprender cómo funciona realmente el dinero. Sin embargo, la mayoría de los padres comprenden, intuitivamente, la importancia de enseñar a los niños sobre la comida y las relaciones sanas. Es responsabilidad vuestra enseñarles a tener una relación sana con el dinero. Aquí tenemos algunas formas de hacerlo.

DADLES A VUESTROS HIJOS
LA OPORTUNIDAD DE *USAR* DINERO

No enseñaríais a vuestro hijo a montar una bicicleta diciéndole: «No hablamos de bicicletas en esta familia». Le daríais una bicicleta con ruedines y le ayudaríais a montar en ella.

Haced lo mismo con el dinero. En cuanto estén preparados, implicadles en el uso del dinero. Una vez que tengan algo de práctica en este juego, los niños aprenderán rápidamente.

Niños pequeños: Invitadles a ver cómo pagáis una factura *online*. Explicadles qué os proporciona pagar esa factura: un lugar seguro en el que vivir, un televisor que ver, el frigorífico que mantiene vuestros alimentos fríos. Pedidles que cliquen en el botón de «Paga ahora» para hacer el pago. Cuando se efectúe el pago, emocionaos. Chocad esos cinco con ellos. Cada vez que hagáis esto les estaréis enseñando a conectar el dinero con sentimientos positivos.

Niños en edad escolar: Dadles un papel en las pequeñas compras familiares. Empezad por el supermercado. Si no pueden comprar todo lo que quieran, eso está bien. Permitidles aprender sobre tomar decisiones. Entonces haced que planifiquen una cena familiar empleando una cifra concreta de dinero. (Preparadles para el éxito proporcionándoles dinero más que suficiente para cubrir la cena, los impuestos y la propina). La parte positiva es que les estaréis enseñando a tomar decisiones cada vez más importantes, incluyendo el tener en cuenta los costes fantasma. La parte negativa es que quizás escojan ir a cenar a un restaurante de comida rápida y que, por desgracia, tengáis que ir.

Preadolescentes: Pedidles su opinión sobre una compra importante que les impacte, como el coche familiar o una mejora en casa. Emplead la oportunidad para hablarles de los costes fantasma como el seguro y el mantenimiento.

Adolescentes: Incluidlos en decisiones financieras importantes de la familia. Empezad dándole a vuestro hijo adolescente la responsabilidad de planificar un día entero de vacaciones y luego pedidle que comparta lo que ha ido bien y lo que no. Con el tiempo, pedidle que planifique todas unas vacaciones familiares. Exponed los parámetros y fijaos en cómo progresa.

Así es como equipáis a vuestros hijos. Viendo a vuestros hijos dominar el dinero haciendo unos planes sofisticados y llegando a soluciones intermedias os daréis cuenta de la alegría que puede suponer el dinero.

Menos del 1 % de la gente con la que hablo aprendió sobre el dinero de esta forma. Eliza, una miembro de mi grupo de *coaching* relativo al dinero, le asignó a su hija de once años una tarea relacionada con el dinero. Me encanta su historia.

Eliza escribía:

Hace algunas semanas, le dije a nuestra hija que sería la responsable de planificar nuestra siguiente salida familiar nocturna. Le dimos un presupuesto de doscientos dólares y le pedimos que planeara la cena y cualquier actividad que quisiera para nuestra familia de cuatro miembros. DIOS MÍO, esto se le dio como si estuviera en su elemento.

Estudió distintas opciones y se le ocurrió, como actividad, el *snow tubing* (una actividad recreativa familiar que consiste en deslizarse sobre la nieve con una especie de gran flotador) y eligió una casa de comidas cercana con batidos de malta para cenar. Hicimos que calculara los costes con impuestos, propinas y un colchón en caso de que los precios fuesen distintos de los publicitados en Internet. Esto hizo que tuviera que esforzarse en pensar en lo que podría estar dispuesta a recortar para poder permitirse el *snow tubing*, que era lo que la emocionaba y volvía loca de alegría.

Al final, la noche nos salió por 193,68 dólares, y aunque nuestro cuerpo de mediana edad sigue recuperándose de la impresión de deslizarnos cuesta abajo por una enorme colina cubierta de nieve y comer una hamburguesa patatas fritas y un batido malteado de chocolate, fue una noche genial. Todos aprendimos muchísimo de la experiencia. Ella estaba increíblemente orgullosa de su trabajo, y nosotros también lo estábamos.

PERSONALIZA TU ESTILO PARA TUS HIJOS

Descubriréis pistas sobre los comportamientos de vuestros hijos relativos al dinero desde un buen principio. Algunos de ellos serán meticulosos monitorizando sus ahorros. Otros se gastarán el dinero en cuanto lo tengan.

Cuando mi sobrina y mi sobrino tenían diez y once años, respectivamente, los llevé a Disneylandia. Mientras entrábamos al parque, les di cincuenta dólares a cada uno y les dije «¡Compraos lo que queráis!». Fue sorprendente ver sus distintas reacciones. A mi sobrino le encanta el dinero. No pudo dejar de sonreír con el billete de cincuenta dólares. Se metió el dinero el en bolsillo y lo conservó, sin gastarse ni un centavo.

Sin embargo, en el caso de mi sobrina, el dinero no acababa de entrarle en la cabeza. Simplemente me devolvió el dinero para que se lo guardara. Al final del día, entramos a una tienda de recuerdos, donde eligió un juguete y empezó a caminar hacia la caja registradora sin ni siquiera fijarse en la etiqueta del precio. De camino tomó otro juguete, volviendo a ignorar la etiqueta del precio. Me quedé boquiabierto mientras calculaba mentalmente el coste, además de los impuestos, y empecé a sudar. Sin embargo, me dije a mí mismo: «Ramit, no digas nada». Llegó a la caja registradora y me pidió el dinero. Cuando el cajero lo sumó todo, el total era de 56 dólares. Mi sobrina echó la vista atrás para mirarme en busca de ayuda. Por supuesto, negué con la cabeza (se llama límites, amigos).

Sentí curiosidad por saber qué iba a hacer. Se giró hacia su hermano y le dijo: «¿Puedes prestarme seis dólares?».

Simplemente a partir de esa experiencia aprendí que mi sobrina y mi sobrino tratan el dinero de forma muy distinta. Si los estuviera educando con relación al dinero, sabría cómo adaptar mis lecciones para cada uno de ellos. (Mi sobrino le cedió generosamente su dinero a modo de préstamo).

Enseñar a nuestros hijos acerca del dinero no es una ciencia exacta. Debéis ser astutos, probar cosas y fracasar. ¡Eso está bien! La idea es que estaréis haciendo que el dinero forme parte de su crianza y educación, parte de vuestra cultura familiar, como la comida, las películas y el ejercicio, y estaréis haciendo que las *conversaciones* relativas al dinero sean un parte natural y alegre de la vida.

SED PRUDENTES CON LOS MENSAJES ACERCA DEL DINERO QUE ENVIÉIS

Los padres están ocupados. Lo último en lo que están pensando es en desarrollar una serie de mensajes en torno al dinero, pero estáis enviando señales, tanto si sois conscientes de ello como si no.

Frecuentemente esos mensajes se transmiten sin pronunciar ni una palabra. Por ejemplo, muchos de los progenitores con los que hablo no se dan cuenta, sinceramente, que «proteger» a los niños no hablándoles nunca de dinero simplemente le enseña a la siguiente generación que el dinero es «malo» y que es un tema que evitar por completo. No piensan que decirle, instintivamente, a su hija pequeña: «No podemos permitirnos eso» (la misma frase que sus padres usaban con ellos) provocará que sienta la misma inseguridad que sus progenitores sintieron cuando crecían.

Los niños se dan cuenta si evitáis hablar del dinero, si os estresáis por el dinero, y si tú y tu pareja no estáis en la misma onda. Son como pequeños sabuesos, olisqueando y captando cada discrepancia entre lo que decís y hacéis, y luego interiorizan la hipocresía y acaban en mi pódcast al cabo de treinta años, diciendo: «Mis padres nunca me enseñaron nada sobre el dinero».

No permitáis que eso suceda. Hagámoslo bien.

¿Qué mensajes relativos al dinero enviáis actualmente?

Marcad todos los ítems que se apliquen y añadid los vuestros propios. Recordad que éstos son los mensajes relativos al dinero que estáis enviando actualmente a vuestros hijos, tanto si lo queréis como si no.

- ❑ El dinero es estresante.
- ❑ Somos afortunados de sentirnos cómodos con nuestras finanzas.
- ❑ No hablamos del dinero.
- ❑ Trabajamos duro y merecemos divertirnos un poco.
- ❑ El dinero es algo de lo que sólo de ocupa mamá/papá.
- ❑ Dinero = peleas.
- ❑ Siempre damos con una forma de hacer que funcione.
- ❑ Nunca hay suficiente dinero en nuestra familia.
- ❑ Siempre hay dinero para la educación.
- ❑ Será mejor que no les pidamos nada a nuestros padres.
- ❑ A veces no necesitamos mucho para pasárnoslo genial.
- ❑ La gente como nosotros siempre tendrá deudas.
- ❑ Es nuestra responsabilidad ser caritativos.
- ❑ El dinero es algo de lo que deben hablar los adultos, no los niños.
- ❑ Somos ingeniosos: siempre encontramos soluciones.
- ❑ No tenemos por qué llevar una vida lujosa para ser felices.
- ❑ *Añadid los vuestros propios.*

¿Qué mensajes relativos al dinero *queréis* transmitir?

Marcad todos los que se apliquen y añadid los vuestros propios.

- ❑ El dinero es algo de lo que hablamos.
- ❑ Gastamos profusamente en las cosas que nos encantan y recortamos gastos despiadadamente en las cosas que no.
- ❑ Nos tomamos tiempo para controlar nuestro dinero, de modo que nuestro dinero no nos controle a nosotros.
- ❑ A medida que los niños se hacen mayores, hacemos que se impliquen más con el dinero de la familia.

- ❏ Tomamos decisiones sobre el dinero pronto porque dan frutos a largo plazo.
- ❏ Los niños pueden hacer preguntas sobre el dinero (incluso aunque no podamos contestarlas todas).
- ❏ Es con las inversiones como se genera la verdadera riqueza.
- ❏ *Añadid las vuestras propias.*

Cómo cambiar los mensajes que transmitimos

Podéis cambiar las lecciones que impartís si sois intencionados con respecto a vuestra psicología, acciones y palabras. Pensad en esto como en una nueva habilidad en la que los beneficios afloran al cabo de años y se transmiten a lo largo de generaciones. Permitidme ofreceros algunas redefiniciones que podréis empezar a usar hoy.

Psicología

- El dinero es algo que nos permite divertirnos juntos, comer juntos y vivir en un lugar seguro juntos. No tenemos que «proteger» a nuestros hijos del dinero, sino que debemos de educarlos al respecto.
- Para enseñar a nuestros hijos sobre el dinero, debemos aprender nosotros mismos.
- No pasa nada por cometer errores y por reconocerlos frente a nuestros hijos.
- Nuestros hijos no tienen por qué saberlo todo sobre nuestras finanzas, pero se les debería implicar de formas adecuadas a su edad.

Acciones

- Hacemos hincapié en hablar del dinero como familia.
- Cuando uno de nosotros está haciendo algo con el dinero (pagando facturas, haciendo la lista de la compra, e incluso decidiendo en qué restaurante comer), invitamos a nuestros hijos a mirar y, cuando resulta adecuado, a participar. Haciendo esto, relacionamos el dinero con nuestra vida cotidiana.

Palabras

- No pasa nada por decir «No». Poner límites es amor.
- Tampoco pasa nada por decir «Sí». Deberíamos enseñar a nuestros hijos a gastar dinero con sentido. Cuando decidimos gastarnos nuestro dinero, les enseñamos a nuestros hijos por qué. Incluso les invitamos a tomar sus propias decisiones sobre lo que vale la pena.
- Deberíamos ser considerados con respecto a qué palabras y frases usamos (por ejemplo, «No podemos permitírnoslo»), porque cuando las repetimos a lo largo de décadas, nuestros hijos las interiorizan y las repiten.

Trabajando con un asesor financiero

Las sorprendentes matemáticas tras los asesores financieros, y cuándo valen la pena

Creo que la mayoría de la gente puede gestionar su dinero por sí misma. Ésa es la razón por la cual escribí *Te enseñaré a ser rico: sin sentimiento de culpabilidad, sin excusas, sin tonterías. Simplemente un programa de seis semanas de duración que funciona* y este libro. Una vez que aprendáis el lenguaje básico del dinero y desarrolléis la habilidad de hablar sobre él, el dinero se convertirá en algo sencillo, empoderador e incluso divertido.

Sin embargo, puede que de vez en cuando necesitéis algo de ayuda. Puede que vuestra situación financiera sea compleja, como en el caso de una familia ensamblada o una jubilación inminente. Puede que tengáis alguna pregunta concreta. En una ocasión, contraté los servicios de un asesor financiero para que le echara un vistazo a mis finanzas y me proporcionara otro punto de vista sobre la distribución de mi patrimonio.

Sin embargo, nunca deberíais pagar un porcentaje de vuestros activos a modo de honorarios.

Quiero mostraros cuánto puede costaros un asesor financiero. Las cifras son tan sorprendentes que creé una sección entera al respecto.

Si pagáis unos honorarios del 1 %, lo que frecuentemente recibe el nombre de «activos gestionados» (AG), ese 1 % os costará alrededor del 28 % de los rendimientos de las inversiones de toda vuestra vida *sólo en honorarios*. Sí, esos pequeños honorarios del 1 % os costarán cientos de miles de dólares…, y todo ello mientras se os dice constantemente que os preocupéis por gastaros diez dólares de más en el supermercado.

Por mucho que ahorréis en patatas de calidad, esa cifra no se acercará a la cantidad que ahorraréis despidiendo al asesor que os está cobrando, a la chita callando, unos honorarios del 1 %. Ésa es la razón por la cual auditar sus honorarios supone una gran victoria.

Permitidme que os repita esto. Si estáis pagando a vuestro asesor financiero un 1 % de honorarios, estáis, literalmente, regalando más de una cuarta parte de los rendimientos de toda vuestra vida a Mengano para que pueda comprarse su siguiente BMW. Ese 1 % en honorarios vale más que toda la suma de cafés con leche que os tomaréis en toda vuestra vida.

CADA MES INVERTÍS...*	DESPUÉS DE 30 AÑOS TENDRÉIS...	PERO SI PAGÁIS UN 1% SÓLO TENDRÉIS...	ESOS HONORARIOS DEL 1% OS COSTARÁN UNOS...
100 dólares	117 607 dólares	97 926 dólares	20 000 dólares
500 dólares	588 033 dólares	489 628 dólares	98 000 dólares
1000 dólares	1 176 065 dólares	979 257 dólares	197 000 dólares
5000 dólares	5 880 324 dólares	4 896 282 dólares	984 000 dólares

Estas cifras son prácticamente increíbles. Deberíais sentar escalofríos por toda la espalda. Buscad, en Internet, una «calculadora de honorarios de inversión» y comprobadlo por vosotros mismos.

---

* Asumiendo que invirtáis durante 30 años con unos beneficios anuales reales del 7 %.

No quiero que paguéis cientos de miles de dólares en honorarios. Si queréis pagar a un gran asesor unos pocos miles de dólares por un plan financiero, o unos honorarios de 250 o incluso 500 dólares por hora, genial (yo pagué a mi asesor una tarifa por hora y estuve contento de hacerlo), pero nunca le paguéis un porcentaje. Podréis encontrar a asesores que cobran unas tarifas por hora o planas en napfa.org (en EE. UU.) o buscando, en Internet «recomendaciones de asesores de Ramit Sethi» («Ramit Sethi advisor recommendations»).

Si ya tenéis un asesor financiero, enviadle un *email,* averiguad cuánto os está cobrando y elaborad un plan para asumir el control de vuestro dinero. Si os contesta con un conjunto confuso de documentos, o si os invita a una llamada telefónica rápida para hablar del tema, probablemente estéis pagando unos honorarios de AG.

Cómo dar portazo a un asesor de AG

En primer lugar, debéis saber que vuestro dinero es vuestro dinero. Vuestro asesor no puede, legalmente, quedárselo. Cuando transfiráis vuestro dinero a una cuenta de corretaje de bajo coste de las empresas de fondos de inversión Vanguard, Fidelity, Schwab, o la que sea que elijáis, haréis una «transferencia en especie», lo que significa que, literalmente simplemente tomaréis vuestras inversiones actuales y las meteréis en vuestra nueva cuenta.

Hay algunas cosas a las que debéis estar atentos: En todo lo posible, evitad vender inversiones, ya que puede que os veáis expuestos a pagar impuestos. Algunas empresas cobran unos honorarios por la rescisión del contrato, cosa que a veces es negociable. Si vuestro asesor os mete en fondos que sean privados o que tengan unas tasas por su venta, quizás tengáis que pagar para poder saliros. Odio esto, pero es algo que sucede. Deberíais revisar cuidadosamente los cargos para tomar vuestra decisión, pero, personalmente, cuando he perdido la confianza en alguien o en alguna empresa, me salgo, independientemente del coste.

Aquí tenemos los pasos que hay que dar para retirarle vuestra cuenta a un asesor:

- Para prepararos para transferir vuestro dinero, id a Vanguard, Fidelity, Schwab, o la cuenta de corretaje de bajo coste que escojáis. Podéis hacer esto *online* o telefoneándoles. Os dirán qué hacer exactamente, incluyendo el abrir una cuenta y rellenar un par de impresos.
- Escribid un *email* a vuestro asesor financiero (querréis que conste por escrito): «He decidido transferir mis cuentas y gestionar mi propio dinero. Le enviaré la documentación. Le agradezco su ayuda». Tras esto enviadle los impresos de transferencia de vuestra nueva empresa de corretaje.
- Regresad a vuestra nueva empresa de corretaje e iniciad la transferencia. Una vez más, podéis hacer esto *online* o llamar para pedir ayuda. Una vez que vuestros activos estén ahí, podéis dejarlos como están e invertir en nuevos fondos, podéis venderlos y usar el dinero para proveer de fondos a nuevas inversiones (una vez más, teniendo en cuenta las implicaciones tributarias), o si habéis tenido los fondos adecuados en primer lugar, podéis, simplemente, añadir más dinero en ellos cada mes. En general, me gustan los fondos de fecha objetivo como opción sencilla en las cuentas de jubilación.

Respuestas rápidas a preguntas comunes

PREGUNTA: «Nos gusta saber que hay alguien más pensando en nuestro dinero. ¿No valen los honorarios la tranquilidad que proporciona eso?».

RESPUESTA: ¿Vale eso un millón de dólares a lo largo de toda vuestra vida? Cuando expongo la cantidad real que pagará, la mayoría de la gente se queda anonadada. Además, no hay nadie que tenga que estar pendiente de vuestro dinero todo el tiempo. Simplemente elegid unas inversiones de bajo coste a largo plazo y echadles un vistazo tres o cuatro veces al año. Incluso los mejores inversores activos (incluyendo a los asesores) no logran vencer al mercado el 80 % de las veces. Eso significa que los resultados que obtendréis invirtiendo en fondos indexados de bajo coste probablemente serán muy similares a los que conseguiréis con un asesor financiero restando sus honorarios. Si creéis que necesitáis a un asesor financiero para quedaros tranquilos, o para estar centrados en cuanto a vuestro comportamiento a largo plazo (y es aquí donde brillan), entonces contratad sus servicios por una tarifa horaria o plana.

PREGUNTA: «Tememos meter la pata. ¿Será así?».

RESPUESTA: El dinero da miedo porque está rodeado de un lenguaje confuso y unos conceptos complicados. Sin embargo, cuando toméis la decisión de asumir el control de vuestras finanzas, os daréis cuenta de que no es tan complicado, después de todo: diseñaréis vuestra vida de abundancia, luego haréis que vuestro dinero fluya hacia vuestras cuentas clave y después invertiréis adecuadamente.

Mi filosofía es la siguiente: vais a cometer algunos errores al principio. ¡No pasa nada! Es mejor cometerlos ahora, cundo las cantidades son pequeñas, que más tarde, cuando las consecuencias serán mucho más importantes. Recordad que, como sucede en el caso de cualquier habilidad (montar en bicicleta, cocinar, hablar en italiano), podéis dominarla.

Para aprender más sobre inversiones, mi primer libro, *Te enseñaré a ser rico: sin sentimiento de culpabilidad, sin excusas, sin tonterías. Simplemente un programa de seis semanas de duración que funciona,* te ayudará a jugar al ataque. También hay algunos consejos rápidos en el siguiente capítulo de este libro. No permitas que tener miedo del dinero te cueste cientos de miles de dólares.

PREGUNTA: «¿No tendremos que pagar impuestos si metemos la pata con nuestras inversiones?».

RESPUESTA: Si transferís vuestras inversiones de una correduría a otra «en especie» no tendréis que pagar impuestos. Puede que vuestro asesor os cobre una pequeña tarifa por la transferencia, cosa que resulta irritante, pero os recomiendo que paguéis y sigáis adelante. Sin embargo, si vendéis obteniendo un beneficio, probablemente tendréis que pagar impuestos. Siempre que sea posible, intento no vender inversiones.

PREGUNTA: «Nuestro asesor financiero ya tiene nuestro dinero en un conjunto de distintos fondos. ¿Podemos despedirle y dejar el dinero en las inversiones que eligió?».

RESPUESTA: Puede que os encontréis con que vuestro asesor ha invertido vuestro dinero en multitud de fondos (cosa que descubriréis que se debe, frecuentemente, a que también obtiene honorarios procedentes de estos fondos). Me estremezco cuando veo que la cartera de inversión de alguien contiene más de quince fondos. Esto es algo completamente innecesario: puedes diversificar de forma eficaz con tan sólo tres fondos de bajo coste, y además, la complejidad tiene un gran coste. Es como si alguien dejara tu casa hecha un completo desastre. Ahora te toca limpiarla.

Ésta no es una buena situación en la que encontraros, pero por lo menos ahora estáis asumiendo el control de vuestras finanzas. Si tenéis un conjunto de fondos confusos y caros, aquí tenéis vuestras opciones:

- Vended los fondos e invertid el dinero en fondos más sencillos, como un fondo o un índice de fecha objetivo. Recordad que si vendéis puede que tengáis que pagar impuestos.
- Dejad esos fondos tal y como están, pero cambiad vuestras inversiones futuras por unas más sencillas.
- Consultad con un asesor fiduciario que cobre unas tarifas horarias o planas para que os ayude a decidir.

Si se trata de una cantidad relativamente pequeña como diez mil dólares en unos fondos caros (cosa que se define como unos fondos con unos ratios o tasas onerosos superiores al 0,5 %, o los que tienen unas comisiones iniciales o finales), yo dejaría las cosas tal y como están. Recordad que vuestro futuro es más grande que vuestro pasado, y que vuestras inversiones a lo largo del camino probablemente eclipsarán esa cantidad con mucho. Sin embargo, si tenéis una gran cantidad invertida en fondos caros, o si simplemente no estáis seguros, vale la pena contratar los servicios de un asesor durante algunas horas para que os ayude a solucionar esto.

PREGUNTA: «¿Esto no va a ser complicado? Ha sido muy agradable con nosotros y ha sido el asesor financiero de mi padre durante años».

RESPUESTA: Sí, puede que un asesor haga que esto sea realmente incómodo. Sin embargo, la complicación no es razón para que os quedéis tal cual y no cambiéis nada. No estamos buscando una vida fácil, sino una vida de abundancia.

Aunque puede que vuestro asesor se resista intentando convenceros de que es irremplazable o que no podéis hacer esto por vuestra cuenta, recordad que *se trata de vuestro dinero*. Ni siquiera tenéis que involucraros en sus argumentos. Una vez que os decidáis y le digáis a un asesor que queréis que os transfiera el dinero (por escrito), os lo transferirá. Si no lo hace, estará cometiendo una ilegalidad.

Relatos de rupturas

Ya sabéis que me encanta que haya un poco de drama, así que le pregunté a los miembros de mi comunidad qué había sucedido cuando habían roto con sus asesores financieros. Aquí tenemos lo que me dijeron:

Simplemente le envié un mensaje de texto un cierto día y le dije que prefería gestionar mi dinero por mi cuenta. Me siguió enviando mensajes de texto y llamándome, diciendo que tenía algo prepa-

rado para mí y que necesitaba hablar conmigo. Simplemente le ignoré. Nunca respondí sus llamadas ni a sus mensajes de texto después de eso.

¡Fue dramático y duro! Ella siguió contactando conmigo durante un año después de la ruptura.

Lo manejó elegantemente y nos bosquejó los pasos que debíamos dar para que yo gestionase mi propia cartera de valores. Desde el punto de vista emocional, fue más difícil de lo que había pensado que sería enviar ese email, *pero en realidad todo está yendo tan bien como podría ir.*

Fue algo mucho menos complicado de lo que esperaba. Lo hice por email *y dije que iba a gestionar mi dinero yo mismo hasta estar más cerca de mi edad de jubilación. Me dijo: «De acuerdo. Hágame saber si necesita orientación mientras va avanzando». ¡Boom! Fin. Superfácil. Cuando le pedí la información para transferir mis inversiones a mi cuenta en la multinacional de servicios financieros Fidelity, lo tuvo todo preparado y a mi disposición. Ningún rencor. Me había montado la película, en mi cabeza, de que sería más complicado. Fue mucho más fácil y menos conflictivo de lo que había esperado.*

Fue más sencillo de lo que esperaba. Le di la oportunidad de hacer una contraoferta y bajó del 1,5 al 1 %: ¡Adiós! Ojalá no hubiera esperado tanto para hacerlo, pero me llevó un año acabar por desarrollar el coraje.

¡Estas frases nunca envejecen! Me encanta ver a la gente tomar el control y conservar más dinero en su bolsillo para vivir su vida de abundancia. Si tenéis un asesor de AG y rompéis con él, enviadme pantallazos para así poder anonimizarlos y compartirlos con el mundo. Podéis encontrarme en cualquier red social.

Las normas de Ramit para todo

Viajes, propinas, tarjetas de crédito, comprarse una casa, crear vuestras propias normas con respecto al dinero y más

Aquí tenemos algunas de mis normas para todas las cosas relacionadas con las finanzas. Recordad que éstas son mis normas personales (incluyendo algunas de las normas conjuntas que usamos mi mujer y yo) y que las vuestras serán, con casi absoluta certeza, diferentes. Quiero que, con el tiempo, desarrolléis vuestras propias normas del dinero con respecto a las cosas que son importantes para vosotros, así que sentíos con la completa libertad de tomarlas prestadas y adaptarlas.

LAS NORMAS DE RAMIT CON RESPECTO A INVERTIR

Es con las inversiones como se genera verdadera riqueza. Seguid estas normas y acabaréis, con casi total certeza, con más dinero del que hubierais imaginado.

- Invertid por lo menos un 10 % de vuestro salario neto todos y cada uno de los meses.

- Automatizad vuestras inversiones. No deberíais trasferir dinero manualmente hacia vuestras inversiones casi nunca (la única excepción es cuando os llegue un dinero caído del cielo, como, por ejemplo, cuando obtengáis una devolución de impuestos).
- Incrementad, por defecto, vuestra tasa de inversión en un 1 % anual. Por ejemplo, en diciembre, acceded a vuestra cuenta con vuestra pareja y cambiad vuestra tasa de inversión del 10 al 11 %. Esta única acción puede añadir cientos de miles de dólares a vuestro patrimonio neto con el tiempo.
- Desinstalad cualquier aplicación de inversiones de vuestros teléfonos móviles. No las necesitáis, y os fuerzan a centraros en el enfoque táctico, en lugar de en el enfoque a nivel del sistema.
- Si los dos estáis haciendo aportaciones a vuestros ahorros individuales para la jubilación, genial: seguid con ello. Si no es así, éste es el momento de reiniciar el sistema: aportad por lo menos tanto como aporte vuestra empresa.
- Para determinar en qué cuentas meter vuestro dinero, seguid mi escalera de las inversiones. Aquí tenemos el orden de las operaciones:
  - ❖ En primer lugar, invertid para igualar la cantidad aportada por vuestra empresa al vuestro plan de jubilación 401(k).
  - ❖ A continuación, maximizad la cantidad aportada a vuestra cuenta de jubilación individual Roth, si cumplís los requisitos.
  - ❖ Luego maximizad el resto de la cantidad que podáis aportar a vuestro plan de jubilación 401(k).
  - ❖ Acto seguido, maximizad la cantidad aportada a vuestra cuenta de ahorros para gastos médicos, si cumplís los requisitos.
  - ❖ Por último, si los dos estáis maximizando vuestros planes de jubilación 401(k) y os queda más dinero para invertir, abrid una cuenta sujeta a impuestos (se trata de una cuenta estándar no para la jubilación, también

llamada cuenta de corretaje) y aportad tanto dinero como queráis. Aseguraos de buscar una «colocación de fondos eficientes desde el punto de vista fiscal».

- Comprobad vuestras inversiones sólo cuatro veces al año. No hay necesidad de revisarlas más veces, y cuanto más chequeéis, más probable será que toqueteéis y jugueteéis, lo que os costará mucho dinero. Emplead la calculadora que encontraréis en mi página web (buscad, en Internet, «calculadoras de Ramir Sethi» [«Ramit Sethi calculators»]) para ver cuándo será probable que tengáis 50 000 dólares, 500 000 dólares, 1 millón de dólares, etc.

- No ahorréis para vuestro hijo de un año a no ser que estéis maximizando los ahorros para vuestra jubilación. Él tiene tiempo, y vosotros tenéis mucho menos.

- Seguid la teoría del pollo y el arroz de Ramit: en la mayoría de los sectores, los mejores profesionales siguen básicamente las mismas prácticas y protocolos por una sencilla razón: porque funcionan. Si podéis comprender esas prácticas, podéis ahorraros años de tiempo. Por ejemplo, los culturistas profesionales saben que para tener un aspecto fenomenal deben convertirse en expertos en entrenamiento y nutrición (dejemos a un lado los esteroides que muchos de ellos toman). Esto hace que los competidores profesionales coman exactamente lo mismo: pollo y arroz. ¿Por qué? Porque por cada gramo, el pollo y el arroz proporcionan el mejor rendimiento nutricional. Y esto es cierto en el caso de las inversiones: una vez que comprendáis las matemáticas muy contrarias al sentido común del interés compuesto, las tasas y los horizontes de tiempo, todos los caminos conducen a una inversión constante, de bajo coste y a largo plazo. Podéis pasar años cometiendo errores y probando con inversiones alternativas, el oportunismo o la elección del momento adecuado en el mercado, y las operaciones intradía… o podéis ahorraros todo el dolor y acertar de inmediato. La inversión inteligente es aburrida, lenta y muy rentable. Si queréis entretenimiento, haceos con un perro.

LAS NORMAS DE RAMIT
CON RESPECTO A LAS DEUDAS

- Conoced vuestras dos cifras clave: cuánto debéis y el índice de interés de cada préstamo.
- Una vez que conozcáis vuestras dos cifras clave, introducidlas en una calculadora de amortización de deuda (buscad, en Internet, «calculadoras de Ramit Sethi» [«Ramit Sethi calculators»]) y sabed, exactamente, en qué mes y qué año estaréis libres de deudas. ¡Esto es increíblemente motivador! Celebrad la consecución de cada hito a medida que os acerquéis a él.
- Si tienes una deuda con un interés bajo (con un índice de interés del 4 % o inferior), os recomiendo que calculéis la cantidad total que podéis destinar a amortizar esa deuda, que luego paguéis el mínimo y que invirtáis el resto. Eso se debe a que podéis ganar mucho más con unas inversiones en el mercado sencillas y de bajo coste. Si, por ejemplo, podéis permitiros dedicar trescientos dólares mensuales a vuestra deuda con un interés bajo pero el pago mínimo es de cien dólares, yo pagaría cien dólares e invertiría doscientos cada mes. Si tenéis una deuda con un interés alto (cualquier cosa por encima del 7 %), yo pagaría tanto como fuera posible para amortizarla. Hay una excepción: algunas personas odian las deudas de verdad y harán lo que sea para liquidarlas pronto. Si eres así, siéntete con la libertad de pagar más para amortizar una deuda con un interés bajo como una hipoteca. Sin embargo, comprende que puede que eso te cueste cientos de miles de dólares en beneficios por inversiones perdidas.
- Tratad las deudas de las tarjetas de crédito como una emergencia en la relación. Si tenéis deudas en las tarjetas de crédito, no esperéis ni un segundo. Os recomiendo que cortéis de inmediato los gastos discrecionales, incrementéis los pagos en cien dólares mensuales y luego analicéis cuánto más podéis permitiros pagar. Sin una acción drástica, las deudas de las tarjetas de crédito no mejorarán, sino que empeorarán, y mucho. Amortizadlas lo antes posible.

- No tenéis por qué esperar a estar libres de deudas para vivir una vida de abundancia.

- Seis meses antes de que liquidéis vuestra deuda, elaborad un plan específico sobre a dónde irá ese dinero después de que estéis libres de deudas. Si vuestros pagos eran de seiscientos dólares mensuales, ¿a qué dedicaréis ahora esos seiscientos dólares cada mes? Automatizad esta nueva decisión en cuanto vuestra deuda se haya liquidado, y no os saltéis ni siquiera un mes.

- Si vuestra deuda parece insuperable, llamad a vuestro prestamista y preguntadle qué opciones puede ofreceros. Muchos de ellos os ayudarán.

- ¡Siempre hay esperanza! No sois malas personas por tener deudas.

LAS NORMAS DE RAMIT CON RESPECTO A LAS TARJETAS DE CRÉDITO PARA PAREJAS

- La mayoría de las parejas sólo necesitan tres tarjetas de crédito: una compartida (para gastos conjuntos como los comestibles y las cenas fuera de casa juntos) y otra para cada uno de vosotros (que cubran los gastos personales como los cortes de cabello y las aficiones).

- Recomiendo, por defecto, las tarjetas de reembolso, pero si priorizáis los viajes, haceos con una tarjeta de crédito que dé puntos para viajes.

- Configurad vuestras tarjetas para pagar toda la cantidad («estado de la cuenta») cada mes. No os quedéis con un saldo deudor. Si tenéis una deuda en vuestra tarjeta de crédito, tratadla como si fuera una emergencia.

- Recomiendo que simplifiquéis vuestro sistema cerrando las tarjetas de crédito adicionales. Éste es un consejo controvertido, porque cuando cerréis las tarjetas, probablemente vuestra calificación crediticia descienda, pero esa bajada será temporal y podéis contrarrestarla solicitando un incremento en el límite de vuestro crédito en vuestras tarjetas de crédito existentes. Lo más importante es que tendréis un sistema financiero que podréis comprender en profundidad con sólo algunas buenas tarjetas de crédito (la única excepción es si estáis planeando una gran compra en los próximos meses, como una casa o un coche, en cuyo caso deberíais esperar).

- Las tarjetas de crédito de comercios minoristas (perfumerías, tiendas de ropa, etc.) son las peores. Ofrecen unos términos de pago extremadamente malos y añaden complejidad a vuestro sistema. ¿Y todo ello para qué? ¿El 10% de descuento en la compra de unos vaqueros? Cerrad estas tarjetas (seguid mi recomendación anteriormente expuesta) y nunca más os abráis una tarjeta de un comercio minorista.
- Si gastáis lo suficiente para justificar una tarjeta premium, pensad en tener una. Acudid a Internet y buscad el nombre de la tarjeta más el término «calculadora», así: «Chase Sapphire Reserve calculadora». Tengo una lista actualizada de mis tarjetas de crédito favoritas en mi página web (buscad «tarjetas de crédito de Ramit Sethi» [«Ramit Sethi credit cards»]).

LAS NORMAS DE RAMIT CON RESPECTO AL AHORRO

- Ahorrad por lo menos el 10% de vuestro sueldo neto combinado y repartidlo en entre tres y cinco cuentas de ahorro, incluyendo un fondo para emergencias. Sed concretos con respecto a aquello para lo que estáis ahorrando: en lugar de «Fondo para las vacaciones», llamad a vuestra cuenta «Fondo para un crucero por Alaska». En vez de «Casa nueva», llamadla «Maravillosa casa de estilo victoriano de tres habitaciones».
- El ahorro debería ser automático, con cada cuenta de ahorro recibiendo dinero automáticamente de vuestra cuenta corriente conjunta cada mes.

- Incrementad, por defecto, vuestra tasa de ahorro un 1 % cada año (por ejemplo, si estáis ahorrando el 10 % de vuestro sueldo neto ahora, aumentadlo a un 11 % el año que viene). Este simple cambio significará mucho dinero con el tiempo.
- Todos los ahorros deberían estar en cuentas de ahorro que proporcionen un interés elevado. Yo tengo una lista con las cuentas *online* con un mayor interés en mi página web (buscad «cuentas de Ramit Sethi» [«Ramit Sethi accounts»]).
- Vuestro objetivo para vuestro fondo para emergencias es ahorrar seis meses de gastos mínimos. No pasa nada si os lleva tiempo llegar a esa cifra. Ahorrad para otros fines simultáneamente.
- Ahorrad para «lo impredecible». Cread una cuenta de ahorros llamada «Gastos inesperados». En diciembre, fijaos en el calendario y estimad gastos importantes que preveáis (sustituir un electrodoméstico, cumpleaños, aniversarios, matrículas de campamentos, regalos de bodas, reparaciones del coche, etc.). Sumad las cifras y luego añadid un 15 % por todo lo que hayáis olvidado. Dividid ese número entre doce y configurad que esa cifra se transfiera automáticamente desde vuestra cuenta corriente conjunta a la cuenta de «gastos inesperados». De repente, lo impredecible estará cubierto.
- Cread hitos para vuestro dinero. Hacen que ahorrar sea más divertido. Por ejemplo: «una vez que llenemos nuestro fondo para emergencias, vamos a programar una salida romántica cada semana». No temáis soñar más en grande tras alcanzar cada hito. No hay nada de malo en vivir una vida más grande y de mayor abundancia. Yo considero una tragedia vivir una vida más pequeña de la que tendríais que vivir.
- No pasa nada si tenéis que ralentizar los ahorros durante momentos críticos, como al tener un bebé o si uno de los dos realiza un cambio en su trayectoria profesional. Si, por ejemplo, tenéis que reducir vuestra tasa de ahorro de un 6 a un 2 % para poder gastar más en guarderías, hacedlo, pero hacedlo conscientemente, y seguid ahorrando algo cada mes (aunque

sean veinte dólares) e intentad hacer que vuestra tasa de ahorro regrese a donde se encontraba en el plazo de tres años.

LAS NORMAS DE RAMIT CON RESPECTO A COMPRARSE UNA CASA

- Comprarse una casa es opcional. Puedes vivir el sueño americano viviendo de alquiler, como propietario o de la forma que quieras. No hay nada de malo en alquilar y, de hecho, puede suponer una decisión financiera superior. He conseguido más dinero viviendo de alquiler (e invirtiendo la diferencia con respecto a lo que me hubiese costado ser propietario) en los últimos veinte años del que hubiera conseguido si hubiese sido propietario.
- Si estáis pensando en comprar, debéis hacer las cuentas. Deberíais comprender si la mejor opción es comprar o alquilar, el efecto del índice de interés sobre los pagos de vuestra hipoteca, el coste total de la propiedad (*véase* a continuación), el coste de oportunidad de vuestra entrada o adelanto y cómo funciona la amortización, especialmente durante los diez primeros años, durante los cuales estaréis pagando, principalmente, intereses. Si no comprendéis todos estos conceptos relativos a la que probablemente será la mayor compra de vuestra vida, no estaréis preparados.
- Calculad el coste total de una vivienda, y no sólo los pagos mensuales. Los costes totales de ser propietario de una casa incluyen los impuestos, los intereses, el seguro, el mantenimiento: sí, incluso la reparación del tejado dentro de ocho años y la gasolina para ir a los almacenes dedicados al hogar, la ferretería y el bricolaje dos veces al mes. Incluye el agua para el césped, los muebles y las reformas. Total significa *todo*.
- Cuanto más planifiquéis por adelantado, más fácil será. Si, por ejemplo, estáis pensando en compraros una casa al cabo de algunos años, entrad en portales inmobiliarios y mirad el precio

de la vivienda en vuestra zona. Aplicad esa información a vuestros planes: si la vivienda media en vuestro vecindario cuesta 300 000 dólares y queréis dar una entrada o adelanto tradicional del 20 %, deberéis ahorrar 60 000 dólares. Por lo tanto, si queréis compraros una casa dentro de cinco años, deberíais ahorrar por lo menos mil dólares mensuales para vuestra entrada. Esto hace que la gente abra los ojos.

- No os compréis una casa juntos a no ser que estéis casados. Podría ser económicamente desastroso si algo sale mal.

- Pensad sólo en viviendas en las que vuestro coste total de ser propietarios de la casa sea inferior al 28 % de vuestro salario bruto combinado (con algunas excepciones). Aquí es donde la mayoría de las parejas se equivocan. La mayoría de la gente cree que puede permitirse una vivienda más cara de la que realmente puede. Adaptad vuestras expectativas de acuerdo con las matemáticas (en ciudades con un nivel de vida elevado como Nueva York o Los Ángeles, la norma del 28 % es difícil de alcanzar. Podéis estirar un poco hasta el 32 o incluso el 34 %, pero cada punto porcentual añade riesgo, especialmente si tenéis otras deudas).

- Si os compráis una casa, y cuando os la compréis, no adquiráis la más grande que podáis comprar. Éste es un consejo de mis padres, que me dijeron que, si te compras una vivienda grande, toda la gente se mete en su propia habitación y no pasa tiempo junta. Pensad en los aspectos no financieros, como animar a vuestra familia a pasar tiempo juntos, pese a que eso implique disponer de menos espacio. Añadiría a eso el hecho de que la gente se compra una casa más cara de lo que puede permitirse y que ésta es la principal razón por la cual veo a las parejas meterse en problemas financieros. Eso supone un respaldo a la norma de mis padres. Incluid a vuestra familia y lo que necesitaréis en el futuro, pero, en general, gastad menos de lo que podáis permitiros.

- No pidáis dinero prestado para hacer reformas. Ahorrad la cantidad y *entonces* haced las reformas o, mejor todavía: no hagáis reformas en absoluto. Los estadounidenses han visto tanto el canal de televisión HGTV (con programas dedicados a las mejoras del hogar y el jardín, mantenimiento, renovación, remodelación interior y decoración de interiores), que creen, de verdad, que es normal pedir un préstamo de cincuenta mil dólares para reformar un cuarto de baño. De hecho, se dicen a sí mismos: «¡Es una inversión!». La mayoría de las inversiones no compensan el gasto. Estudiad las reformas antes de llevarlas a cabo, considerad la mayoría de ellas como simples lujos y no incurráis en deudas.

- Antes de compraros una casa, haceos estas cuatro preguntas cruciales:
    1. ¿Habéis ahorrado un 20 % del precio de la vivienda? No tenéis por qué dar una entrada del 20 %, pero deberíais haber sido capaces de ahorrar esa cantidad como preparación para los costes elevados e inesperados a los que os enfrentaréis como propietarios de una casa.
    2. ¿Planeamos vivir en esta casa por lo menos diez años? Esta supone una buena directriz para la amortización (o distribución) de los elevados gastos relacionados con la compra y la venta.
    3. ¿Estaremos bien financieramente si el valor de nuestra casa desciende?
    4. ¿Estamos *emocionados* con la compra de esta vivienda? ¿Forma parte de nuestra vida de abundancia?

LAS NORMAS DE RAMIT CON RESPECTO A COMPRARSE UN COCHE

- No compréis un coche basándoos en los pagos mensuales. Puede que un coche parezca valer sólo un poco más que el precio de compra debido a un período de préstamo prolongado y unas tarifas y un índice de interés ocultos. En lugar de ello, calculad el coste total de la propiedad incluyendo la gasolina, el seguro, los intereses, el mantenimiento e incluso el permiso de circulación y las multas de aparcamiento.

- Incluid vuestro coste total de la propiedad en vuestros costes fijos de vuestro plan de gasto consciente. Si vuestros costes fijos se encuentran entre el 50 y el 60 % de vuestro salario neto, incluso incluyendo el coche nuevo, estáis preparados para comprar.
- Si vuestros costes fijos superan el 60 %, vuestras opciones son gastar menos en un coche o posponer la compra, recortar otros costes fijos o reducir vuestros gastos libres de culpa. Algunas personas recortan sus ahorros o sus inversiones. La mayoría simplemente no calculan en absoluto cuánto pueden permitirse. Así es como se meten en problemas.
- Planead conservar un coche durante por lo menos diez años. Empezaréis, realmente, a ver ahorros un año después de haber liquidado vuestro préstamo. Cada año adicional sin pagos hará que vuestro coste total de propiedad se reduzca. A modo de ejemplo, soy multimillonario, mi coche no forma parte de mi vida de abundancia y, mientas estoy escribiendo estas líneas, he mantenido mi vehículo en un estado impecable durante diecinueve años.
- Mi filosofía personal es la de comprar un coche nuevo y conservarlo durante mucho tiempo, pero podéis ahorrar mucho dinero si compráis un coche de segunda mano.
- Hay tres razones para arrendar un coche: en primer lugar, si eres el propietario de un negocio y tu contable te asesora y te dice que puedes incluir tu vehículo como un gasto de empresa. En segundo lugar, si eres rico y estás dispuesto a pagar más por tener un coche nuevo cada pocos años. En tercer lugar, si los coches forman parte de tu vida de abundancia (y puedes permitirte pagar más que por tener un coche en propiedad durante diez o más años).
- Honestamente, simplemente compraos un Honda o un Toyota y conservadlo durante por lo menos diez años.

LAS NORMAS DE RAMIT CON RESPECTO A LOS ASESORES FINANCIEROS

- Si simplificáis vuestras finanzas tal y como se describe en este libro y en *Te enseñaré a ser rico: sin sentimiento de culpabilidad, sin excusas, sin tonterías. Simplemente un programa de seis semanas de duración que funciona,* lo más probable es que no necesitéis un asesor financiero.

- Hay situaciones concretas en las que puede tener sentido contratar a un asesor financiero: si tenéis una cartera de inversión de siete cifras, si tenéis una situación financiera compleja que incluye a hijastros o una herencia, si tenéis preguntas concretas sobre la jubilación (incluyendo las retiradas de fondos de la seguridad social) o si uno de vosotros simplemente quiere disponer de otro par de ojos sobre vuestras finanzas, entonces quizás queráis contratar a uno. ¡Eso está bien! Sin embargo, debéis ser selectivos con respecto a quién elegís.

- Nunca paguéis a un asesor unos honorarios basados en un porcentaje (generalmente, esto ocurre cuando vuestro dinero es gestionado por vuestro asesor, y recibe el nombre de AG, que hace referencia a los «activos gestionados»). Unos honorarios del 1 % significan que, a largo plazo, alrededor del 28 % de vuestros beneficios irán directamente al bolsillo del asesor.

- Si un asesor financiero también vende seguros o rentas vitalicias, huid, ya que se tratará de un vendedor, y no de un asesor.

- Si decidís contratar los servicios de un asesor, encontrad uno que cobre unos honorarios por horas o por proyecto. Podéis encontrar uno, en EE. UU., en napfa.org o buscando «asesores de Ramit Sethi» («Ramit Sethi advisors»).

LAS NORMAS DE RAMIT CON RESPECTO A TENER UNAS CONVERSACIONES SOBRE EL DINERO SANAS

- Empezad siempre con un cumplido el uno con el otro.
- Recordad que no tenéis prisa. A veces, lo más valioso que podéis hacer es, simplemente, iniciar un tema y escucharos el uno al otro. Entonces podréis seguir en la siguiente reunión y quizás incluso en la posterior. Mi mujer y yo hemos hablado de asuntos durante *años,* pero cuando acabamos estando de acuerdo, todo encaja y el sentimiento es maravilloso porque hemos tomado una decisión juntos.
- Rotad quién dirige vuestra reunión mensual del dinero. Uno de los dos este mes y el otro al mes siguiente. Eso os proporcionará a los dos capacidad de compromiso.
- ¡Sed decididos! No habléis de cosas eternamente sin hacer avanzar la conversación. Desarrollad la habilidad de ser decididos con pequeños temas, como cuánto dedicar a la compra de comestibles, lo que os ayudará a ser más decididos con asuntos más importantes como las tasas de inversión y la distribución de vuestro patrimonio.
- Si las cosas se ponen tensas, tomaos una pausa. La persona que pida una pausa será la responsable de hacer las paces. Puede que sean cinco o veinte minutos, pero haced las paces. Es una señal importante para ambos que el dinero sea algo que abrazar (y no que evitar), incluso cuando las cosas se pongan difíciles.
- Asumid las mejores intenciones por parte de vuestra pareja y pedidle que haga lo mismo. Hablar sobre el dinero es difícil. Nadie nos ha enseñado qué decir. Por lo tanto, no seáis muy exigentes con vuestra pareja cuando no esté segura de cómo expresar algo con palabras o cuando dude de sí misma. Los dos queréis llevar una vida de abundancia. Estas reuniones os ayudan a llegar ahí.

- Sois mejores juntos. Esto significa que una persona no debería dominar a la otra, incluso aunque sepa más de dinero. Id más lentos, conectad y tomad decisiones juntos. Dentro de unos años estaréis en una mejor situación si habéis elaborado y seguido vuestro plan juntos.

LAS NORMAS DE RAMIT Y CASSANDRA CON RESPECTO A LAS PROPINAS Y COMER FUERA DE CASA

- Dejad por lo menos un 30 % de propina en los restaurantes. Nosotros podemos permitírnoslo y nos encanta ser generosos.
- Cuando os alojéis en un hotel, dad por lo menos veinte dólares por noche por el servicio de limpieza.
- Preguntaos: «¿Cómo podemos ser más generosos?». Pensad en la gente que generalmente no recibe propinas pero que de verdad se beneficiaría de un pequeño obsequio. Para ir más a lo grande, haced que sea algo regular e incluso automático.
- Si dos aperitivos o postres tienen buen aspecto, pedíos los dos.
- Come del *sushi* exquisito una vez al año mejor que un *sushi* mediocre una vez al mes.
- Si un restaurante se llama Harry's, tiene la palabra *Ale* en su nombre o tiene madera oscura y una bandera en la fachada, levantaos e idos. La comida será horrible.

LAS NORMAS DE RAMIT Y CASSANDRA CON RESPECTO A LOS VIAJES

- Una estancia mínima de cuatro noches, para así poder bajar el ritmo. El lujo definitivo es no tener que ir con prisas.

- Al principio de un viaje especial, siempre tomamos una copa de champán en el avión. Marca las pautas para algo especial.
- En el caso de vuelos de más de cuatro horas, viajamos en clase ejecutiva. Podemos permitírnoslo y nos encanta la comodidad.
- Empezamos con una ciudad y acabamos con un complejo vacacional. Esto nos ayuda a diseñar una experiencia maravillosa.
- Pasamos por lo menos un día en nuestro hotel sin hacer absolutamente nada.
- Al calcular lo que necesitamos para un viaje, añadimos un 50 % al precio del hotel para obtener el verdadero coste (que incluye los impuestos, las propinas, cualquier comida no planeada en el hotel y gastos variados). Para un hotel de 300 dólares por noche, planeamos gastar 450 dólares por noche.
- Un taxi desde el aeropuerto. Para las cosas que hacemos sólo unas pocas veces al año, si hay una forma de hacerlo más fácil, hagámoslo.

Cread vuestras propias normas relativas al dinero

Con el tiempo, espero que tu pareja y tú desarrolléis vuestras propias normas relativas al dinero compartidas hechas a medida para vosotros dos. Las normas relativas al dinero suponen una oportunidad para reducirlo todo a lo que es más importante para vosotros dos, permitiéndoos tomar más fácilmente las miles de decisiones a las que os enfrentaréis. Una vez que dispongáis de las normas, de repente no tendréis que pasarlo mal por preguntas como estas:

- *¿Deberíamos comprarnos un coche nuevo?*
- *¿Estamos ahorrando suficiente?*
- *¿Podemos permitirnos de verdad comer fuera de casa cada semana?*

Vuestras normas relativas al dinero os ayudarán ir al grano con estas decisiones y a centraros en las cosas clave que de verdad importan. Esto es increíblemente liberador porque podéis hacer el trabajo una vez y cosechar los beneficios durante años. No os preocupéis porque estas normas sean inamovibles: a medida que cambiéis, siempre podréis modificar vuestras normas relativas al dinero.

Vuestras normas relativas al dinero reflejan vuestros valores. Si sois amantes de la buena comida, o si os encanta visitar un país nuevo cada año, o si los dos priorizáis la buena forma física, eso debería ponerse de manifiesto en vuestros gastos. Si os encanta crear un hogar acogedor en el que adoréis quedaros un día lluvioso, también deberíais ver eso. Lo más importante sobre vuestras normas relativas al dinero compartidas es que os sintáis profundamente conectados a ellas.

Aquí tenemos algunas normas compartidas más que Cassandra y yo hemos creado a lo largo de los años. Algunas de nuestras reglas son triviales, y otras son más importantes; y han evolucionado, por supuesto. Por ejemplo, durante la pandemia, empezamos a dar propinas mucho más generosas y luego decidimos que fuera algo que haríamos para siempre.

- Si tenemos unos ingresos inesperados, el 70 % se dedican a inversiones y el 30 % a gastos libres de culpa.
- Cuando vamos a una boda, somos los primeros en la pista de baile (después del primer baile de los recién casados, por supuesto).
- Siempre que nuestros amigos hacen una recaudación de fondos, hacemos una donación.
- Las relaciones son lo primero. Empleamos esta norma cuando debatimos si cambiar las reservas de los vuelos para quedarnos un día más con la familia. Esta norma también nos ayudó a priorizar lo que era importante para nuestra boda.
- Desarrollar nuestros negocios para así poder vivir nuestra vida de abundancia. Intentamos estar presentes en cualquier evento familiar, aunque se celebre en la otra punta del país. También sacamos tiempo para viajar por nuestra cuenta. Somos inten-

cionados con respecto a los negocios que estamos creando y con lo que nos permiten hacer.

Estas son *nuestras* normas relativas al dinero, y no las vuestras. Tienen sentido para nuestras prioridades y nuestro lugar en la vida.

Para crear vuestras propias normas relativas al dinero, empezad por aquí: ¿tenéis algunas reglas «no escritas» sobre el dinero? ¿Qué hacéis tu pareja y tú, sin ni siquiera pensar en ello, con vuestras finanzas (por ejemplo, gastar profusamente en música en vivo, o saltaros los aperitivos y en lugar de ellos tomar postres)? Empezad desde un lugar de positividad y cread vuestra lista de entre cinco y diez normas para vosotros dos y sólo para vosotros dos.

Vuestras normas deberían ser alentadoras y proactivas, y por lo menos una debería comenzar con la frase «No hay límites a los gastos en…». Pensad en lo que os encanta y en lo que es importante para vosotros. Si a tu pareja y a ti os encanta comprar comida producida localmente, entonces pensad en añadir la norma: «No hay límites a los gastos en fruta y verduras del mercado de agricultores del vecindario». (En nuestro caso es «No hay límites a los gastos en salud»).

Una buena forma de obtener ideas para las normas relativas al dinero es fijándose en las reglas de otras parejas. Aquí tenemos algunas procedentes de parejas de mi comunidad. Nótese cómo su importancia y su alcance varían: así es como me gustaría que penséis tu pareja y tú: tanto en las cosas grandes como en las pequeñas, con positividad además de parámetros:

- «No nos preocupamos por los gastos en comida mientras estamos de viaje (porque no viajamos frecuentemente)».
- «Nunca prestamos dinero a la gente. Lo regalamos o no lo damos en absoluto. Incluso aunque prometan devolverlo es un regalo».
- «Si podemos permitirnos comer fuera de casa, podemos permitirnos dejar una gran propina».

- «Pagamos en su totalidad cada mes todas las compras hechas con nuestras tarjetas de crédito».
- «Priorizamos la comunidad: comprarnos una casa modesta con buenos vecinos en lugar de una casa grande en un vecindario exclusivo».
- «La caridad es una de nuestras partidas presupuestarias».
- «No gastamos ni un centavo para impresionar a alguien».
- «Reservamos dinero para terapia. Llamamos a esos gastos "salud de la relación"».
- «Nos tomamos unas vacaciones sin niños cada año».
- «Si vemos un objeto por el que los dos nos sentimos fuertemente atraídos (como en el caso de que cada uno de nosotros diga, independientemente: "¡Oh! ¡Eso me gusta de verdad!") y cuesta menos de cien dólares, lo compramos en el acto».
- «Vamos a pagarle la universidad a nuestros hijos. Ya estamos ahorrando para eso (después de maximizar nuestras inversiones)».
- «Siempre que viajamos, programamos un masaje a nuestro regreso».
- «Siempre comemos juntos cinco días por semana. Si uno de nosotros está muy ocupado, pedimos comida a domicilio y nunca cuestionamos el precio, porque comer juntos vale la pena».
- «La seguridad es importante para nosotros, así que gastamos más en vivir en un vecindario seguro. Nuestro coche tiene una buena valoración en cuanto a la seguridad. Contratamos un seguro más completo».
- «Gastamos dinero en un *coach* de relaciones. Vale la pena».
- «Gastamos tanto como queremos en ropa y equipamiento para senderismo».
- «El precio de nuestros regalos del Día de San Valentín no pueden superar las dos últimas cifras del año. Por ejemplo, en 2025 nuestros regalos deben valer menos de veinticinco dólares. Iniciamos esta tradición en 2003, cuando fuimos por pasillos diferentes de una tienda de descuentos para comprar un

regalo con un presupuesto que se adaptaba a nuestro estado financiero en esa época».

No hay dos conjuntos de normas relativas al dinero que sean iguales. Podéis comenzar con una lista de vuestras normas relativas al dinero en este preciso instante y permitir que se desarrolle lentamente. Si veis algo en lo anteriormente mencionado que sea adecuado para vosotros, tomad esa norma para vuestra lista y adaptadlo para que encaje en vuestras vidas. Una vez que os encontréis en la mentalidad de las normas relativas al dinero (y en una conversación con vuestra pareja sobre este tema), os encontraréis con que os vienen reglas a la cabeza. Mantened la conversación en marcha hasta que deis con por lo menos cinco normas que parezcan sólidas. Revisadlas anualmente durante vuestra revisión de la vida de abundancia (*véase* el capítulo 10).

Ahora id a por ello y desarrollad vuestra vida de abundancia juntos.

PLANTILLA DEL PLAN DE GASTO CONSCIENTE

PLAN DE GASTO CONSCIENTE	DÓLARES
PATRIMONIO NETO	
Activos (valor actual del coche, casa, propiedades, negocio)	
Inversiones (incluid el plan de jubilación 401(k), las inversiones no relacionadas con la jubilación: todas las inversiones)	
Ahorros	
Deuda (préstamos estudiantiles, deudas de las tarjetas de crédito, hipoteca, préstanos para los coches)	
PATRIMONIO NETO TOTAL	
INGRESOS	
Ingresos mensuales brutos (todos los ingresos antes de todos los impuestos)	
Ingresos mensuales netos (la cantidad que os llevéis a casa después de impuestos)	
COSTES FIJOS MENSUALES (IDEALMENTE, EL 50-60 % DE LOS INGRESOS NETOS)	
Alquiler/Hipoteca	
Servicios públicos (gas, agua, electricidad, Internet, televisión por cable, etc.)	
Seguros (medico, del coche, del hogar/de alquiler, etc.)	
Pagos del coche/Transporte	
Pagos de deudas	
Comestibles	
Ropa	
Teléfono	
Gastos variados (añadid automáticamente un 15 % para cosas que hayáis olvidado)	
COSTES FIJOS TOTALES	
OBJETIVOS DE AHORRO (IDEALMENTE EL 5-10 % DEL SALARIO NETO)	

PLAN DE GASTO CONSCIENTE	DÓLARES
Vacaciones	
Regalos	
Fondos para emergencias a largo plazo	
Añadid los vuestros propios aquí.	
AHORROS TOTALES	
INVERSIONES **(IDEALMENTE EL 10 % DEL SALARIO NETO)**	
Ahorros para la jubilación (plan de jubilación 401(k), cuentas de jubilación individuales, plan de jubilación 403(b), cuenta de ahorros para gastos médicos, etc.)*	
Inversiones no relacionadas con la jubilación	
Añadid los vuestros propios aquí.	
INVERSIONES TOTALES	
GASTOS MENSUALES LIBRES DE CULPA **(IDEALMENTE EL 20-35 % DEL SALARIO NETO)**	
Comer fuera de casa (comida para llevar, comida a domicilio, restaurantes)	
Ocio (conciertos, actividades para los niños, viajes)	
Suscripciones (Netflix, membresía del gimnasio, servicios de comidas, Amazon Prime, etc.)	
Gastos variados (añadid automáticamente un 15 % para cosas que hayáis olvidado)	

Para descargar esta plantilla, buscad en Internet «Ramit Sethi PGC» («Ramit Sethi CSP»).

---

* Aunque estoy incluyendo cuentas antes de impuestos y después de impuestos (como los planes de jubilación 401[k], las cuentas individuales de jubilación y las cuentas estándar sujetas a impuestos) en la misma categoría, lo estoy haciendo intencionadamente para mantener las cosas sencillas. Invertir en cuentas con ventajas fiscales os proporcionará unos resultados financieros incluso mejores con el tiempo, pero calcular la diferencia en el rendimiento de todas vuestras cuentas de inversión queda fuera del alcance de este libro.

Agradecimientos

Todo autor sueña con escribir un libro que le cambie la vida a la gente, pero rara vez hablamos de todo el trabajo que hay entre bambalinas que implica crear uno. Qué gran regalo es poder dar las gracias a la gente que me ha ayudado a lo largo del camino.

Mi colaboradora, Danielle Claro, ha pasado horas y horas sumergiéndose en mis archivos y me ha ayudado a moldear la estructura de este libro, todo ello mientras me enseñaba muchas lecciones de vida valiosas a lo largo del camino).

Mis correctores, Margot Herrera y Danny Cooper, me han ayudado a refinar mi pensamiento mediante incontables revisiones. Sabía que escribiría este libro con mi editora, Lia Ronnen, y el equipo de Workman, con los que he trabajado durante más quince años. Sois los mejores en el sector.

Un agradecimiento especial a mi agente, Lisa DiMona, que siempre me hace reír cuando hablamos. Menudo viaje hemos hecho juntos.

A todo mi equipo de Te Enseñaré a Ser Rico (I Will Teach You to Be Rich), que me recuerda que tengo un trabajo de ensueño de verdad. Habéis cambiado la vida de millones de personas y lo habéis hecho con integridad y creatividad. Gracias.

A mi equipo de Netflix, incluyendo a toda la plantilla y especialmente a Bianca. Me habéis proporcionado una perspectiva nueva sobre el dinero y la gente.

Quiero reconocer la valentía de los invitados a mi pódcast, que comparten algunos de los detalles más íntimos sobre su vida en *Money for couples* para que podamos aprender de sus historias.

Por último, Cassandra, mi mujer, me ha enseñado la importancia de conectar con mis sentimientos. Ha escuchado cada pódcast, leído cada borrador y me ha enseñado el verdadero significado de la palabra «pareja». Te quiero.

Índice analítico

Índice

Ramit Sethi **TE ENSEÑARÉ A SER**

Sin sentimiento de culpabilidad   Sin excusas   Sin tonterias

RICO

Simplemente
un programa
de 6 semanas
de duración
que funciona

EDICIONES OBELISCO

Cómprate tantos cafés con leche como quieras. Derrocha en las cosas que te encantan. Vive tu vida de abundancia en lugar de monitorizar hasta el último gasto.

Éste no es el típico consejo de un experto en el dinero. Con el programa de seis semanas de duración de *Ramit Sethi* tú decides sobre tu vida de abundancia (tanto si se trata de viajar a Bora Bora, pagar la jubilación de tus padres o simplemente pagar la cuenta cuando sales a tomar algo con tus amigos) y sobre el uso del programa para alcanzar ese objetivo rápidamente.

En esta traducción de la segunda edición de la obra, Ramit te enseña cómo escoger inversiones a largo plazo y las cuentas bancarias adecuadas. Con su característica perspectiva sin tonterías, nos muestra cómo sacarles todo el jugo a los beneficios ocultos de tus tarjetas de crédito. Pulveriza las deudas y los préstamos estudiantiles. Aprende las palabras adecuadas para negociar un aumento de sueldo. Establece un sistema de gestión económica automático y sigue con tu vida.

Además, contiene nuevos materiales sobre la superación de las barreras psicológicas, el amor y el dinero, nuevas opciones de inversión y relatos reales de lectores sobre cómo implementar los principios de Ramit para llevar una vida de abundancia.